T0369556

EL COLAPSO DE PANAMÁ

FERNANDO BERGUIDO

EL COLAPSO DE PANAMÁ

La historia de la invasión
y del fin de la dictadura

Grijalbo

Grupo Editorial

El colapso de Panamá
La historia de la invasión y del fin de la dictadura

Primera edición: septiembre, 2024

D. R. © 2024, Fernando Berguido

D. R. © 2024, derechos de edición mundiales en lengua castellana:
Penguin Random House Grupo Editorial, S. A. de C. V.
Blvd. Miguel de Cervantes Saavedra núm. 301, 1er piso,
colonia Granada, alcaldía Miguel Hidalgo, C. P. 11520,
Ciudad de México

penguinlibros.com

© Fotografías de interiores: cortesía de *La Prensa*, salvo las expresamente indicadas.

ISBN: 978-607-384-905-0

Impreso en Colombia – *Printed in Colombia*

Índice

Prólogo

El lustro que cubren estas páginas constituye el período más trágico, penoso y cruento de Panamá. Fue una época sangrienta, la que más, que arrancó con la decapitación de un crítico del régimen, algo que en estas tierras no se había visto desde que Pedrarias ordenó cortarle la cabeza a Balboa, que pasó por el ajusticiamiento de oficiales rebeldes por órdenes de su comandante, una masacre también inédita en la historia de nuestras fuerzas armadas, y que concluyó con el aniquilamiento de cientos de panameños a manos del ejército más poderoso del mundo.

Panamá, que, a diferencia de sus vecinos de la región, y particularmente desde que se erigió como República independiente, desconocía de torturas, ejecuciones, matanzas y mucho menos de guerras, las vivió todas juntas entre los años 1984 y 1989.

La nación que supuestamente caminaba hacia el fin de la dictadura, con un muy pregonado repliegue militar que conduciría a un gobierno democrático, y en el contexto de un tratado mediante el cual había alcanzado el reconocimiento pleno de su soberanía, el control absoluto del Canal y un futuro de gran prosperidad, se desplomó. A los panameños les esperaba la peor crisis política, social y económica de su historia, que dejaría un país colapsado, devastado, arruinado, despiadadamente reprimido y, como si faltara alguna desgracia mayor, invadido por una potencia extranjera.

Fue el período en el cual, por primera vez, los panameños tuvieron que emigrar. El desempleo y el desolador horizonte de aquellos años obligó al éxodo de jóvenes profesionales, muchos de ellos recién graduados y provenientes principalmente de las clases media y media alta del país, a probar suerte en Canadá (el país de mayor acogida), en Estados Unidos (básicamente en la Florida), y en Venezuela, Costa Rica y México.

Como confirmará el lector al surcar estas páginas, no se puede hablar de la invasión sin hablar del fin de la dictadura. Tampoco se puede hablar del fin de la dictadura sin referirse a la invasión americana. Ambos eventos quedaron indisolublemente atados por la historia.

La narración se enfoca en la etapa final de esa continuidad de gobiernos nacidos a raíz del golpe de Estado que dieron los militares en 1968. Los primeros trece años de la dictadura panameña tendrían a Omar Torrijos a la cabeza, hasta que la muerte le sorprendió al estrellarse su avión contra un cerro en 1981. Su sucesión abrió un período de transición que comenzó con un fugaz coronel, Florencio Flores, a quien reemplazó Rubén Darío Paredes, el general que quiso llegar a la presidencia por las urnas y fracasó en el intento. Es así como se hizo con el poder Manuel Antonio Noriega, el protagonista de esta historia, y padre de la era bautizada como el "norieguismo".

Los simpatizantes del "proceso revolucionario", como se autoproclamó la dictadura, insisten en diferenciar entre el "torrijismo" y el "norieguismo", entre la parte menos infame e idealista de aquel período, y su lado oscuro, desalmado y vergonzantemente vinculado al narcotráfico. Es una distinción válida, siempre y cuando tengamos presente que, en los momentos más despiadados de su régimen, el general Noriega decía defender el "torrijismo", y que el primero y único que lo denunció públicamente, por traicionar su legado y, además, que lo vinculó directamente con el negocio de la droga, fue decapitado.

Durante esos años, muchos de los adeptos al proceso revolucionario callaron. Muy pocos se atrevieron a contradecir al nuevo comandante, menos en público. A Noriega nunca le hicieron falta colaboradores ni aduladores. Luego de la invasión, eso sí, nadie quiso estar vinculado a su nombre.

Mientras Panamá transitaba su calvario, Estados Unidos recorrió varias sendas en su política exterior con el Istmo. Resultaron ser agendas contrapuestas, excluyentes entre sí. Sus intereses hegemónicos dictaban dos caminos que irremediablemente se cruzarían en esta parte del continente. El primero, la ruta mezquina, la del patrón que contrata peones por el mundo para hacer avanzar sus intereses geopolíticos sin que le importe lo que hacen mientras le sean útiles. El segundo, el de la vía alta, el que proclama la defensa de la democracia y el respeto universal a los derechos humanos.

De obligatoria lectura es la vía que siguió ese peón que los estadounidenses creían manejar a requerimiento y que, con su respaldo, terminó adueñándose de Panamá. El jefe de la inteligencia militar llegado a comandante les salió más listo y goloso de lo que esperaban. Él había aprendido que el narcotráfico y el blanqueo del dinero combinaban muy bien con su carrera. Esta es la historia del consentido *protégé* transformado en desafiante enemigo. Y de la opción tomada para deshacerse de él, que resultaría catastrófica.

Solo un recorrido completo, sustentado en hechos, nos ayudará a comprender lo sucedido durante esos años. Y eso pretende esta obra: que se despejen los bulos, que se aclaren incidentes sacados de contexto y se conozca la información que por mucho tiempo estuvo vedada.

Todos decían oír rumores de una invasión, pero nadie creía que serían ciertos. Así lo contaron los protagonistas. A ninguno le cabía en la cabeza que ese formidable ejército desembarcaría furioso en el minúsculo Istmo y arrasaría con él. Hasta que ocurrió.

La muerte de 350 personas, que como se verá es la cifra a la que han llegado quienes finalmente recibieron el encargo de contar e identificar a las víctimas de la invasión, es enorme. Y, para una nación tan pequeña como Panamá, que contaba con 2.4 millones de habitantes el día de la invasión, se convertiría en la mayor tragedia de su historia. Extrapolando el evento a países de mayor población, como sería Estados Unidos, con 240 millones de habitantes en ese entonces, el suceso equivaldría a una mortandad de 36 000 personas. O, al hacerlo con la vecina Colombia, con 32 millones, la comparación alcanzaría a casi 5 000 muertos.

En las páginas que siguen aparecen las actuaciones de héroes inesperados, la formación de redes clandestinas tejidas por simples panameños que se unieron para luchar por la libertad, así como la historia de la resistencia civil que fue brutalmente reprimida. Al tiempo, saldrán a relucir los más machos y bravucones con sus amenazas a la población, los mismos que huyeron cuando sonó el primer disparo del enemigo al que tanto desafiaron. Al descubierto quedará cómo sacrificarían un país para proteger los más inconfesables negocios y prebendas bajo la excusa de que había que defendernos de los enemigos internos y externos.

Se dieron, también, coincidencias asombrosas, traiciones inexplicables y la negociación de pactos secretos, en algunos casos, que hubieran podido evitar la desgracia mayor. Quedará al descubierto que, mientras se negociaba una solución pacífica con presidentes extranjeros, enviados del norte y hasta un obispo llegado de Roma, en Panamá se seguiría embaucando a cientos de incautos con un pseudonacionalismo que terminó llevando a muchísima gente al cementerio, aunque a ninguno de los jerarcas.

En sus manos, la historia de la invasión americana y del fin de la dictadura. O sea, los hechos, los personajes, las conductas y las razones que nos arrastraron al gran colapso de Panamá.

1

El malogrado repliegue a los cuarteles

> Nos convertimos en una nación sitiada
> por su propio ejército.
>
> —Ricardo J. Bermúdez, escritor y arquitecto

El domingo 6 de mayo de 1984 estaba marcado en el calendario como la fecha en que Panamá debía recuperar la democracia. Eso no ocurrió.

Este día se celebraban las primeras elecciones libres desde la entronización de la dictadura militar en 1968. Un zigzagueante camino había conducido hasta esa mañana en la que los ciudadanos fueron convocados por el gobierno para escoger al presidente de la República y a todos los miembros del Órgano Legislativo. El país, que en teoría iba a reemplazar la dictadura por un gobierno civil y representativo, se vio forzado a un resultado distinto, perdiendo así la que sería la última oportunidad de una transición pacífica del poder político.

Sin imaginárselo, a los panameños les aguardaba el lustro más borrascoso del que haya registro y el desenlace más sangriento, doloroso y humillante de su historia republicana.

En 1984 el gobierno militar cumplía 16 años. La última elección celebrada en Panamá, en la que se disputó abiertamente el poder mediante la participación de una docena de partidos políticos, se había celebrado el 12 de mayo de 1968.

El vencedor fue el candidato opositor, Arnulfo Arias,[1] quien tomó posesión el 1 de octubre de ese mismo año. Sería la tercera vez que Arias era juramentado como presidente de Panamá. Las dos ocasiones anteriores había sido derrocado. La primera, en 1941, luego de un complot palaciego urdido por Estados Unidos en el contexto de la Segunda Guerra Mundial, y la segunda, en 1951, cuando fue desalojado violentamente del Palacio Presidencial por la Guardia Nacional, que era el nombre que entonces tenían las fuerzas armadas panameñas.

En esta tercera ocasión, Arias fue juramentado y tomó posesión para el período 1968-1972 ante la Asamblea Nacional, un órgano compuesto por 42 diputados, quienes también habían ocupado sus curules ese 1 de octubre. La Guardia Nacional juró lealtad al nuevo jefe de Estado con un vistoso desfile militar en las afueras del palacio legislativo no bien asumido el cargo. Once días después, un grupo de oficiales le daría a Arias su tercer golpe de Estado, alegando que el nuevo presidente no había respetado el escalafón militar.

De esa forma, el 11 de octubre de 1968 se tomó el poder en Panamá el primer y único gobierno militar desde su fundación como República independiente.[2]

Al día siguiente, un nervioso teniente coronel Torrijos informó a los corresponsales extranjeros que desde la noche anterior todo el país se encontraba bajo control militar. Dijo que la revuelta "tenía por objeto rescatar la dignidad de la Guardia Nacional y salvar al país de una dictadura".[3]

Los panameños pudieron ver en las pantallas de televisión el domingo 13 de octubre de 1968 la imagen que simbolizaba su nueva realidad: un gobierno militar. La transmisión enfocaba el Salón Amarillo del Palacio de Las Garzas, donde dos semanas antes el presidente Arias había dado posesión a sus ministros. Una docena de oficiales de la Guardia Nacional, trajeados con uniforme de gala, medallas, charreteras y quepis, aparecían aglomerados detrás de otros dos, uno bajito, el coronel Pinilla, que ocupaba el sillón presidencial con la banda cruzada sobre el pecho, y el otro mucho más alto, el coronel Urrutia, en el puesto destinado al vicepresidente.

Se conformaba así la Junta Provisional de Gobierno. Inmediatamente después, una decena de civiles se acercan, uno a uno, a la mesa presidencial y se inclinan para firmar el decreto que los nombraba ministros de Estado.

Esas imágenes tienen un dato muy revelador que pasa casi desapercibido. En la periferia del pelotón, casi fuera de cámara, hay dos oficiales, los únicos vestidos de faena y cascos de combate. Sus rostros apenas se ven de lado. Los delatan los cascos. Se trata, nada menos, que de los dos artífices más importantes del golpe: el mayor Boris Martínez y el teniente coronel Omar Torrijos.

El entonces capitán Rubén Darío Paredes, uno de los oficiales que aparecían en el centro de la imagen, justo detrás de la silla presidencial, confesaría años después que, bajo la imagen de solidez que se proyectaba, se ocultaba el nerviosismo porque el nuevo gobierno aún no estaba consolidado. "Nos sentíamos que todavía no teníamos arraigo y la población estaba en suspenso. Al margen del acto, ellos estaban alerta. La cosa no estaba segura, en firme... y bueno, además, estaba pendiente el cuco del Comando Sur [de los Estados Unidos], todos esperando a ver cómo los americanos iban a reaccionar".[4]

En ese acto se anunció al país que el gobierno sería provisional y que se celebrarían elecciones a corto plazo. Dicha promesa resultó falsa. Lo cierto es que los militares se mantuvieron en el poder durante los siguientes veintiún años.

Tampoco fue cierta la promesa de adecentar las instituciones políticas, las cuales habían quedado muy desprestigiadas luego de la campaña electoral de 1968, y que fue la excusa oficial que muy pronto utilizaron los gobernantes para justificar el rompimiento del orden constitucional.

Ese domingo, los militares ordenaron la disolución de la Asamblea Nacional, se suspendió la Constitución Nacional y se suprimieron los derechos políticos. Dos días después, fueron abolidos los partidos.

Como en toda dictadura, las manifestaciones públicas también fueron prohibidas. Se clausuraron la Universidad de Panamá y el Instituto Nacional, los dos bastiones históricos de los movimientos estudiantiles.

La prensa libre desapareció, bien porque los medios que intentaron denunciar el nuevo régimen fueron clausurados o confiscados, o porque los que sobrevivieron lo hicieron a cambio de quedar sujetos a su absoluta docilidad al gobierno.

Decenas de panameños fueron detenidos o amenazados; más de cien expatriados o tuvieron que huir al exilio por temor a ser encarcelados o asesinados; 116 personas fueron asesinadas por agentes del gobierno, o, lo que es lo mismo, declaradas "desaparecidas" pues sus cuerpos nunca se recuperaron, según concluyó la Comisión de la Verdad.[5]

La dictadura panameña sobrevivió a todas las protestas pacíficas de esas dos décadas, a las denuncias internacionales presentadas, a las revueltas estudiantiles y hasta al alzamiento armado que, justo al inicio del régimen, organizaron por las montañas y campos del país los seguidores de Arias, que no se resignaron al derrocamiento del mandatario elegido democráticamente y de forma abrumadora. Tristemente, la bravata militar solo finalizó luego de la invasión armada de Estados Unidos a Panamá, el 20 de diciembre de 1989.

Durante la primera etapa del régimen autoritario, de 1968 a 1972 —que era el período que coincidía con el mandato constitucional del presidente destituido—, se gobernó mediante decretos aprobados por un gobierno que estaba conformado por civiles designados por el Estado Mayor y sujeto a sus designios. De caras afuera, Panamá contaba con un presidente civil. Adentro, la realidad era que el presidente no era más que una fachada, un títere, pues el poder residía en la comandancia de la Guardia Nacional.

Fue por esa época que Omar Torrijos se consolidó como líder absoluto del golpe y en la que, también, el régimen se autoproclamó "proceso revolucionario", pretendiendo dar al gobierno una misión reivindicativa: la de llevar a cabo cambios sociales y económicos en las viejas estructuras oligárquicas que habían controlado históricamente el país.

Bajo esas condiciones, sin partidos políticos ni libertad de prensa, en 1972 se simularon unas elecciones para escoger a la Asamblea Nacional de Representantes de Corregimientos, un ente fingido, que se reunía una vez al año. En su primera convocatoria le cayó la encomienda de redactar una nueva Constitución Política. Todo resultó ser una farsa pues los "constituyentes" no iban a discutir ni a deliberar nada. El gobierno les entregó el texto que debían aprobar. Así, reunidos en un gimnasio, los 505 miembros que componían dicho órgano ratificaron el documento en un par de horas, sin modificarle una sola palabra. Hubo un solo voto disidente, el de Emilio Veces, el representante de Barrio Balboa, un corregimiento del distrito de La Chorrera y miembro de la Democracia Cristiana.

La carta constitucional de 1972 era antidemocrática desde su preámbulo hasta su último artículo, que contenía una aberración de antología. Con nombre y apellido, la Constitución otorgaba al general Omar Torrijos Herrera el cargo de jefe de Gobierno (pues había un supuesto "jefe de Estado", un presidente civil) y le confería todos los poderes reales del Estado. El período del presidente y del jefe de Gobierno se extendió de 4 a 6 años y se borró la división de poderes, principio fundamental de toda Constitución democrática, pues quedaron concentrados en él por mandato constitucional.[6]

Por esos años, la dictadura logró enfocar sus esfuerzos diplomáticos en un proyecto que siempre había unido a los panameños: la derogatoria del Convenio del Canal Ístmico firmado con Estados Unidos en 1904 y su reemplazo por otro que reconociera la soberanía panameña y traspasara la vía interoceánica. Este objetivo se cumpliría unos años después, bajo el liderazgo de Torrijos y siendo presidente de Estados Unidos el demócrata Jimmy Carter, con la firma en 1977 de los tratados Torrijos-Carter. Mediante estos convenios, la República de Panamá asumiría la administración completa del Canal el 1 de enero de 2000, ordenándose una transición escalonada y conjunta entre ambos países. Además, se eliminaría finalmente la oprobiosa Zona del Canal. Se pautó la entrega paulatina a Panamá de las tierras, de los edificios y de la infraestructura existente en la franja, así como el cierre de las catorce bases militares que hasta ese momento mantenía allí Estados Unidos.

Fue entonces cuando se abrió el cielo, y los primeros destellos de luz aparecieron en el horizonte. Por razón de la firma y posterior ratificación de dichos tratados, Panamá conoció un relajamiento de la represión imperante, cierta apertura política, un período que fue bautizado como el "veranillo democrático". Ya la administración Carter, que había ganado las elecciones en su país luego del escándalo Watergate y bajo la promesa de una política exterior de respeto y promoción de los derechos humanos, había sufrido las consecuencias de una contradicción demasiado evidente: él negociaba con un dictador y con un gobierno que violaba abiertamente los derechos humanos.

Para Carter, más farragosa que la negociación de los nuevos tratados resultaría la batalla en el Senado de los Estados Unidos para obtener su ratificación, pues se requería del voto afirmativo de la mayoría de sus miembros. Varios senadores del Partido Republicano se oponían a devolver el Canal a Panamá —pues abiertamente lo consideraban propiedad de Estados Unidos— alegando que su nación lo había construido, operado y defendido. A esa oposición se unieron las voces de varios senadores, republicanos y demócratas, quienes denunciaban que se negociara con un dictador y que la vía interoceánica se traspasara a un gobierno no democrático.

Fue en ese contexto que el "proceso revolucionario", liderado por Torrijos, se preparó para un gradual retorno a la vida democrática. En teoría —porque nadie jamás lo vio—, había un plan de "repliegue a los cuarteles" de parte de los militares y, con él, la progresiva transferencia del poder a los civiles.

Los tratados Torrijos–Carter fueron firmados el 7 de septiembre de 1977. Panamá los ratificó el 23 de octubre de ese año, mediante un plebiscito nacional. La batalla por la ratificación en el Senado de Estados Unidos fue muy dura. Se requería el voto afirmativo de dos terceras partes de los senadores. Pasaron seis meses antes de que el Senado —luego de todo tipo de reuniones, negociaciones y varias visitas de senadores a Panamá— sometiera a votación el tratado sobre el Canal y su complemento, el Tratado Concerniente a la Neutralidad Permanente. Ambos fueron ratificados con 68 votos a favor y 32 en contra.

Durante una de las primeras visitas de los senadores a Panamá, encabezada por Robert Byrd, el jefe de la bancada demócrata en el Senado, en un encuentro de los parlamentarios con Omar Torrijos, uno de los senadores le dijo directamente al general: "Hay algo que usted debe saber, a mí no me gustan los dictadores". Torrijos le contestó que a él tampoco le gustaban.[7]

Unas semanas después, el gobierno derogaría dos de la larga lista de normas legales autocráticas de la dictadura: la que castigaba los supuestos "crímenes contra el orden constitucional" y la que prohibía las manifestaciones públicas de los ciudadanos.

El 6 de abril de 1978 la Asociación Panameña de Ejecutivos de Empresa (APEDE) organizó un panel, que fue televisado, intitulado "Perspectivas Políticas de Panamá". Se trataba de uno de los primeros resquicios de libertad abiertos gracias al veranillo democrático. Luego de una década de vivir bajo el régimen militar, los panameños pudieron escuchar por primera vez en televisión voces disidentes y críticas al gobierno.

Ricardo Arias Calderón, quien sería uno de los líderes más destacados y aguerridos por la recuperación de la democracia, apareció en las pantallas con una ponencia que hubiera sido impensable escuchar por televisión un año atrás.

"Me siento moralmente obligado a comenzar por lo esencial —expresó con la firmeza de un catedrático mientras se proyectaban en vivo las imágenes de la mesa principal y la concurrencia—. Nunca antes en nuestra historia republicana se han violado por tanto tiempo, de manera tan sistemática, los derechos humanos de tantos panameños. El número de presos, de exiliados y muertos por razones políticas, durante los últimos diez años de dictadura, sobrepasa toda la experiencia panameña anterior, al menos desde nuestra independencia".[8]

Conseguida la ratificación de los tratados en el Senado, el 18 de abril de 1978, se hizo el segundo gran anuncio: el gobierno nacional permitiría el regreso al país de los panameños exiliados.

Ya la Comisión Interamericana de Derechos Humanos, que acababa de realizar una investigación *in situ* a Panamá como parte de la preparación de un informe sobre la situación de los derechos humanos en el país, había cuestionado al gobierno sobre 103 panameños desterrados, ya sea porque fueron expulsados a la fuerza o porque habían huido por recibir amenazas.

El 24 de abril de 1978 el general Omar Torrijos anunció por radio y televisión que todos los panameños que se encontraban en el exterior "en calidad real o aparente de exiliados políticos" podían regresar al suelo patrio "sin preocupaciones ni temores" de ninguna especie.

Esta decisión se convertiría en un hito en la senda política de esos años. El regreso de los líderes opositores se convertía en un cambio importante para una población que llevaba más de una década escuchando solamente la narrativa oficial, y para el gobierno que, hasta entonces, no conocía la crítica ni la fiscalización, pues quienes se atrevieron habían sido asesinados o desaparecidos, otros desterrados y los restantes encarcelados o amenazados.

El 11 de octubre de 1978, décimo aniversario de la "revolución", el entonces ministro de Educación y negociador de los tratados, Aristides Royo, y el gerente general del Banco Nacional, Ricardo de la Espriella, fueron elegidos por la Asamblea Nacional de Representantes de Corregimientos como presidente y vicepresidente de la República, un ente que seguía controlado por los militares, quienes fueron los que escogieron a los candidatos.

"Después de haber trabajado arduamente en las negociaciones del tratado [Torrijos-Carter de 1977] —reconoció Royo—, le pedí a Omar Torrijos la embajada de Panamá en España, porque había estudiado en Salamanca. Torrijos dijo que sí, pero que no lo comentara con nadie. Después me sorprendió con la noticia de que me iba a proponer ante los 505 representantes de corregimiento —como presidente—, que eran los que elegían".[9]

Para los militares de alto rango que sirvieron junto a Torrijos, con la designación de Royo se da el primer paso del repliegue a los cuarteles y el traspaso a los civiles. "Torrijos comenzó a buscar quién de los civiles podía ser la cabeza de ese relevo. Entre esos estaba Fernando Manfredo, Rómulo Escobar, Aristides Royo, De la Espriella, y alguno otro".[10]

El espacio de libertad abierto gracias al veranillo democrático dio cabida a que empezaran a aparecer medios independientes. El más trascendente sería el periódico *La Prensa*, un proyecto que germinó de un grupo de exiliados liderado por I. Roberto Eisenmann a su regreso al país en 1978, en el que aglutinó a varios de los líderes opositores más destacados. El proyecto de la propiedad del diario fue muy novedoso y parte de su éxito inicial. La venta de sus acciones se abrió al público, una especie de suscripción nacional, pues los fondos se invertirían en un medio que pretendía ser independiente, crítico del poder y prodemocracia, con un capital atomizado. La idea era contar con cientos de dueños sin que ninguno pudiera tener más del 1% del capital. Los periodistas y el resto del personal se convertirían en accionistas de la empresa y tendrían derecho a recibir el 50% de las ganancias anuales. El proyecto inicial logró sumar más de 500 inversionistas, llegando a alcanzar la cifra de 1 600.

El periódico vio la luz el 4 de agosto de 1980 y desde su nacimiento se erigió en el temido azote de los cuarteles.

No se puede dejar por fuera la aparición de otras publicaciones como *Quiubo* y *Ya*, así como programas informativos y de opinión que desafiaron al régimen en un par de emisoras de radio, como KW Continente, Radio Impacto y Radio Mundial.

Pero fue la aparición de *La Prensa* la que sin duda quitó el sueño a los gobernantes. "El periódico también cogió mucha fuerza porque la comunidad estaba fastidiada de nosotros. Ya llevábamos 12 años en el poder", recordó Rubén Darío Paredes en una entrevista muchos años después.

—¿Usted sabe qué era lo que nosotros en la comandancia leíamos todos los días? —dijo Paredes.

—¿La columna de Guillermo Sánchez Borbón?

—Exactamente, a Sánchez Borbón. Esa columna era del carajo. Allí la analizábamos todos los días. En cositas, en unas líneas, nos decía lo que le daba la gana. El tipo era fantástico

—Es que él los criticaba con sarcasmo, con humor. Sánchez Borbón siempre sostuvo que los militares no tenían sentido del humor, eran incapaces de tolerar el humor.

—Bueno podría ser, pero es que sus escritos eran muy profundos —recordó el militar—, eran ocurrentes y él estaba muy bien informado.

El siguiente paso fue la legalización de los partidos, prohibidos desde 1968. El horizonte parecía despejarse. El primero que se inscribió fue el Partido Revolucionario Democrático (PRD), el brazo político del "proceso revolucionario". Paulatinamente, los partidos opositores iniciaron su legalización. Al principio habían estado reticentes en inscribirse dada la desconfianza en el régimen y el temor de que, al hacerlo, le otorgaban legitimidad al gobierno.

En 1981, el general Omar Torrijos murió en un accidente aéreo en las montañas de Coclé.

Con la muerte de Torrijos se puso en marcha la verdadera sucesión política, la del poder real. En una genuina democracia, el presidente hubiera designado al siguiente comandante en jefe. En Panamá, sin embargo, tocaba al Estado Mayor escoger de entre ellos al nuevo jefe de las Fuerzas Armadas. El cargo le correspondió al oficial de mayor antigüedad, el coronel Florencio Flores.

El cuero del sillón olía aún a nuevo cuando Flores fue desalojado del Cuartel Central por sus compañeros de armas. La cúpula militar lo reemplazó, a los nueve meses, por el coronel Rubén D. Paredes.

Mientras, ciertos hechos desmentían el supuesto tránsito hacia la democracia. Entre julio y diciembre de 1981, por ejemplo, el diario *La Prensa* sufrió amenazas, presiones y ataques. La libertad de prensa no sentaba nada bien a los gobernantes.

La primera demanda por calumnia la interpondría el presidente Royo contra el columnista Guillermo Sánchez Borbón cuando el diario no tenía ni un año de estar funcionando. Unos meses después, molestos por las investigaciones sobre corrupción que aparecían en sus páginas, las instalaciones fueron atacadas con machetes, varillas y armas de fuego por una facción del PRD denominada "Grupo de Acción Popular". Esa tarde, el PRD se hizo responsable de la agresión admitiendo que "una base de nuestro partido atacó ese periódico con el apoyo moral de la Secretaría General del Partido", pues no estaban de acuerdo con su línea editorial.

Le siguieron más demandas por "calumnias al presidente de la República" y una condena de cinco meses de cárcel al director del diario. El Ministerio de Hacienda, por su parte, le envió auditores y le impuso una multa por el supuesto impago de impuestos, y los miembros de la Junta Directiva fueron citados a la Comandancia y advertidos de que "estaban jugando con fuego" tras aparecer en sus páginas un reportaje sobre la empresa Transit, S. A., un negocio afiliado a los militares que cobraba tasas a los operadores de la Zona Libre y cuyo beneficio terminaba en los bolsillos del Estado Mayor.

En los cuarteles, Paredes fue ascendido a general de brigada. Y ya para julio de 1982, aniversario de la muerte de Torrijos, el general Paredes decidió desechar al presidente civil, Aristides Royo, quien anunció al país en cadena nacional de radio y televisión que renunciaba por razones médicas, el memorable "gargantazo".

El País (España) escribió que el presidente de Panamá "hubiera merecido más crédito si llega a decir que estaba embarazado".[11]

Royo, muchos años después, cuando finalmente dio explicaciones sobre aquel "gargantazo" (nombre que se le dio porque anunció al país que renunciaba a la presidencia por padecer dolencias en la garganta), confesaría que ese repliegue militar, en el que él confiaba, y que supuestamente permitiría el traspaso al poder civil, no había seguido su curso. Creyó que los militares respetarían el poder civil después de la muerte de Torrijos, pero se estrelló con la realidad de que los coroneles tenían otros planes.

Para el general Paredes, la defenestración de Royo fue una estrategia con el fin de ganar tiempo, pues los militares notaban un desgaste político muy grande:

Royo fue una víctima, digo yo hoy. Tú no puedes delegar el poder. Si tú tienes el poder y yo digo, "ahora lo tiene Aristides", eso es un cuento. La gente husmea, no es tonta, el pueblo detecta dónde está el poder. Después que Royo queda de presidente, se convirtió en un presidente solitario. Sus ministros, en las tardes, se iban para la comandancia, algunos iban a criticarlo, a mofarse de él. Pero lo que más le hacía daño fue el arrastre que traía por la Reforma Educativa [un proyecto incubado en sus años como ministro de Educación y cuyo rechazo público fue contundente: logró movilizar a la mayor manifestación ciudadana que hasta entonces había enfrentado el gobierno]. Estando en la presidencia lo debilitó, un pecado original que le persiguió, que fue empeorando en la medida que nos íbamos desgastando más políticamente.

Según el exgeneral, la ausencia súbita de Torrijos, el evidente deterioro del gobierno, el surgimiento de figuras políticas de oposición como Arias Calderón, Guillermo Ford, Carlos Iván Zúñiga, junto a los reportajes de *La Prensa*, les hicieron darse cuenta de que se hundían cada día más. En palabras de Paredes:

Yo sentía que nos caíamos, que estábamos a punto de perder el gobierno. Comencé a pensar que teníamos que hacer una maniobra para ganar tiempo hasta encontrar otra salida política. Se me ocurrió que el presidente Royo debía salir y que así el pueblo tendría la satisfacción de que habían logrado que se apartara al presidente, un presidente que era impopular, muy frágil. En la comandancia le explicamos la sensación que teníamos, de enorme descontento popular, que sentíamos que nos estábamos cayendo, y él respondió: "yo siento igual". Él mismo lo dijo. Entonces yo le dije que el pueblo debía ver un cambio radical y que eso solo se daría con su salida. Que el pueblo se convenza de que hay un cambio de verdad, y le digo que "he pensado que usted debe retirarse, que el vicepresidente De la Espriella lo suceda". Le expresé que eso nos daría más tiempo para planear la transición. Y Royo contestó que él estaba de acuerdo. De paso, fue él quien dijo que él estaba sufriendo de la garganta y bueno, vino aquello que llamaron el gargantazo.

Coincidiendo con el anuncio de la renuncia de Royo, y temiendo protestas públicas por el "golpe" que le daban al Ejecutivo, se tomaron medidas claramente dictatoriales. Rubén Darío Paredes, como jefe de la Guardia Nacional, ordenó el cierre inmediato de los medios de comunicación. La preocupación del nuevo "hombre fuerte", como confesaría años después, era la reacción que podría generar lo que publicara el diario *La Prensa*, que, a pesar de contar apenas con un año de funcionamiento, se había convertido en el medio independiente de referencia. Los periodistas presentes en la rueda de prensa le preguntaron al general desde cuándo regiría esa orden. "Desde ya", contestó el militar.[12]

A las 6:15 de la tarde, un contingente armado de la Guardia Nacional sitió el edificio donde operaba *La Prensa* para luego entrar y, a golpes, desalojar a los periodistas y trabajadores que laboraban en la edición del próximo día. Una semana después, y gracias a una enorme presión internacional, el diario volvió a imprimir, no sin antes percatarse de los destrozos que los agentes habían causado al mobiliario, archivos y equipos electrónicos, además de haber derramado ácido en las rotativas con el fin de arruinarlas permanentemente.[13]

A pesar de ello, el discurso oficial seguía empeñado en convencer a los panameños de que la democracia los esperaba a la vuelta de la esquina. Una prueba de ello la dio el propio general Paredes, quien tuvo los primeros acercamientos con líderes opositores, en especial, con el octogenario Arnulfo Arias, el mismo que Paredes y sus compañeros de armas habían derrocado en 1968. Arias había retornado al país en 1978 con el resto de los exiliados tras una década de destierro en Miami.

A raíz de sus reuniones con líderes políticos de la oposición, nace el acuerdo para reformar la Constitución Nacional, una iniciativa que surgió del presidente De la Espriella, quien consideraba que la Constitución vigente no permitiría un gobierno democrático, idea a la que Paredes se sumó. "De la Espriella me dijo, apenas nos reunimos, que debíamos democratizar el país, y yo le contesté que era hora de hacerlo, de acabar con estos gobiernos de fuerza". En efecto, en diciembre de 1982 se logra consensuar la conformación de una Junta de Notables con el encargo de proponer una serie de reformas profundas a la Constitución Nacional.[14]

En un gesto que despertó simpatías en quienes se ilusionaban con el repliegue militar, el proyecto de reformas constitucionales fue llevado a referéndum nacional.

"Los panameños votan hoy una reforma constitucional que pone fin de hecho a la 'era Torrijos', a los dos años de su muerte", reportaba, por ejemplo, el diario español *El País* en su edición del 24 de abril de 1983.[15] Las reformas constitucionales que, como describía el diario, debían homologar el régimen panameño "con las democracias occidentales", llegaron incluso a contar con el respaldo del líder opositor Arnulfo Arias, quien el día de la votación fue entrevistado y pidió el voto a favor. El proyecto de reformas fue aprobado con el apoyo del 88% de los votantes.

En el contexto regional, se daban movimientos políticos que lograban dar fin a varias de las dictaduras militares que florecieron junto a la panameña en la década de 1960. La vuelta al poder civil parecía estar de moda. Ecuador había hecho la transición a la democracia en 1979, seguido por Perú en 1980 y Argentina en 1983 (y había movimientos en Brasil y Guatemala —contemporáneos con las promesas panameñas—, que restablecerían la democracia en 1985 y 1986, respectivamente).

El siguiente hito a nivel nacional serían las elecciones programadas para 1984. Regirían las nuevas reglas constitucionales mediante las cuales, por ejemplo, se volvería a elegir por el voto directo de todos los ciudadanos al presidente de la República. El período presidencial se redujo de 6 a 5 años. De igual forma, se elegirían legisladores a la Asamblea Legislativa (luego se denominaría Asamblea Nacional, y a sus miembros, diputados), mediante la división en circuitos electorales acordes con la población y representatividad de las provincias y comarcas del país.

Un año antes de las elecciones, cuando el país parecía finalmente ilusionado con ir a una contienda libre y civilizada, se sucede una serie de hechos inquietantes. El año 1983, que había iniciado con buenos augurios, no terminaría bien.

Dos hechos quedaron grabados en la memoria histórica y sucedieron en una misma ceremonia, en la explanada del fuerte Amador, a pleno sol, con todo el despliegue militar como testigo, la mañana del viernes 12 de agosto de 1983.

En esa ceremonia el general Paredes se separa de su cargo como cabeza de la Guardia Nacional. Pero no lo hace para jubilarse sino porque tiene la intención de correr para presidente de la República en las elecciones de 1984.

Es así como surge la figura de Manuel Antonio Noriega, el hasta entonces temido jefe del G-2, la inteligencia militar. La salida de Paredes lo convierte en el nuevo comandante en jefe de las fuerzas armadas panameñas. En el acto, "frente a la tropa formada en posición de saludo militar, camina al centro del escenario y con un leve golpe en el hombro izquierdo, le dijo a quien en ese momento reemplazaba en la jefatura, el general Rubén Darío Paredes: Buen salto, Rubén".[16]

Noriega entró a velas tendidas al inmenso mar del poder. Había llegado su momento.

Una semana después del "buen salto", el coronel Noriega fue ascendido a general.

A los pocos días, el Estado Mayor envió al Consejo de Gabinete un proyecto de ley para que lo aprobara y enviara al Órgano Legislativo. Había prisa pues al flamante hombre fuerte se le antojaba reformar todo el aparato militar y de seguridad del Estado para que la nueva estructura quedara bien alineada bajo su mando. Panamá, que desde 1904 había eliminado el ejército[17] y que se había manejado con un cuerpo de policía (que luego sería denominado Guardia Nacional, con cierta inspiración en la policía militar estadounidense), instalaba de nuevo un ejército, bajo la denominación de Fuerzas de Defensa de Panamá.

Quedó así "legalizada" la militarización del país. Hasta entonces, la fuerza pública, aquella Policía Nacional que en algún momento cambió de nombre por el de Guardia Nacional, estuvo siempre sometida al poder civil, a pesar de los excesos que se dieron. La designación de sus comandantes, los ascensos de la oficialidad, las destituciones, el presupuesto y las compras eran manejados por el Órgano Ejecutivo. Ya no sería así.

Se establecía un escalafón y una estructura absolutamente castrenses que, de paso, absorbían los cuerpos de policía. Además, se le adicionaban las fuerzas aérea y naval, todo bajo un solo mando. Y, como si fuera poco, se le transfería al nuevo ejército una serie de instituciones civiles como el Departamento de Migración, el de Aduanas, el de Tránsito y Transporte Terrestre, el control sobre la importación, venta y tenencia de armas de fuego de los civiles y se apropiaba del antiguo Departamento Nacional de Investigaciones (Deni), encargado de las pesquisas judiciales. Una concentración de funciones descomunal.

La ley le otorgaba enorme autonomía al comandante de las Fuerzas de Defensa, tanto a la hora de hacer los nombramientos de oficiales como a la de otorgar grados, ascensos y bajas. También estaba autorizado para establecer el presupuesto y llevar a cabo contrataciones públicas a su discreción.

Ante la inminencia de la cita electoral, brotaron las flores del mal por doquier.

Al antecesor de Noriega, el general Paredes, quien se había separado de su cargo con la confianza de que sería el candidato oficial de la contienda, lo dejaron en la estacada. Noriega y su Estado Mayor decidieron que el PRD llevara como candidato a un civil con buena imagen en el extranjero e impecables conexiones internacionales, en especial con Estados Unidos. Por supuesto, no les interesaba que un general llegara al Palacio de Las Garzas.

Entre agosto y diciembre de 1983, el PRD, en coalición con dos de los partidos "tradicionales y oligárquicos", esos que el proceso revolucionario había jurado combatir luego del golpe de Estado, el Partido Republicano y el Partido Liberal, postuló al exministro de Planificación y Política Económica, y en ese entonces vicepresidente del Banco Mundial para América Latina y el Caribe, Nicolás Ardito Barletta, como candidato a la presidencia. Le acompañarían en su coalición, como vicepresidentes, Eric Arturo Delvalle (republicano) y Roderick Esquivel (liberal).

Las aspiraciones del exgeneral Paredes acabaron apañadas por un minúsculo partido, el Partido Nacionalista Popular, que lo postuló en solitario.

Del lado antimilitar se conformó la Alianza de Oposición Democrática (ADO), una coalición formada por casi todos los partidos políticos "civilistas". El veterano Arnulfo Arias, de 83 años, fue quien encabezó la nómina presidencial, con Carlos Rodríguez —un exitoso empresario de su entera confianza, cuyos vínculos cimentó en Miami cuando ambos compartieron el exilio— y Ricardo Arias Calderón —el presidente del Partido Demócrata Cristiano—, como primer y segundo vicepresidentes, respectivamente.

Un segundo candidato opositor, que no quiso unirse al bloque anterior, Carlos Iván Zúñiga, fue postulado a la presidencia por otro partido pequeño, el Partido Acción Popular (PAPO).

A escasos tres meses de las elecciones, Ricardo de la Espriella, quien había reemplazado a Aristides Royo como presidente de la República luego del gargantazo, corrió igual suerte. Se sospecha, pues nunca ha dado explicaciones al país de lo ocurrido, que mantuvo diferencias con el Estado Mayor, que no compartía sus ideales democratizadores, y le tocó marcharse. Jorge Illueca, un connotado defensor de la soberanía nacional y abogado internacionalista de prestigio, aceptó servir como presidente por los meses que restaban al período presidencial, enterrando con su complicidad el espantoso proceder que se avecinaba.

La noche de la elección, cuando la cuenta de los votos indicaba que el candidato del gobierno no había ganado, y que el triunfo favorecía a Arnulfo Arias (aunque la ventaja no era arrolladora), se ordenó la suspensión del conteo. El escrutinio no se reanudaría hasta tres días después, durante los cuales se fraguó el fraude. Echando mano de una trampa grosera, se sumaron las mesas donde había triunfado Ardito Barletta y se fueron anulando las actas de las mesas donde había triunfado Arias.

El 16 de mayo de 1984, el Tribunal Electoral, donde los militares controlaban a dos de los tres integrantes, declaró que Nicolás Ardito Barletta había ganado a Arnulfo Arias por 1 713 votos.[18]

El fraude fue burdo, tanto así que la trampa era demostrable. En cada uno de los centros de votación del país había representantes de todos los partidos políticos que participaban, y estos representantes guardaban copia de las actas individuales donde constaba el resultado de la votación de cada mesa, debidamente firmadas por los representantes del Tribunal Electoral y los de cada partido. La suma total de todas ellas, por simple aritmética, daba el resultado.

Todo intento de la oposición de exigir un conteo público, que incluyera todas las actas y que permitiera verificar con transparencia el resultado, fue bloqueado por el gobierno.

Hubo protestas estudiantiles, manifestaciones públicas, reclamos de fraude a nivel nacional e internacional. Al final, cayeron en saco roto. El control de los militares sobre el gobierno civil, sobre todas las instituciones de control y salvaguarda, desde el propio Tribunal Electoral, la Contraloría, el Ministerio Público y la administración de justicia, así como los canales de televisión y la radio, salvo un par de emisoras, era abrumador.

Tan descarado fue el fraude cometido, que el resultado "oficial" anunciado no contó ni siquiera con la conformidad del presidente del Tribunal Electoral. El organismo estaba conformado por tres magistrados. El doctor César Quintero, el más insigne y reputado constitucionalista vivo, que había sido designado por el presidente Ricardo de la Espriella como garantía de imparcialidad e integridad del torneo electoral descalificó con su salvamento de voto la proclamación de Ardito Barletta, que los otros dos magistrados, Yolanda Pulice de Rodríguez y Rolando Murgas, los afectos a los cuarteles, se empeñaron en consumar. Poco después, Quintero renunció.

El 30 de mayo de 1984, mientras el nuevo presidente era proclamado por el Tribunal Electoral, un grupo de estudiantes se manifestó cerca de la avenida Balboa quemando basura y llantas. La protesta escaló cuando procedieron a detener un autobús de una institución del Estado, obligando a bajar a los pasajeros, y lo incendiaron como señal de repudio al escandaloso fraude. Inmediatamente fueron perseguidos por una veintena de autos de los Doberman, los temidos antimotines de las Fuerzas de Defensa.

No muy lejos, en la sede de la ADO, también en la avenida Balboa, se mantenían miembros del Partido Panameñista y de los demás partidos de la coalición con pancartas de protesta. Varios grupos anti-gubernamentales se fueron acercando. También aparecieron individuos de sospechoso actuar. "El G-2 infiltró los predios con algunos soplones que caminaban entre los copartidarios en las afueras de las oficinas", recuerda el panameñista Enrique Zarak Linares, quien estaba presente. También recuerda que un par de ellos ofrecían a los presentes armas, pistolas, que sacaban discretamente. Ninguno las aceptó. El ambiente era muy tenso. Los Doberman rodearon el lugar por cerca de tres horas. En determinado momento, empezaron a golpear salvajemente a los ciudadanos allí reunidos. Se llevaron presos a quienes opusieron la menor resistencia. Entraron a las oficinas donde operaba la coalición de partidos y destruyeron todo lo que encontraron a su paso. "Los militares subieron a los pisos superiores del edificio —que eran oficinas privadas— y se llevaron a sus ocupantes a punta de manguerazos. Justo en ese momento llegó un carro bomba del Cuerpo de Bomberos y, con las escaleras, los militares treparon hasta la terraza del edificio para terminar de arrestar a los panameñistas que habían logrado escapar hasta el último piso", narró Zarak.

Que los militares se robaron las elecciones, se sabía. El cómo lo hicieron, el dónde se consumó el fraude y quiénes lo ejecutaron se conocería después por una confesión que haría temblar al país.

Un hecho era cierto: el anunciado repliegue a los cuarteles había fracasado. Había muerto a poco de nacer.

Fuera de Panamá, al inicio, la comunidad internacional reaccionó cautelosa ante las acusaciones de fraude. Sin embargo, los gobiernos extranjeros terminaron mirando para otro lado y reconociendo a Nicolás Ardito Barletta como vencedor. En Washington, el futuro presidente generaba optimismo, lo conocían y, además, era amigo del entonces secretario de Estado, George Shultz.

El 11 de octubre de 1984, Nicolás Ardito Barletta tomó posesión como presidente de Panamá para el período constitucional 1984-1989. A su toma de posesión asistirían, además de varios mandatarios latinoamericanos, el propio Shultz.

Su presidencia, sin embargo, no llegaría ni al primer año.

2

La terciopelo

General Noriega: Espero poder continuar nuestra lucha conjunta contra las drogas. Los narcotraficantes alrededor del mundo están advertidos ya de que sus operaciones ilícitas no son bienvenidas en Panamá.

JOHN C. LAWN, jefe de la Agencia Antinarcóticos (DEA)

Meet the Press, el espacio noticioso dominguero de la cadena NBC, es el programa de entrevistas más antiguo de la televisión de Estados Unidos. Se transmite ininterrumpidamente desde 1947. Su invitado el 22 de junio de 1986 fue Jesse Helms, el poderoso senador de Carolina del Norte.

En las pantallas apareció el archiconservador líder del Partido Republicano —con su marcado acento sureño y su forma habitualmente controversial de debatir, con ese glamur de la soberbia que pretenden quienes se creen propietarios de la razón—, invitado al programa en su calidad de miembro del Comité de Relaciones Exteriores del Senado.

Helms no solo era el senador republicano de mayor jerarquía en dicho comité, sino que, además, era el presidente del Subcomité del

Hemisferio Occidental, nombre que en la jerga diplomática estadounidense significa que incluye a todos los países del continente americano. Como si fuera poco, Helms era el presidente de otro poderoso comité, el de Agricultura, desde donde defendía enérgicamente, y sin remordimiento alguno, la colosal industria tabacalera de su país.

Por esos días, a Helms se le veía constantemente en los noticieros, presidiendo audiencias en los salones del Senado o al pie de las escaleras del Capitolio opinando sobre el conflicto armado en Nicaragua (donde Estados Unidos intentaba sacar a los sandinistas izquierdosos) o sobre el perpetuo embargo comercial a Cuba. Las siempre tensas relaciones con México eran un tópico recurrente, al que se habían unido el del asesinato de curas y religiosas en El Salvador y la millonaria ayuda que fluía del Tesoro americano a Colombia en su guerra contra la guerrilla y los cultivos de droga.

No pasó mucho tiempo antes de que el panel de periodistas le preguntaran sobre Panamá, un país con escasa cobertura noticiosa. Hasta entonces. El lunes anterior, un reportaje publicado en la portada del diario más importante de Estados Unidos puso al pequeño país en la mira. De ser cierta la noticia, sería un escándalo mayor, pues describía los nexos entre el "hombre fuerte" de Panamá y los carteles de la droga. Y lo que sería más grave aún: el reportaje hablaba de la cercanía y complicidad que ese comandante panameño tenía con el gobierno de Estados Unidos.

—¿Es cierto lo publicado, senador?

Helms no dudó ni un segundo en contestar. Lo hizo a su manera, tajante, mostrando preocupación, o, mejor dicho, alarmado sobre la situación política panameña y validando, sin titubear, la parte del reportaje que acusaba a Manuel Antonio Noriega de tener vínculos con el negocio de las drogas.

—El general Noriega es el jefe de la mayor operación de tráfico de drogas del hemisferio occidental —dijo Helms en televisión nacional, convirtiéndose en ese momento en el funcionario de mayor prominencia que acusaba directamente de estar involucrado en el narcotráfico al comandante en jefe de las fuerzas armadas y gobernante *de facto* de Panamá, país donde operaba el Canal y en el que Estados Unidos tenía todavía una docena de bases militares.

Estados Unidos era gobernado por otro republicano, Ronald Reagan, y hasta ese momento la relación con Panamá, que había tenido algunos momentos de tirantez tras las últimas elecciones, era muy cordial. Panamá, con Noriega, seguía siendo un aliado fiable para Estados Unidos.

La semana anterior, en *The New York Times*, había aparecido el reportaje de uno de los periodistas investigativos más respetados de los Estados Unidos, Seymour Hersh. En él se divulgaba, por primera vez, que el "hombre fuerte de Panamá" tenía lazos estrechos con el trasiego ilegal, tanto de drogas como de armas, y que estaba amasando una vasta fortuna personal por su participación en dicho negocio.[1]

A la noticia de Hersh se había sumado, de inmediato, NBC News. La cadena televisiva, citando también informes de inteligencia, apuntalaba lo publicado en el diario. Detrás de Noriega se ocultaba una actividad delictiva preocupante, narraban en el noticiero, y Washington lo sabía y lo toleraba con alarmante complicidad.

En *Meet the Press*, los periodistas primero preguntaron a Helms si era cierto que Noriega estaba involucrado con el asesinato del médico Hugo Spadafora, un hecho que el año anterior había circulado como noticia. Helms respondió que sí, que la información de inteligencia que había llegado a sus manos así lo indicaba. El senador, además de los resúmenes de inteligencia a los que hacía referencia, poseía información, de primera mano, de fuentes directas panameñas.

Unos meses antes de su aparición en *Meet the Press*, al senador le había llegado un visitante a su oficina en el Capitolio. Se trataba de un abogado panameño que apenas podía pronunciar un par de palabras en inglés pero que había viajado para reclamar justicia por el homicidio de su hermano.

El ocupado y poco amistoso senador no estaba en su despacho el día que llegó por primera vez, pues ese día presidía una reunión en la Comisión de Agricultura, su otro bastión, desde donde cuidaba celosamente el derecho de los americanos a fumar cigarrillos. Pero se encontraba la asistente del senador, Deborah de Moss, quien también era la directora de Asuntos de América Latina en la Comisión de Relaciones Exteriores, y que, al darse cuenta de que el visitante, Winston Spadafora, era nada menos que el hermano del asesinado médico panameño Hugo Spadafora, lo recibió de inmediato.

La publicación en *The New York Times*, que años después sería recordada como "la noticia que marcó la caída de Noriega", relataba que un inmenso movimiento de drogas estaba teniendo lugar en Panamá, y que el trasiego de estupefacientes era permitido y protegido directamente por Noriega. Paralelamente, denunciaba el masivo blanqueo de fondos ilícitos que se llevaba a cabo con su complicidad y de un círculo muy cercano de oficiales, y que ambas actividades guardaban vínculos estrechos con la guerrilla colombiana.

El reportaje afirmaba que las agencias de inteligencia de Estados Unidos tenían en su poder información abundante al respecto, así como pruebas del delicado rol que jugaba Noriega, que se vendía como colaborador a las agencias de inteligencia estadounidenses, mientras simultáneamente traficaba información con otros países, tal como hacía con el gobierno de Cuba, grupos guerrilleros y con carteles colombianos, y que su juego de poder y dinero databa de, al menos, 15 años atrás.

Justo el día en que *The New York Times* publicó la noticia, el general Manuel Antonio Noriega llegó a Estados Unidos. No fue una mera coincidencia. El diario llevaba meses trabajando en su investigación y decidió publicarla el primer día que Noriega pusiera el pie en Washington, invitado por el gobierno. El general no solo venía a sostener reuniones con varias agencias de Estados Unidos, sino que iba a ser condecorado por la Junta Interamericana de Defensa. El diario había tratado, sin éxito, de obtener comentarios del gobernante antes de la publicación. Y también había estado corroborando la información con la administración Reagan, algunos de cuyos miembros no estaban para nada contentos de que se publicara el reportaje.

Rogelio Novey, un diplomático panameño radicado en Washington, D. C. durante esos años y conocedor de primera mano de los hechos, relata:

Es más, Hersh llevaba semanas, meses, trabajando en esa pieza y *The New York Times* fue amenazado por funcionarios del gobierno cuando se enteraron de qué se trataba. Le advirtieron al periódico que era mejor que no publicara esa noticia, que había información de inteligencia y que la revelación de su contenido podía afectar las relaciones con América Latina, y en tono amenazador, le advirtieron de que corroborara muy bien esa información antes de publicarla.

A Noriega, al bajar del avión, lo primero que le mostraron fue una copia de la edición del periódico. "Se devolvió a Panamá de inmediato, sin siquiera recibir la condecoración", recordó Novey.[?]

El periodista Hersh, citando informes de inteligencia, aseguraba que el rol de Noriega era crucial en la entrada de enormes cantidades de droga a Estados Unidos. Que sus actividades llevaban años preocupando a las distintas agencias de seguridad del gobierno pero que, dados los conflictos geopolíticos en la región y la importancia estratégica de Panamá, habían optado por mirar para otro lado. Noriega era muy servicial con los pedidos de inteligencia que, sobre los otros países de la región, le solicitaban los estadounidenses. Cooperaba sin reparos con ellos en las operaciones militares que llevaban a cabo rutinariamente, tanto en Panamá como en los demás países de América Central y el Caribe, especialmente en Nicaragua, donde coadyuvaba con operaciones encubiertas de Estados Unidos para facilitar armas a los "contras", los grupos insurrectos financiados por el gobierno americano, que buscaban la caída del régimen sandinista.

Pero el tema panameño se había agravado en los últimos años, se estaba saliendo de las manos. Los pálidos avances democráticos quedaban en reversa. Se registraban nuevas violaciones a los derechos humanos, se habían incrementado las detenciones de presos políticos y las amenazas a periodistas, sin contar con el fraude electoral perpetrado dos años antes. Más recientemente, a algunos funcionarios les preocupaban las protestas que estaban teniendo lugar después de conocerse el asesinato de Hugo Spadafora.

El artículo daba cuenta de una visita hecha a Panamá por el vicealmirante John Poindexter, asesor de Seguridad Nacional de la Casa Blanca. Hubo una reunión con Noriega, en privado. En ella, el enviado de la Casa Blanca le había dicho que parara ya. Los amigos del general panameño en Washington estaban preocupados por su proceder y, más importante, le mandaban a decir que sus negocios con el narcotráfico debían terminar.

"Un informe secreto de la Agencia de Inteligencia Militar (DIA, por sus siglas en inglés) concluyó que el general Noriega, operando con un pequeño círculo de colaboradores de alto rango dentro de las Fuerzas de Defensa, mantiene un control férreo de las drogas y del lavado de dinero", señalaba la publicación.[3]

"Nada se mueve en Panamá sin las instrucciones, órdenes o consentimiento de Noriega", aseguró un alto oficial de Estados Unidos al periodista.

Se trataba de un mal crónico en la política exterior americana, reconocía Hersh. "¿Hasta cuándo se debe mirar para otro lado en cuestiones de corrupción y falta de principios democráticos de nuestros aliados con el fin de proteger los intereses y operaciones secretas de inteligencia del país?", se preguntó la fuente.

—Senador, ¿los reportajes sobre Noriega son ciertos? —preguntaron en *Meet the Press.*

—Sí, señor, son correctos —respondió Helms—. Son incluso mucho más acertados de lo que ustedes han mencionado. Estamos entrando en un área que podría contener información clasificada, y yo mejor reviso mis notas antes de continuar hablando para asegurarme de qué puedo y qué no puedo legalmente comentar en público. Pero no tengo dudas de que el Sr. Noriega es el mayor cabecilla de la mayor operación de tráfico de drogas del continente.[4]

Los periodistas, en su siguiente pregunta y sin saberlo, habrían hecho la primera premonición oficial de lo que se convertiría en una realidad tres años después.

—¿Usted piensa que Estados Unidos debe tomar medidas para mostrar más nuestro poder y control sobre el Canal?

—Bueno, pienso que, al final, quizás será completamente necesario hacerlo. Todo dependerá de cómo sea manejada la situación que involucra al Sr. Noriega.

Los periodistas insistieron. Estados Unidos ya estaba involucrado militarmente en Nicaragua. Por ello, le preguntaron a Helms que si lo que él estaba sugiriendo eran acciones militares en Panamá.

—Esa decisión la tendrá que tomar el presidente Reagan —contestó Helms—. A Reagan fue a quien eligieron presidente, no a mí. Él es el comandante en jefe, no yo.[5]

El crimen de Hugo Spadafora había sido un episodio clave en el proceso de fijación que el veterano senador tuvo con la situación política panameña. Cuando leyó los informes que contenían su asesinato y, sobre todo, al ver las fotos del cadáver mutilado, confirmó que la situación había llegado al límite.

En Panamá, meses antes, la noticia del asesinato de Hugo Spadafora fue un parteaguas. Hubo un antes y un después para los panameños respecto a Noriega. Fue como una bomba que hizo explosión dentro de la psiquis nacional.

Nunca antes, durante toda la historia republicana, se había empleado tanta saña contra un opositor político. La advertencia que enviaba Noriega a la oposición, ahora que él se había hecho con el control político y militar del país, era terrorífica: *Miren hasta dónde soy capaz de llegar.*

Al mismo tiempo, el mensaje también iba dirigido a quienes todavía apoyaban la dictadura iniciada en 1968, la del "proceso revolucionario", que seguían justificando la forma para lograr cambios sociales en el país y culminar la lucha por la recuperación del Canal de Panamá. Después de todo, Hugo Spadafora había sido parte de esa revolución, un médico e idealista muy cercano a Omar Torrijos, que incluso había llegado a ocupar altos puestos dentro del gobierno de los militares. Para los afines al proceso revolucionario, Hugo "era uno de los nuestros".

Su padre, Carmelo Spadafora, hijo de inmigrantes italianos, comerciante y político destacado en Chitré, padre de 13 hijos, mantuvo buenas relaciones con el gobierno militar. De hecho, fue nombrado gobernador de la provincia de Herrera durante la dictadura.

Su hijo Hugo se graduó de médico en Italia, en la Universidad de Bolonia. Luego estudió en El Cairo, con 21 años, y allí entró en contacto, por primera vez, con los movimientos internacionales de liberación del continente africano, ingresando como médico en la guerrilla que luchaba por la independencia de Guinea-Bissau contra el régimen colonial portugués.

En 1967 regresa a Panamá y ejerce la medicina. Al año siguiente tiene lugar el golpe militar que derroca al presidente Arnulfo Arias.

Hugo Spadafora simpatiza inicialmente con el puñado de panameños que se rebelaron contra el golpe militar. Se trataba de dispersos movimientos armados que se congregaron en las montañas de Chiriquí y en algunos puntos del interior del país, decididos a defender el orden constitucional interrumpido por los militares. Hugo, como médico, atiende a algunos de los rebeldes que se movían por Cerro Azul, en las afueras de la Ciudad de Panamá, y es apresado por los militares.

Spadafora logra ser liberado por gestiones que lleva a cabo su padre. "Mientras Hugo estuvo preso conversó con el mismo Torrijos y discuten sobre la revolución, de inquietudes sociales y finalmente dejan de ser enemigos".[6]

Entonces ocurre la transformación: el idealista Spadafora es convencido por Torrijos de que se sume a la revolución para lograr los cambios sociales para transformar el país. Es así como acepta ingresar al sistema de salud público. De un remoto primer puesto en el Darién, va escalando posiciones oficiales —y manteniendo comunicación constante con Torrijos—, hasta que es nombrado viceministro de Salud en 1976.

Dos años después, renunciaría a su cargo y se uniría al movimiento armado que buscaba derrocar la dinastía de los Somoza en Nicaragua, una de las dictaduras más antiguas del continente, luchando junto a los sandinistas. Cuenta con la simpatía y el apoyo de Torrijos en Panamá, quien no gustaba del dictador nicaragüense.

En 1981, con la muere de Torrijos, salen a relucir sus diferencias con Manuel Antonio Noriega.

Hugo Spadafora nunca confió en él. Cuando sube al poder, Spadafora vivía en San José, Costa Rica, pues se había casado con una tica y seguía involucrado de una forma u otra con los movimientos guerrilleros de Nicaragua.

Nunca comulgó con el nuevo comandante. Le acusaba de traicionar los ideales de la revolución, además, de estar directamente vinculado con los carteles colombianos. Por su relación con muchos de los pilotos que en su momento sirvieron en las batallas de Centroamérica, y que conocían de primera mano los movimientos aéreos de la región, Spadafora empezó a recopilar información sobre vuelos clandestinos que movían droga y dinero en efectivo desde y hacia Colombia, todos con la complicidad oficial de la cúpula militar.

En algunos medios —tan temprano como en 1981— aparecen denuncias de Spadafora contra el G-2, la división de inteligencia de la Guardia Nacional dirigida por Noriega, imputándole detenciones arbitrarias a opositores, intimidaciones a críticos del gobierno y abusos contra líderes estudiantiles detenidos.

De visita por Panamá, en enero de 1982, es entrevistado por la radio KW Continente. "Lo que Noriega no sabe es que yo ya estoy detrás de él en lo que concierne al tráfico de drogas, que yo ya tengo ciertas pruebas", declaró. La transmisión de la entrevista, que era en vivo, se silenció, pues la emisora fue sacada del aire.

En 1985, estando Noriega en control absoluto del poder, sus denuncias se intensificaron. Antes de emprender un viaje a Panamá, desde San José, viaje que resultaría ser el último de su vida, Spadafora mantuvo contactos con oficiales estadounidenses, tanto del Departamento de Justicia como de la agencia antinarcóticos (DEA). De hecho se reunió con ellos en las oficinas de la DEA en Costa Rica.[7]

En sus reuniones expuso los detalles sobre la "dinámica utilizada por Noriega". Dio ejemplos concretos y de primera mano, como el del caso del disidente nicaragüense y líder de los "contras", Sebastián *Guachán* González, quien traficaba cocaína desde Panamá, a través de Costa Rica, a Florida y Luisiana, con la protección del general a fin de conseguir fondos para comprar armas.

El tema no asombró a los oficiales estadounidenses con los que estaba reunido.[8] También les contó sobre encuentros que Noriega había mantenido secretamente, poco antes, con los capos de la droga en sitios específicos, como Cuzco, Perú.

El viernes 13 de septiembre de 1985 sería un día fatídico en la vida de Hugo Spadafora. Acababa de cumplir 45 años.

Esa mañana, muy temprano, salió de su casa en San José. Decidió cruzar discretamente la frontera con Panamá, como ya había hecho un par de veces. Se propuso ir a la capital a denunciar públicamente a Noriega y a sustentar su acusación con las pruebas que había recabado.

A las 9:00 de la mañana abordó una avioneta de la aerolínea local SANSA con destino al aeropuerto Coto 47, el más cercano a la frontera con Panamá. Como medida de cautela, Hugo se registró en el vuelo bajo el nombre de "Ricardo Velásquez", según acostumbraba a hacer para despistar. Al salir de la terminal tomó un taxi hasta Paso Canoas, para cruzar así, a pie, la línea limítrofe entre ambos países.[9]

El propietario del restaurante Los Mellos, ya en el lado panameño, dio cuenta de que Spadafora almorzó ese mediodía en su establecimiento.[10]

Posteriormente abordó un autobús de la línea Frontera-David. El conductor del vehículo declaró que el viaje fue suspendido "porque solo tenía tres pasajeros". Lo curioso es que, entre los pasajeros, además de identificar al médico, reconoció a Francisco Eliécer González Bonilla, apodado *Bruce Lee*, un oficial de las Fuerzas de Defensa panameñas, que iba vestido de civil.

Ambos tomaron entonces un segundo autobús, con destino a la ciudad de David, capital de la provincia de Chiriquí, donde Hugo haría escala y llamaría a su esposa para decirle que estaba bien como acostumbrada a hacer al cruzar la frontera.

De acuerdo con los testimonios del conductor y del ayudante del segundo vehículo, Spadafora fue temporalmente detenido en su viaje a David en un puesto de control militar en el poblado de Jacú y luego volvió a subir.

Tres ciudadanos panameños, que viajaban en ese autobús, corroboraron las versiones del conductor y su asistente.

Poco más adelante fue nuevamente obligado a descender en un segundo puesto de control militar, en el caserío de La Estrella, acompañado por el oficial *Bruce Lee* González. Era evidente que los mandos superiores de las Fuerzas de Defensa sabían ya que Spadafora estaba en Panamá y que viajaba rumbo a David.

> Finalmente, los mismos testigos afirman que el Dr. Hugo Spadafora, acompañado del señor Francisco González Bonilla *Bruce Lee,* descendió del autobús en la ciudad de Concepción. Según las declaraciones del chofer del autobús y su ayudante, el señor González Bonilla bajó del autobús y tomó la maleta del Dr. Spadafora, e insistió en que lo acompañara hacia un lugar desconocido.[11]

Tanto las dos veces que fue obligado a bajar del autobús como cuando fue conducido finalmente al cuartel de Concepción, se identificó con todas las personas que estaban a su alrededor diciendo: "Soy el doctor Hugo Spadafora y he sido detenido por las Fuerzas de Defensa".

Pero su precaución de alertar de su detención ilegal a cuanto individuo se le cruzara por esos caminos desolados del campo panameño era señal de que ese hombre curtido en el peligro, un guerrillero que había visto la muerte a sus pies, ducho en la defensa personal y el uso de armas, jamás tuvo la menor sospecha de la desgracia que se le venía encima.

Allí, en el cuartel, se encontraron con otro militar, Julio César Miranda Caballero, *Muñecón*. Según un testigo, en un camino apartado, *Muñecón* le pegó a Spadafora con la cacha del revólver en la nuca. Sería la primera agresión física que sufrió y la menos cruel.

Ya para entonces, *Bruce Lee* González y *Muñecón* Miranda habrían dado cuenta a su superior, Luis *Papo* Córdoba, el jefe de la Zona Militar de Chiriquí y cercano colaborador de Noriega, de que Spadafora estaba detenido y que esperaban órdenes.

Manuel Antonio Noriega había salido de viaje por aquellos días con destino a Francia, un país con el que mantenía una afinidad especial. De hecho, años más tarde, a inicios de 1987, fue condecorado por su gobierno con la Legión de Honor en agradecimiento, sobre todo, por la compra de armamento y por los servicios de inteligencia recibidos.

"General Noriega: su amor por Francia es conocido por todos", declaró el jefe del Estado Mayor francés al imponerle la máxima condecoración gala por su probada amistad y por sus "innegables desvelos por el logro y mantenimiento de la paz mundial".[12]

En París, Noriega recibió la noticia de que Spadafora había sido capturado y que ya estaba detenido en un cuartel.

Papo Córdoba, de acuerdo con una llamada hecha la noche del 13 de septiembre, y que fue interceptada por los servicios de inteligencia de Estados Unidos según un reporte confidencial de la DIA, le dijo a Noriega: "Jefe, tengo al perro rabioso". Noriega le respondió: "¿Y qué se hace con un perro rabioso?".[13]

Spadafora fue sujetado por varios oficiales dentro de un pequeño recinto, amarrado y golpeado, repetidamente, sin cesar. Procedieron a torturarle de manera salvaje, durante varias horas. Le infligieron choques eléctricos. Le insertaron una estaca por el ano. Le creyeron muerto varias veces.

Luego de haber sido torturado le cortaron la cabeza. Los médicos forenses dictaminaron que aún estaba con vida cuando fue decapitado.

En Panamá se supo de los horrores que sufrió el cuerpo de Spadafora por el informe forense preparado por los médicos de Costa Rica. El martirio ha debido ser más infernal aún, pues los forenses no pudieron examinar la cabeza, ya que el cuerpo llegó decapitado. Pero ¿por qué la autopsia de Spadafora la hizo el Organismo de Investigación Judicial (OIJ) de Costa Rica?

Porque la mañana del 14 de septiembre, muy temprano, un campesino encontró bajo el puente de El Roblito, sobre la quebrada La Vaquita, una bolsa en la que había un cuerpo humano, sin cabeza.

Los asesinos habían llevado el cadáver hasta la frontera con Costa Rica esa noche y lo arrojaron bajo el puente.

La cabeza de Hugo nunca apareció.

En la Ciudad de Panamá, lo sucedido ese fin de semana en los caseríos de la frontera con Costa Rica, entre campesinos, conductores y oficiales, se desconocía por completo.

Guillermo Sánchez Borbón, periodista de *La Prensa*, con quien Spadafora había desarrollado cierto nivel de amistad por sus acercamientos al diario y la filtración de información, fue el primero en dar la alerta de su desaparición. Sus familiares le contactaron alarmados porque Hugo, que había salido el viernes en la mañana de San José, no había llegado a David. A esa hora del sábado, nadie daba cuenta de su paradero.

Por ello, *La Prensa* publicó, en la edición del domingo 15 de septiembre, en su primera plana, una noticia muy corta en la que se informaba que Hugo Spadafora llevaba 48 horas desaparecido y que sus familiares estaban muy preocupados al desconocer su paradero.

"El lunes 16 de septiembre de 1985, como a las tres y media de la tarde —comentó el periodista—, me llamó por teléfono un familiar de Hugo Spadafora y me dijo que había aparecido el cadáver de Hugo en El Roblito, aldehuela costarricense situada en la frontera que divide Costa Rica de Panamá. Y lo peor es que lo han decapitado".[14]

"La noticia me dejó anonadado durante tres o cuatro horas. A las siete y media de la noche llegué al periódico, y a las ocho tenía yo toda la historia del crimen. Me la relató por teléfono, desde Chiriquí, el abogado Rodrigo Miranda, quien había ayudado a la familia Spadafora a desandar los pasos de Hugo. Miranda y yo quedamos después mudos a cada extremo de la línea, perplejos".

En la edición del martes 17 de septiembre, a seis columnas, *La Prensa* dio la noticia al país: "Ejecutan a Spadafora". En la misma, que ocupaba toda la portada, se daba cuenta de que el cuerpo decapitado había sido encontrado en Costa Rica, que había sido detenido previamente en Concepción, que su cabeza no aparecía y que su padre, Carmelo, acusaba directamente a Noriega y al coronel Ow Young, jefe del G-2, como responsables del homicidio.

Las Fuerzas de Defensa de Panamá, incluido el G-2, en comunicado oficial, se desligaron inmediatamente de lo ocurrido. Las autoridades panameñas se atuvieron a que el crimen se había cometido en territorio tico, por lo que era muy poco o nada lo que les correspondía a ellos investigar, a pesar de que la última vez que Spadafora fue visto con vida había sido cuando lo detuvieron sus propias unidades.

El periodista Sánchez Borbón no se guardó su opinión sobre lo acontecido y mucho menos sobre el cínico y muy revelador comunicado del G-2.

Así escribió en su columna:

El caso de Hugo Spadafora es aún más claro. Las primeras noticias no eran tan inquietantes, porque podían atribuirse a un desencuentro. Sin embargo, cuando uno de sus familiares me comunicó por teléfono que un testigo había visto a Hugo cruzar la frontera, me acometió un presentimiento angustioso. Y cuando leí anteanoche el comunicado del G-2, comprendí que había ocurrido algo terrible. Porque ese comunicado era tanto como una tortuosa confesión. Habla de "presunta desaparición", y se muestra preocupado "ante las especulaciones temerarias" del mencionado diario [*La Prensa*] con claros fines políticos, buscando el desprestigio de las Fuerzas Armadas.

Anteanoche los familiares nos trajeron al diario el *habeas corpus* interpuesto por el abogado Diógenes Arosemena. Ahí nos enteramos de que otros tres testigos vieron cuando Hugo era detenido por las Fuerzas de Defensa.

Pero al G-2 no le interesa en lo más mínimo la desaparición de un ciudadano panameño; le preocupa, eso sí, que se divulgue la noticia: "Las Fuerzas de Defensa de Panamá y sus servicios de inteligencia vemos con profunda preocupación el manejo de campañas tendenciosas por parte de políticos fracasados. Rechazamos rotundamente que individuos de una trayectoria enmarañada, confusa y desequilibrada en los órdenes políticos, sociales, profesionales y personales busquen notoriedad y prestigio a base del escándalo y la calumnia".

Y por ahí se va, para rematar: "instamos a las autoridades respectivas a profundizar, contando con toda nuestra ayuda, la investigación de este delito de manifestaciones que se basan en innumerables falacias". Como ves, ni una palabra sobre el paradero de Hugo. Hay que investigar a quienes dieron la noticia.

Las publicaciones que hicieron los periódicos *La Prensa* y *Extra* (que mostró en su portada la foto del cuerpo mutilado y decapitado sobre la mesa del forense de Costa Rica), impactaron a la sociedad panameña.

Jamás en la historia republicana un opositor político había sido sometido a semejante barbarie.

La familia Spadafora, el padre y los hermanos de Hugo, exigieron inmediatamente al Gobierno nacional el nombramiento de una comisión especial independiente que investigara el crimen. Ellos, así como amplios sectores de la sociedad panameña, desconfiaban de la capacidad de los fiscales de llevar a cabo una investigación profunda e independiente que, inevitablemente, terminaría indagando a los altos mandos de la cúpula militar dentro de un régimen que llevaba ya 17 años controlando la administración de justicia.

El clamor de justicia de los Spadafora recibió el apoyo de diferentes sectores del país.

Ese mismo martes, 17 de septiembre, llegó al antiguo aeropuerto de Paitilla el cadáver repatriado de Hugo Spadafora. Una enorme multitud salió a la calle y acompañó el recorrido del féretro hasta la iglesia de Don Bosco. Dos gritos espontáneos marcaron la protesta: "Justicia" y "Noriega, asesino". La gente salió de manera pacífica, tanto en la ciudad capital como a lo largo del trayecto que trasladó el cadáver hasta su natal Chitré, donde fue enterrado. Miles de personas agitaban pañuelos blancos.

La dictadura militar no había visto (salvo durante las protestas que surgieron en 1978 contra la Reforma Educativa, o más tarde las llevadas a cabo luego del fraude electoral de 1984), un movimiento de protesta tan espontáneo y genuino como el que empezó a germinar en ese entonces.

A los pocos días, una interminable cadena humana se entrelazó a todo lo largo de la avenida Balboa en muestra de apoyo a los reclamos de la familia. Dicha manifestación tenía su inicio en la nunciatura apostólica, en Punta Paitilla (donde dos de sus hermanos, Carmenza y Guido, se habían encadenado al asta de la sede diplomática exigiendo dicha investigación) hasta llegar a San Felipe, al pie de la Presidencia de la República. Los encadenados contaban con el implícito respaldo de un personaje que aparecerá en esta historia una y otra vez, el nuncio José Sebastián Laboa.

Luego de diez días de protestas, y del apoyo recibido por líderes políticos y dirigentes empresariales, y de la sociedad civil, hubo una enorme manifestación con pañuelos blancos que terminó en la plaza Cinco de Mayo. Se exigió que se conformara la comisión independiente para investigar de inmediato el asesinato y la separación de Manuel Antonio Noriega de la comandancia. El presidente de la República, Nicolás Ardito Barletta, que se encontraba en Nueva York asistiendo a la Asamblea General de las Naciones Unidas, anunció que, a su regreso al país, nombraría una comisión especial investigadora.

El 28 de septiembre, al bajarse del avión, Ardito Barletta fue "conducido" a una reunión al Cuartel Central de las Fuerzas de Defensa. Allí le esperaban Noriega y el Estado Mayor. Ardito Barletta fue presionado, amenazado y obligado a renunciar.

Panamá cambió, una vez más, de "presidente". Los mismos que lo habían instalado, luego del fraude electoral del año anterior, lo despojaban del cargo.

Eric Arturo Delvalle, el primer vicepresidente, lo sustituyó. Al asumir Delvalle la presidencia, anunció que la idea de nombrar una comisión especial investigadora "quedaba descartada", ya que le correspondía al Ministerio Público indagar los hechos.

El recién estrenado presidente lamentó este "incidente". Se refería a que las investigaciones del asesinato de Spadafora habían tomado "un giro político" por culpa de los opositores al gobierno. Y advirtió: las Fuerzas de Defensa harán todos los esfuerzos por sofocar los intentos sediciosos de la oposición que buscan subvertir el orden público.

Con una celeridad vergonzosa, el Ministerio Público hizo su tarea. Enterró el caso Spadafora. El Fiscal Primero Superior de Panamá, el 31 de diciembre de 1985, señaló que, en efecto, la investigación llevada a cabo pudo establecer fehacientemente que el doctor Hugo Spadafora había muerto. Que su cadáver había sido levantado en la quebrada El Roblito por autoridades costarricenses y que la autopsia se había practicado en el citado país, concluyendo entonces que era un crimen cometido fuera de Panamá. Y así, el Ministerio Público no solo se lavó las manos, sino que recomendó el sobreseimiento "definitivo" en favor de los inculpados, Francisco González Bonilla, alias *Bruce Lee*; Julio César Miranda, alias *Muñecón*; y de todos los oficiales de las Fuerzas de Defensa de Panamá que pudieran haber sido mencionados.

Para que no quedaran dudas de la premura por cerrar el caso y de la urgencia en exculpar a los involucrados, el Tribunal Superior de Chiriquí, apenas transcurrido un mes, dictó el sobreseimiento definitivo de la causa, fiel reflejo del funcionamiento del Órgano Judicial bajo una dictadura. Quedó así cerrado el paso a cualquier proceso judicial en Panamá.[15]

La familia Spadafora no claudicó: ante un régimen castrense que le cerró todas las puertas en su país, inició una batalla internacional.

Una de las gestiones fue ante la Comisión Interamericana de Derechos Humanos (CIDH), radicada en Washington, D. C., la cual, en efecto, abrió un caso al respecto.

Dos años después de los hechos, en septiembre de 1987, la CIDH confirmaría oficialmente lo publicado por *La Prensa* y *Extra*, así como las denuncias de la familia Spadafora, que aseguraban que el crimen había sido cometido en Panamá y que, luego de la tortura y decapitación, el cadáver fue arrojado del otro lado de la frontera:

La noche del crimen, un testigo, José Ángel Chinchilla Ríos, que vive a unos mil metros del sitio donde fue encontrado el cadáver del doctor Spadafora en territorio costarricense, declaró que a la medianoche del día 13 de septiembre de 1985, en las cercanías de su vivienda, vio dos camionetas verdes de las que usa la guardia panameña. Asimismo, otros vecinos del lugar manifestaron haber escuchado ruidos de automóviles del tipo de los jeeps que usa la guardia panameña en el sector.[16]

La CIDH declaró que el gobierno de Panamá había violado los artículos 4, 5 y 7 consagrados en la Convención Americana sobre Derechos Humanos referentes al derecho a la vida, integridad y libertad personales, siendo responsable de la muerte del doctor Hugo Spadafora Franco.

Igualmente, declararon que el Gobierno de Panamá había violado los artículos 8 y 25 de la Convención al no brindar las garantías judiciales ni la protección judicial al negarse a llevar a cabo una investigación judicial imparcial y exhaustiva respecto del homicidio.

En consecuencia, la CIDH ordenó que Panamá iniciara de inmediato "una exhaustiva e imparcial investigación sobre los hechos denunciados para individualizar a los responsables del homicidio del doctor Hugo Spadafora Franco" y someterlos a la justicia.

Nada de esto ocurrió.

"Tres meses después del homicidio, luego de todos los esfuerzos y de las manifestaciones pacíficas que llevamos a cabo reclamando justicia —ya habíamos agotado todos los recursos posibles—, me di cuenta de que aquí, en Panamá, no íbamos a conseguir nada", recordaría Winston Spadafora. "Había que desenmascarar a Noriega y había que hacerlo fuera de Panamá". En su criterio, Noriega seguía contando con el apoyo de Estados Unidos, además de la complicidad de muchos países latinoamericanos (o al menos la indiferencia) en cuanto a las violaciones a los derechos humanos que se estaban dando en Panamá.[17]

En diciembre de 1985 viaja a Washington, D. C., buscando ayuda para que el caso de su hermano no quedara impune. Tenía en mente visitar la OEA, a la CIDH, y a miembros del Congreso, como una manera de que la administración Reagan abriera los ojos sobre Noriega, a quien hasta entonces respaldaba.

"Yo conozco en Washington a Winston Spadafora por mera casualidad. Sabía del horrendo homicidio de su hermano y de la lucha que libraba su familia para que se le hiciera justicia a Hugo, pero a él no lo conocía", relata Rogelio Novey sobre su primer encuentro con Winston.

El encuentro se dio en un hospital, donde estaba internado un funcionario de la embajada panameña al que había ido a visitar. En eso llegó Winston, pues el enfermo era chitreano, al igual que los Spadafora, y se conocían bien. Dijo Novey:

> Yo sí había escuchado que Winston estaba en Washington, desesperado por mover el caso de su hermano, y quería presentarse ante la Comisión Interamericana de Derechos Humanos. Moverse en Washington no es fácil y lo noté abrumado, medio desesperado. Me pidió ayuda con la tramitación de la denuncia y, por supuesto, yo le dije que sí, e inmediatamente lo puse en contacto con la gente de la CIDH, en especial con su equipo legal.[18]

Un hábil y muy discreto colaborador

Rogelio Novey Diez era un diplomático panameño con una larga y exitosa carrera en Washington, D. C. En ese momento, él ocupaba el cargo de jefe de Gabinete del secretario general adjunto de la Organización de Estados Americanos (OEA). Novey jugaría un papel crucial y poco conocido durante aquellos años ya que, por un lado, logró recopilar información importante que en Washington se recibía sobre las actividades ilícitas que estaban ocurriendo en Panamá, y, por el otro, mantenía cercanas relaciones con influyentes periodistas de ese país. Fue el primero en contactar con Seymour Hersh, a quien le habló sobre la situación panameña, y ayudó a The New York Times a conseguir y validar información valiosa. También conocía muy bien a Marvin Kalb, periodista estrella de la NBC News. Novey fue, a la vez, una fuente importantísima para los panameños que se oponían a la dictadura al informarles sobre lo que sucedía en Washington, incluyendo el envío de datos a periodistas como Guillermo Sánchez Borbón. Con el tiempo, Noriega supo de su actividad y dio la orden de que fuera detenido en el momento en que él o su familia pisaran suelo panameño. "Tuve que dejar de visitar mi país por varios años. Ricardo Arias Calderón me advirtió de la amenaza en mi contra por informes que le llegaron a él".[19]

Spadafora logró reunirse con una serie de congresistas, que lo recibieron y escucharon. Pero, a su juicio, sentía no haber logrado mayor atención de su parte. En Washington comprueba, de primera mano, que Noriega cuenta con el sólido apoyo de varias ramas del gobierno, incluyendo la Agencia Central de Inteligencia (CIA).

Novey coincide con la apreciación de Spadafora: "El gobierno entero, primero el de Reagan y luego el de Bush, estuvieron defendiendo a Noriega hasta el último momento". Cuenta Winston Spadafora:

Ya cuando yo me venía a Panamá, bastante defraudado, pues confirmé que Noriega estaba muy bien visto en los sectores gubernamentales de Washington, y yo sabía que tenía que quitarle esa máscara al dictador, un panameño que trabajó en nuestra embajada por muchos años, Miguel Corro, me dice que debo reunirme con Jesse Helms.

De todos los miembros del Congreso, la visita a Helms, para un panameño, podría ser la más controversial de todas. En Panamá, a este sureño conservador se le conocía por su férrea oposición a que Estados Unidos devolviera el Canal. Muy combativa era su posición contra el tratado que había firmado un presidente demócrata, Jimmy Carter, con el general Omar Torrijos, mediante el cual se cerrarían las bases militares que Estados Unidos tenía allá y se entregaría la administración del Canal a Panamá el 1 de enero de 2000.

—Hay una persona que deberías visitar antes de irte, es un senador muy controvertido —le dijo a Spadafora.

—¿Quién es? —preguntó.

—Jesse Helms.

—¡No, hombre! —le contestó Winston—. Ese hombre es el demonio, enemigo de Panamá, fue de los que votó en contra de los tratados Torrijos-Carter.

—Sí, tienes razón, lo es, pero lo hemos visto operando aquí y, en el pasado, él ha tomado causas donde considera que se han cometido injusticias. A él no le da miedo enfrentarse a la línea oficial del gobierno, a pesar de ser republicano.[20]

A última hora, antes de tomar el avión que lo llevaría a Panamá, visitó la oficina de Helms y lo recibió Deborah de Moss. Cuando Spadafora llegó a la oficina de Jesse Helms, iba saliendo con otro panameño, Dominador *Káiser* Bazán, nada menos que asesor del nuevo presidente de Panamá, Eric Arturo Delvalle, y futuro embajador suyo en Washington. "Peló los ojos al verme allí", recuerda Spadafora.

"Pase a la oficina, yo lo recibiré, pues sé que el senador Helms tendrá interés en conocerle. El senador está muy interesado en el caso de su hermano, él quedó muy impresionado con las fotos que vio y por la información que ha estado recibiendo", le comentó Deborah.

Prueba de ello, le contó la asistente, en el Comité de Relaciones Exteriores, el senador se había opuesto recientemente a una ayuda de 5 millones de dólares que la administración tenía destinada para las Fuerzas de Defensa de Panamá, y él había argumentado a sus colegas sobre lo nefasto que era Noriega, logrando redireccionar los fondos al recién elegido gobierno democrático de Guatemala.

Esa misma noche Deborah de Moss llamó a Spadafora, quien estaba en Miami haciendo escala para volver a Panamá, y le confirmó que el senador lo recibiría la próxima vez que viniera a Washington. "El senador sabe bien quién es Noriega", le aseguró Deborah.

Semanas después, Winston Spadafora regresó a Washington y fue recibido por Jesse Helms.

"Vamos a poner las cosas en claro", le dijo cuando por primera vez lo tuvo enfrente, en la oficina de la Comisión de Agricultura del Senado. "Para mí es muy difícil venir a hablar con usted porque, hacia Panamá, la imagen suya no es buena porque se opuso a los tratados. Senador, la pregunta que yo le tengo es ¿por qué se interesa tanto en el caso de mi hermano?".

Helms se levantó, dándole un manotazo al pupitre. "Porque no me gustan las injusticias, no me gustan los homicidios impunes, y mucho menos como se lo hicieron a su hermano".

"Y, además —le dijo Helms mirándolo fijamente—, yo conozco a Noriega, yo conozco más de Noriega de lo que usted conoce, yo conozco sobre el tráfico de armas, sobre el tráfico de drogas, su relación con Cuba, su relación con la CIA... ¿Usted sabe cómo llamamos aquí a Noriega? *La terciopelo.* Así, como la serpiente, la serpiente más venenosa que ustedes tienen". [21]

Helms le informó que él estaba planeando iniciar, en el subcomité que presidía, una serie de audiencias sobre el caso panameño, sobre sus relaciones, no solo con los carteles, sino también con agencias estadounidenses, como la CIA, que seguían apoyando a ese tipo de personas tan peligrosas. "Llamaré a testigos y recabaré testimonios, e insistiré, hasta lograr introducir en la agenda de la Casa Blanca el problema de Noriega", le aseguró el senador. "Ese será el final de Noriega".

Hasta ese momento, solo un puñado de congresistas había mostrado su preocupación por la situación panameña, principalmente del Partido Demócrata, entonces en oposición. Sus advertencias, sin embargo, no habían tenido mayor trascendencia dentro de la administración Reagan.

"Helms fue quien quitó la máscara a Noriega en Estados Unidos" —afirmó Winston Spadafora con absoluta convicción.

En efecto, Helms convocó una serie de audiencias a puerta cerrada (debido a que se discutiría material de inteligencia clasificado como reservado o secreto), en las que interrogó a los jefes de los servicios de inteligencia del Departamento de Defensa, la DIA, la CIA y la DEA, entre otros, para ir conociendo la telaraña de operaciones encubiertas y relaciones viciadas que estas agencias habían mantenido con quien por años fuera su contraparte en Panamá y hoy era "el hombre fuerte" del país.

La hermana mayor de los hermanos Spadafora, Laura, vivía en California y se había casado con un americano. Ella fue citada a una de las audiencias públicas celebradas en el Senado por Helms. El testimonio brindado por Laura Spadafora ante los miembros de la Comisión de Relaciones Exteriores fue desgarrador. Lo ocurrido a Hugo dejaba en evidencia la impunidad reinante en el país y la complicidad oficial con el horrendo crimen.

Helms persistió y logró captar la atención de su gobierno: primero de Reagan y luego la de su sucesor, George H. W. Bush. Es más, finalmente, la preocupación por lo que ocurría en Panamá, y el foco mediático del que fue objeto, terminó consiguiendo algo insólito en el Congreso de Estados Unidos: que senadores de tan disímiles posiciones ideológicas y políticas, como Edward Kennedy y John Kerry, hicieran causa común con su archienemigo, Jesse Helms, para exigirle a su gobierno un cambio radical en cuanto a la política exterior de su país con el régimen panameño y que se reenfocara en procurar el restablecimiento de la democracia y en la lucha contra el narcotráfico. Este cambio pasaba por no seguir apoyando a Manuel Antonio Noriega como jefe de las fuerzas armadas de su país. Pero, antes de que eso ocurriera, sucederían muchas cosas más.

Crimen de Hugo Spadafora

El 20 de octubre de 1993, restaurada la democracia, el Tribunal Superior del Tercer Distrito Judicial condenó a Manuel Antonio Noriega, Francisco Eliécer *Bruce Lee* González y Julio César *Muñecón* Miranda, a 20 años de cárcel por el homicidio de Hugo Spadafora Franco. El caso original adolecía de un error procesal, por lo que fue reabierto luego de la invasión a solicitud de la familia Spadafora. En 1990, en efecto, se ordenó la reapertura, y el Ministerio Público solicitó el llamamiento a juicio de diez personas, todos miembros de las Fuerzas de Defensa, con diferentes grados de responsabilidad en el crimen. Los otros siete imputados fueron declarados no culpables por un jurado de conciencia.

3

"Cuando te atrevas a decir algo importante, avisa"

> El peor escenario posible era que Noriega se convirtiera
> en comandante. El sentido común nos decía que no lo
> haría. Que, aunque tuviera el poder de llegar, él pondría a
> otra persona por delante que le sirviera de pararrayos.
>
> —GENERAL FREDERICK WOERNER, jefe del Comando Sur

Desde 1982, Winston Robles cargaba con la responsabilidad de dirigir *La Prensa*. No era una carga ligera. Sería su director por 20 años, el más longevo de la historia del combativo periódico. A punto de cumplir su quinto año al frente del medio, en junio de 1987, ocurrió un hecho que descarrilaría la senda política del país.

Robles era un abogado brillante, valiente, parco, un fumador empedernido, como los de aquella época, esos que poblaban las salas de redacción de los periódicos y que las dejaban atestadas de humo durante el frenesí de los cierres de medianoche. Tenía un carácter singular. Era poco amigo de hacer concesiones y, aunque nunca perdía los modales, sus órdenes breves y contundentes y sus respuestas lapidarias eran acatadas sin rechistar. Fue maestro en el uso de la palabra escrita, de la frase concisa y de la idea elegantemente construida. Su pluma aterraba por igual a los fusiles que amenazaban la libertad durante la dictadura que a los malandrines que, llegada la democracia, se aprovechaban del poder.

Por esos días, dos de sus más destacados compañeros de trinchera en el periódico se habían visto obligados a partir al exilio: el presidente fundador del medio, Roberto Eisenmann, por segunda vez, seguido ahora por Guillermo Sánchez Borbón, el columnista más leído de Panamá.[1]

El propio Robles había vivido el destierro. Una década antes, a la fuerza, los militares lo habían montado en un avión y lo habían sacado del país.

El 20 de enero de 1976, cuando un grupo de directivos de la Cámara de Comercio e Industrias de Panamá, junto con otros profesionales, empezaron a reunirse y quejarse públicamente por una serie de irregularidades relacionadas con la comercialización del arroz en Chiriquí, el gobierno decidió desterrar a los empresarios quejosos y a los abogados que los apoyaban. Fue así como Winston, junto a su hermano Iván y otros once panameños, fueron arrestados por las fuerzas de seguridad, uno a uno, mientras salían de sus casas o al llegar a sus despachos. Estuvieron detenidos e incomunicados por varias horas en un cuartel, para luego, sin explicación alguna, ser despojados de todo documento y todo el efectivo, y montados en un avión, sin saber dónde eran llevados, hasta que aterrizaron en Guayaquil, Ecuador.[2]

Con el veranillo democrático, Robles volvió a Panamá y se involucró en la fundación del diario que organizaban los exiliados. Era su director cuando la tarde del viernes 5 de junio de 1987, sin imaginarlo siquiera, pero llevado por su habitual perspicacia, forzaría la noticia del año.

Como era su costumbre, llegó a la sala de redacción de *La Prensa* después del almuerzo. Pasadas un par de horas, recibió un mensaje del coronel Roberto Díaz Herrera. La noche anterior, el militar había dado una entrevista al Canal 13 en la cual mostraba su inconformidad por haber sido relevado de su cargo. Resulta ser que el lunes de esa semana,

1 de junio de 1987, las Fuerzas de Defensa habían anunciado el retiro de Díaz Herrera como jefe del Estado Mayor. Se trataba del segundo en jerarquía en la institución, el segundo después de Manuel Antonio Noriega. Lo habían jubilado forzadamente, alegaba, a él, un oficial de carrera, el ideólogo de la revolución dentro del cuerpo armado. Y no solo eso, sino el primo hermano del venerado líder del proceso revolucionario, Omar Torrijos Herrera, y, por tanto, su heredero y custodio de su legado histórico. Se había cometido un inconfesable acto de traición, sostenía el oficial.

La Prensa, que había cubierto en sus páginas la noticia del retiro del coronel, la reflejó como realmente era, una purga interna entre oficiales que luchaban por acrecentar su poder dentro del cuerpo armado, y ni siquiera se tomó la molestia de cubrir la entrevista que diera después a un canal de televisión por considerarla irrelevante. El oficial lloraba sobre leche derramada.

En ese contexto, Robles recibió el viernes, de parte de Díaz Herrera, un casete que contenía "la entrevista completa, sin ediciones". Según el excoronel, la entrevista transmitida por Canal 13 había sido editada. Él tenía la seguridad de que *La Prensa* sí se atrevería a publicarla completa, "con las partes que le habían quitado".

El sábado en la mañana, cuando Díaz Herrera buscó en *La Prensa* la noticia, no encontró nada. Ni siquiera su nombre aparecía en la edición. Enfadado, volvió a llamar a Robles y le recriminó que su periódico se había acobardado, pues tampoco se atrevía a publicar sus declaraciones.

"Cuando usted tenga realmente algo que decir, cuando se atreva a decir algo importante, algo que sea noticia, avise. Ese día publicaremos lo que tenga que decir", le respondió Robles, cortante, pues lo que él había escuchado de la grabación del militar caído en desgracia no eran más que lamentos, sin mayor importancia, de boca de un hombre que había sido autor de muchos abusos y cómplice de las peores arbitrariedades cometidas por las fuerzas armadas en los últimos años.

"Díaz Herrera pensaba que lo que él le había dado al Canal 13 era algo fuera de serie y realmente no decía nada", recordó José Quintero de León, periodista que estaba en la sala de redacción aquel día. "El doctor Robles le dijo que cuando él se atreviera a decir algo de importancia, entonces *La Prensa* lo iba a cubrir".[3]

Ese sábado en la tarde, entre las cinco y las seis, Díaz Herrera volvió a llamar. No quedaban muchos periodistas en la redacción. Llamó para decir que le enviaran un periodista a su casa, que iba a celebrar una conferencia de prensa y que le podían preguntar todo lo que quisieran.

—Wilfi, envía a un periodista a la casa de Díaz Herrera. Dice que "ahora sí va a hablar" —le dijo Robles a su subdirector, aún con reservas.

—Quintero, ve tú a ver qué dice —recuerda el periodista, quien salió para la residencia del excoronel, que no quedaba lejos del periódico. Lo acompañarían dos fotógrafos, el de *La Prensa* y uno del semanario *Quiubo*.

El coronel, que tenía por costumbre hablar y hablar, inició la conversación divagando sobre metafísica, sobre temas ocultos y sobre su místico predilecto. Contó Quintero:

Lo de Satya Sai Baba, el gurú indio, fue fenomenal, se extendió muchísimo sobre él. También habló de un piloto que había aterrizado en La Habana por esos días y de una cantidad de cosas que no venían al grano, hasta que, finalmente, él fue el que aterrizó sobre los temas de Panamá... admitió que tenía miedo por lo que había decidido hacer, que era, nos dijo, confesar sus culpas. Estábamos solo cuatro periodistas, como en un sofá, y él en un sillón frente a nosotros, su esposa a su lado. Y el hombre empezó a contar... y contar..., habló de visas a cubanos, de fraudes electorales, de negociados, de la estadía del Sha de Irán, de cómo los militares eran los que escogían a los magistrados de la Corte Suprema y a los del Tribunal Electoral. Hasta su esposa lo miraba de reojo, aterrada. Habló por casi tres horas. Recuerdo que se nos agotó el espacio de las grabadoras. Al terminar, pedí el teléfono y llamé a la redacción. "Este señor ha dado unas declaraciones que van a ser una bomba. Voy de vuelta al periódico enseguida", les dije, para que abrieran espacio para la edición del día siguiente, pues ya era tarde.

Lo confesado por Díaz Herrera era tan explosivo que, al leer la nota final, Winston Robles decidió detener la rotativa para rehacer por completo la edición.

"En mi casa se hizo el fraude: Díaz Herrera", ese fue el titular de la edición de *La Prensa* del domingo 7 de junio de 1987.

Así lo había confesado el segundo de Noriega, su suplefaltas, el que había sido jefe del Estado Mayor, ratificando la estafa electoral perpetrada en los comicios anteriores. La trampa se había fraguado en la *suite* de un hotel de Punta Paitilla y, la parte final, en su propia casa, allí donde estaban sentados los periodistas.

Y no solamente habían participado activamente los militares y la alta dirigencia del PRD, sino los propios magistrados del Tribunal Electoral, que habían proclamado a Ardito Barletta ganador de las elecciones por 1 713 votos. "En mi casa se hizo el fraude con los dos magistrados, Yolanda Pulice de Rodríguez y Rolando Murgas", afirmó tajante.

Aceptó, también, haber sido parte de una trama de corrupción mediante la cual se les otorgaba visas a cubanos a cambio de miles de dólares, para que luego pudieran, a través de Panamá, migrar a Estados Unidos. "Con esa plata compré esta casa y las pinturas valiosas que cuelgan de las paredes", una mansión en el que entonces era el más exclusivo barrio de la Ciudad de Panamá, Altos del Golf.

Después habló de los 12 millones de dólares que pagó el Sha de Irán, Mohamed Reza Pahlevi, por el asilo concedido en Panamá y por su estadía en la isla Contadora en 1980. Y allí mismo ofreció los detalles de cómo le habían torcido el brazo a Nicolás Ardito Barletta para que renunciara a la presidencia cuando se disponía a nombrar una comisión independiente para investigar el crimen de Hugo Spadafora.

Fue entonces cuando se supo del "Plan Torrijos", el acuerdo que en secreto firmaron los comandantes luego de la muerte de Omar Torrijos en 1981 (y de zafarse del coronel Florencio Flores), para repartirse el poder: comenzaba con Rubén D. Paredes y, al jubilarse este, se traspasaría a Armando Contreras, luego a Manuel Antonio Noriega y, finalmente, a Roberto Díaz Herrera.

A Contreras ya lo habían eliminado de la carrera. Ahora, Noriega se aseguraba de hacer lo mismo con su potencial sucesor, Díaz Herrera.

La Prensa y *Quiubo* fueron los únicos medios escritos panameños que publicaron las declaraciones de Díaz Herrera. Las emisoras KW Continente, Radio Impacto y Radio Mundial se hicieron eco de lo publicado. Los corresponsales de la agencia de noticias española Acan-Efe y de la cubana Prensa Latina asistieron a la conferencia de prensa y mandaron sus cables con las declaraciones. La noticia dio la vuelta al mundo de inmediato.

"Al día siguiente, lunes 8 de junio, Díaz Herrera volvió a llamar a *La Prensa*, porque aseguró que tenía otras cosas que decir. Era tardísimo, el periódico estaba a punto de cerrar", recuerda Nubia Aparicio, quien formaba parte del equipo de cierre del diario. "El director Robles me mandó a entrevistarlo. Regresé pasadas las 2:30 de la madrugada. El periódico esa mañana salió tardísimo. La edición se agotó como pan caliente y todas las agencias internacionales repitieron la noticia".[4]

El militar contó en detalle sobre las irregularidades cometidas durante las elecciones, ratificando que Arnulfo Arias había ganado. La orden dada antes de las elecciones a la tropa y a los funcionarios de gobierno (con sus familiares) de votar por el candidato oficial no había sido suficiente. Tampoco lo fue la instrucción de dificultar el voto de los opositores, pues la oposición seguía con ventaja. Entonces, viendo que su candidato no ganaba, el conteo fue suspendido. Se procedió a anular los resultados totales de una de las regiones indígenas donde claramente había salido favorecida la nómina opositora. "Se hizo con unas mesas en el circuito 4.4, el sector indígena de Chiriquí, y en eso tuvo que ver Tommy Guerra (ministro de Obras Públicas) y Ramón Sieiro (cuñado de Noriega). Todo el mundo sabe lo que son los 'paquetazos'[5] y yo fui coautor de eso", confesó el excoronel.

Díaz Herrera, en una última revelación, habló de la muerte de Hugo Spadafora. Dijo que Manuel Antonio Noriega había sido el autor intelectual de su asesinato. También señaló a quienes se habían encargado de ejecutarlo, pues Noriega sabía de los movimientos de

Spadafora y con premeditación aprovechó su viaje al exterior para dar la orden contra su enemigo. Señaló como ejecutores al mayor Luis *Papo* Córdoba y al capitán Mario del Cid.

Afirmó que el viaje a Europa había sido organizado a propósito, sirviéndole de coartada y, además, para que la culpa recayera en Díaz Herrera, que había quedado al mando de las Fuerzas de Defensa en su ausencia.

El ministro de Gobierno y Justicia, Rodolfo Chiari, cuando Díaz Herrera llevaba ya tres días dando declaraciones, declaró que el Consejo de Gabinete entraría a considerar la suspensión de las garantías constitucionales y el cierre de los medios de comunicación para prevenir "los desórdenes públicos". En el palacio presidencial, mientras tanto, Eric Arturo Delvalle recibió al general Noriega acompañado de la cúpula militar. El presidente "fue informado" de que el nuevo jefe del Estado Mayor, en reemplazo de Díaz Herrera, sería el coronel Marcos Justine.

El Partido Panameñista no tardó en pronunciarse: nos han robado la elección y la presidencia pertenece al doctor Arnulfo Arias, dijeron. Noriega debe renunciar inmediatamente.

Los partidos de la oposición convocaron a una manifestación y gritaron con fuerza lo que llevaban dentro por tanto tiempo: Delvalle tenía que renunciar. Y Noriega también. A la nómina encabezada por Arnulfo Arias le correspondía gobernar.

El arzobispo de Panamá, Marcos McGrath, se presentó a la residencia de Díaz Herrera, pues este había pedido el acompañamiento y apoyo de la Iglesia. Unas 300 personas rodeaban la casa, día y noche, en solidaridad con el oficial autoinculpado y ahora arrepentido. Todos se mostraban dispuestos a defenderlo ante la inminencia de una represalia.

En medio de la crisis, Díaz Herrera declaró que Noriega le había enviado un emisario a su casa, el mayor Edgardo López Grimaldo, con un ofrecimiento para que no siguiera hablando. Su silencio tendría precio y recompensa: un millón de dólares en efectivo y nombrarlo embajador ante la Santa Sede.

Muchos años después, Díaz Herrera contaría que él y Noriega habían empezado a distanciarse años atrás. "A partir de 1983 se sucedían una serie de descomposiciones y violaciones de derechos humanos, pero no muy sonoras, con la complicidad de la clase judicial, alguna protesta de la oposición y, lo que yo llamo, el 'silencio de los inocentes' por parte de la sociedad panameña en general. La gota que derramó el vaso fue el asesinato de Hugo Spadafora".[6] Agregó que él, como jefe del Estado Mayor, había intentado en algún momento darle un golpe de Estado, pero que Noriega tenía un fuerte músculo internacional, "tenía una relación de intimidad con William Casey [director de la CIA de 1981 a 1989] que lo hacía inderrocable".

Las confesiones del militar despechado desataron la cólera ciudadana. Los gremios empresariales, los de los médicos y docentes, los clubes cívicos, así como la Cámara de Comercio, entendieron que la sociedad civil tenía que involucrarse directamente en esta crisis y exigir el respeto a la voluntad popular para que el país, algún día, pudiera recuperar la democracia. No quedaba espacio para paños tibios. Las asociaciones estudiantiles universitarias ya habían tomado la delantera, lanzándose a la calle. Informaban medios internacionales:

> Estas revelaciones han creado un gran desconcierto en el país y anuncios de manifestaciones por parte de la oposición. El decano de la Facultad de Derecho de la influyente Universidad de Panamá, Edgardo Molino Mola, ha recomendado al pueblo que practique desde hoy "la desobediencia civil", y dijo que el país debía levantarse inmediatamente en una huelga general de brazos caídos, no pagar ni un impuesto más, ni obedecer a ninguna de estas autoridades producto del fraude. El Partido Acción Popular, en la oposición, ha pedido un gobierno provisional y el Partido Demócrata Cristiano, también en la oposición, está llamando al pueblo para que se manifieste en las calles [...]. Díaz Herrera dijo que Arnulfo Arias, de 86 años, debía asumir la presidencia de la República.[7]

El martes 9 de junio, el veterano Arias, junto a líderes de la oposición, como Ricardo Arias Calderón y Carlos Iván Zúñiga, salieron a la calle donde les esperaba una muchedumbre. Se encontraron en la vía España. La idea era ir a las oficinas del Tribunal Electoral, que estaban en las inmediaciones de la plaza Porras, a exigir el reconocimiento de su triunfo. "Voy a ir a la Presidencia a sacar a esos salvajes", dijo Arias a los manifestantes.

Cuando marchaban frente al edificio Avesa, aún en la vía España, fueron interceptados por las unidades antimotines de las Fuerzas de Defensa, los Doberman. Sería la primera represión violenta de muchas que surgieron a raíz de las confesiones del excoronel. Se enfrentaron a punta de golpes de toletes de goma y gases lacrimógenos, se llevaron a cabo decenas de arrestos y hubo más de cien heridos. La violencia alcanzó al candidato a la segunda vicepresidencia y presidente de la Democracia Cristiana, Ricardo Arias Calderón. El catedrático Miguel Antonio Bernal también fue brutalmente golpeado.

Los manifestantes, en su huida, incendiaron basura, llantas y un auto oficial que encontraron a su paso. El presidente de la República, Eric Arturo Delvalle, declaró por televisión que el gobierno se mantenía firme y que impondría el orden ante esos disturbios.

Esa noche, en las oficinas de la Cámara de Comercio de Panamá se fundaría la Cruzada Civilista Nacional, una coalición de la sociedad civil conformada por asociaciones profesionales, gremios, clubes cívicos y la Iglesia católica. Concluyeron que no quedaba otro camino que organizar la desobediencia civil. Protestas pacíficas, huelgas, rebeldía tributaria y presión internacional serían las armas que ensayaría el movimiento ciudadano al que se adhirieron los partidos políticos.

La Cruzada lideraría un movimiento cívico que duraría mil días, que fue el tiempo que transcurrió desde las declaraciones de Díaz Herrera hasta la caída de Noriega.

Por su parte, el gobierno del presidente Eric Arturo Delvalle decretó la suspensión de las garantías constitucionales y ordenó el toque de queda el 10 de junio de 1987. Con un lenguaje conspiratorio, sustentó semejante decisión porque "las fuerzas políticas opositoras, que no han cesado en sus intentos de prolongar de manera permanente las agitaciones ocurridas en la última contienda electoral, han incitado acciones para extender la subversión al resto del país".

Quienes reclamaban que se respetara el resultado electoral y la investigación del crimen de Spadafora serían catalogados y acusados, de ahora en adelante, como sediciosos y subversivos.

Arnulfo Arias y los líderes políticos, desafiando a los militares, acudieron a una misa el 14 de junio en la iglesia de Don Bosco, en Calidonia. Durante la celebración, el templo permaneció rodeado por las fuerzas militares. Al concluir, los ciudadanos que portaban pancartas y coreaban consignas en las escaleras del templo, pidiendo la dimisión de Noriega, fueron reprimidos.

La Cruzada Civilista

Aurelio Barría, siendo presidente de la Cámara de Comercio, Industrias y Agricultura de Panamá, había recibido, en el mes de mayo de 1987, una invitación del National Democratic Institute para participar, junto a representantes de otros países latinoamericanos que estaban "en tránsito hacia la democracia", como observadores de las elecciones de Filipinas. Esto ocurría un año después de la caída del dictador Ferdinand Marcos, que fue el 25 de febrero de 1986. En ellas triunfó Corazón Aquino. En Filipinas supieron de la existencia de un movimiento cívico, liderado por el cardenal Sin y conformado por la sociedad civil, que se organizó para coadyuvar y vigilar, de manera independiente, las primeras elecciones luego de la prolongada dictadura. Recuerda Barría:

Cuando volvíamos, le pregunté al padre Fernando Guardia, que había ido también en el grupo, sobre qué pensaba que debíamos hacer en Panamá. Ambos coincidimos en que era importante para las siguientes elecciones, las de 1989, organizar un movimiento cívico parecido, con todos los sectores y la Iglesia. La Cámara promovió reuniones con todos los grupos cívicos, empresariales, docentes, profesionales, los médicos, etc. Cuando explotaron las declaraciones de Díaz Herrera, ya llevábamos varias reuniones organizando lo que habíamos denominado como Movimiento de Elecciones Libres y Honestas. Dada la gravedad de lo dicho por Díaz Herrera, convocamos a todos los grupos a una reunión el 9 de junio. Por sugerencia del expresidente de la Cámara, Gilbert Mallol, se le cambió el nombre al movimiento esa noche por el de Cruzada Civilista y se iniciaron las acciones.[8]

Esa noche se convocó la que sería la primera concentración, siempre de carácter pacífico, para el día siguiente.

Una de las tantas caravanas de automóviles que recorrían la ciudad capital en señal de protesta, con ciudadanos que portaban banderas blancas, fue interceptada por un grupo de paramilitares la tarde del 7 de julio. Encabezados por Luis Gaspar Suárez y Humberto López Tirone, ambos muy cercanos a Noriega, abrieron fuego con pistolas y metralletas contra la caravana y les entraron a batazos a los autos que la formaban.

Los dirigentes de la Cruzada recibieron toda clase de amenazas, incluyendo seguimientos del G-2 a sus residencias y llamadas anónimas ofensivas a toda hora. Un día, cuando estaban reunidos en las oficinas de la Cámara, vieron por las ventanas que las Fuerzas de Defensa rodeaban la sede. A esa reunión incluso había llegado el arzobispo McGrath. Estuvieron secuestrados dentro del edificio por varias horas, hasta que, gracias a las alertas en los medios y la presión recibida desde fuera del país, los dejaron salir.

El expresidente Arias también recibió amenazas de muerte y, el 19 de julio 1987, una banda de paramilitares disparó con ametralladoras contra su residencia. Nada de eso lo acobardó: cuatro días después estaba junto a cientos de panameños que seguían protestando, con pañuelos blancos, a lo largo de la calle 50.

Al cumplirse un mes de las declaraciones de Díaz Herrera, la Cruzada Civilista citó a la que sería su mayor concentración, la Gran Cruzada Blanca. Se fijó el encuentro para la tarde del viernes 10 de julio de 1987, frente a la iglesia Del Carmen. La Cruzada Civilista estaba convocando, también, a una huelga nacional de 48 horas a partir del siguiente lunes. En su comunicado, la dirigencia del movimiento indicó que la huelga era la única respuesta posible "frente a la represión y la violencia" con que el gobierno había respondido a las protestas pacíficas llevadas a cabo.

Por su parte, el presidente Delvalle pidió suspender la medida pues, según él, la huelga general significaba "someter al país a una tensión poco conveniente en estos momentos". Para el mandatario, exigir la destitución del general Noriega era innecesaria. Las cosas se podían arreglar mediante el diálogo. "Debemos valorar la paz que hemos tenido", dijo el presidente, pues "aquí no ha corrido la sangre aún, no podemos seguir tentando a la suerte".[9]

Miles de personas colmaron las vías que conducían a ese punto neurálgico de la ciudad. La majestuosa concentración no tenía precedentes en la historia del país. A pesar del carácter pacífico de la protesta, fue brutalmente reprimida por el gobierno, y por ello pasó a la historia como el "Viernes Negro".

El 10 de julio de 1987 fue el día en que miles de panameños desafiaron en las calles a la dictadura cívico-militar encabezada por Manuel Antonio Noriega y por el presidente Eric Arturo Delvalle. Ese día, los Doberman de las Fuerzas de Defensa se ensañaron contra cientos de opositores, cuya única arma era un pañuelo blanco.

Haciendo caso omiso a la prohibición de realizar manifestaciones, cientos de panameños vestidos de blanco, con pañuelo y paila en mano, salieron a las calles de la ciudad capital para pedir un alto a la dictadura militar liderada por Noriega.

Las consignas de los civilistas eran: justicia, libertad y democracia. La presencia de antimotines en toda la ciudad era parte del panorama cotidiano. Ese 10 de julio de 1987 se convirtió en una jornada de brutal represión por los Doberman, que indiscriminadamente descargaron una incesante lluvia de perdigones hacia la población que se congregó en los alrededores de la iglesia Del Carmen.

Centenares de personas, entre ellos educadores, estudiantes universitarios, dirigentes sindicales y de partidos políticos, fueron detenidos, y muchos de ellos permanecieron privados de libertad por varias semanas junto con presos comunes.[10]

Según el dirigente político Olimpo Sáez: "Estábamos convencidos de que solo a través de esa presión se podría enviar un mensaje a los militares y a los países del mundo, que miraban con preocupación la situación que se vivía en Panamá. Los ciudadanos, ayer como hoy, carecemos de armas. Las armas las tenían los militares, quienes las usaban contra los manifestantes opositores... Se golpeó y encarceló a cientos de manifestantes, no se respetó edades ni sexos."[11]

Las protestas continuaron a cara de perro, al igual que las represalias. En cada protesta de ciudadanos en las aceras, mostrando pancartas y ondeando pañuelos blancos, resultaban personas heridas por perdigones o laceradas a garrotazos, luego de ser alcanzadas por los gases lacrimógenos que disparaban los antimotines.

La Prensa no escapó de la furia gubernamental. Primero recibió una carta amenazante del ministro de Gobierno y Justicia, Rodolfo Chiari: "No vamos a tolerar esta práctica constante y permanente de publicar noticias falsas, que afectan el orden público, la paz y seguridad nacionales". La nota no era otra cosa que la advertencia sobre el próximo ataque violento que recibiría el periódico.

Guillermo Sánchez Borbón recordando a Winston Robles en esa crisis

"El 7 de junio de 1987 restalló en *La Prensa* el primer rayo de la formidable tempestad que habría de socavar aquella montaña de inmundicia. Nuestro capitán, experto en abrirse paso por aguas borrascosas y arrecifes traicioneros, llevó —aunque muy maltrecha y hasta desarbolada– nuestra nao a puerto donde los piratas de las Fuerzas de Defensa, que supuestamente estaban cuidándola, la hicieron añicos. Y volvimos a empezar de cero. Y gracias en primer lugar a Winston, al cabo de no mucho tiempo logramos levantar de nuevo ese grandioso monumento a la libertad que es *La Prensa*".[12]

Por esos días, el Ministerio de Gobierno y Justicia informó a Robles que el diario sería sometido a censura. Es decir, que el periódico, antes de publicar, debía contar con la aprobación de un censor oficial, algo jamás visto en la historia republicana y, además, una práctica expresamente prohibida por la Constitución. Se le comunicó que el censor sería el señor Miguel Ángel Picard-Ami quien, en esa condición, se presentó a las instalaciones.

El periódico decidió suspender la publicación y el país se quedó sin *La Prensa* por varios días. Al sexto, la junta directiva acordó imprimir el diario con la versión censurada, que empezó a circular con grandes espacios en blanco, dejando ver así el vacío de las notas que habían sido vetadas. Varias ediciones aparecieron con un 80% en blanco. Entonces, en lo que pareció una jugada atrevida, al censor le empezaron a colar noticias en lugares impensados, como dentro de los avisos clasificados. Los lectores escudriñaban cada rincón del diario.

La censura terminó siendo divertida, cuenta Carmen Cabello, correctora del diario. No solo se colaban noticias en los anuncios clasificados, sino que se jugaba con los titulares de los cables internacionales haciendo velada referencia a lo que sucedía en Panamá.

Empezamos a hacer una segunda edición de *La Prensa*, con las noticias que habían sido censuradas, cuando el censor se iba del edificio. No se imprimía en la rotativa, sino que se reproducía por medio de fotocopiadoras y se distribuía, al día siguiente, en la calle 50, frente a la Mansión Danté, punto de encuentro de los manifestantes. Los

Doberman perseguían a quienes distribuían las hojas y a los que las recibían.[13]

Finalmente, el gobierno se dio cuenta de lo absurdo de la medida y, con toda la crítica que le llovía del extranjero, autorizó a publicar de nuevo "sin censura".

Mientras tanto, en Estados Unidos, los senadores Helms, Kennedy y Kerry finalmente lograron un pronunciamiento oficial del Senado. El viernes 26 de junio, apartándose de la ya conocida posición del Ejecutivo, el Senado aprobó una resolución no vinculante en la que pedía el respeto a los derechos humanos, que los militares no se siguieran entrometiendo en la vida política del país y que Noriega, junto al resto de los militares, debía responder ante la justicia por las graves acusaciones que pesaban en su contra.

Ante las constantes manifestaciones, y los llamados de la Cruzada Civilista a la resistencia ciudadana, el presidente Delvalle firmó el decreto mediante el cual prohibía toda reunión o manifestación pública "ante el temor de que el clima de tensión colectiva" que se vivía produjera graves enfrentamientos entre bandos opuestos.

Delvalle se refería a los enfrentamientos que los civilistas empezaban a tener con las marchas organizadas por el gobierno, los mismos días y horas en los que se anunciaban las de la Cruzada Civilista, con la intención de amedrentar a quien se atreviera a unirse a las protestas.

El 26 de julio de 1987 las Fuerzas de Defensa entraron al edificio donde operaba *La Prensa* con una orden de cierre firmada por el gobernador de Panamá, Alberto Velásquez. Sería el preámbulo de lo que sucedería al siguiente día, pues el gobierno no quería que se contara lo que iba a pasar. Tres publicaciones adicionales, los diarios *Extra*, *El Siglo* y el semanario *Quiubo*, fueron también clausurados, así como las emisoras Radio Mundial y KW Continente.

En efecto, la mañana del 27 de julio, un contingente armado de miembros de una unidad élite de las Fuerzas de Defensa, y muy cercana a Noriega, la Unidad Especializada de Seguridad Anti-Terror (UESAT), rodeó la residencia de Díaz Herrera. El operativo estaba apoyado por el sobrevuelo de helicópteros de las Fuerzas de Defensa. Llegaron con una orden de arresto firmada por el procurador de la Nación. Díaz Herrera fue detenido y se lo llevaron arrestado, junto a otras personas que estaban dentro de su hogar.

El asalto a la residencia de Altos del Golf y de los medios de comunicación el día anterior no fueron casualidades. Coincidieron con el primer día de una nueva huelga general que había convocado la Cruzada Civilista, apoyada por los gremios de profesores y maestros del país, por lo que las escuelas estuvieron cerradas. Amanecieron cerrados también los supermercados, las empresas, estaciones de gasolina y farmacias.

Estando detenido, Díaz Herrera fue obligado a retractarse de la acusación contra Noriega por el crimen de Hugo Spadafora. Según un cable de la agencia Reuters, de 3 de agosto de 1987, en un documento hecho público por el gobierno, el excoronel declaró: "[…] di esa noticia pero no confirmé ni ratifiqué lo que dije porque me basé en lo que me contó la familia de Spadafora".

Así las cosas, se celebró un acto que plasmaría el cinismo sin rubor que rodeaba a los gobernantes. El evento tuvo lugar en una base militar el 14 de agosto de 1987.

Al acto acudieron, además de los pelotones formados en demostración de poder, el presidente Delvalle y el general Noriega. Ambos manifestaron ese día su compromiso de respetar la voluntad popular en las próximas elecciones. Era su manera de tratar de apaciguar el descontento ciudadano y las protestas sin fin.

Noriega juró ante la tropa y el país que garantizaría "la honestidad de las elecciones programadas para mayo de 1989". Serán, aseguró, "unas elecciones pacíficas, honestas y democráticas".

Delvalle, por su parte, le "recordó a Noriega" que las fuerzas armadas estaban obligadas "a dar paso a una real transición democrática".[14]

Eso sí, Noriega aprovechó su discurso para despejar cualquier duda sobre su futuro: él no pensaba renunciar. Delvalle no perdió la ocasión para declarar que él, a su vez, estaba confiado en cumplir hasta el final su mandato presidencial, al que aún le quedaba más de la mitad del período.

La repulsa de los panameños a los "gorilas", como se llamaba en la calle a los militares, se extendió también contra los civiles que colaboraban con ellos, los "serviles del régimen". El presidente Delvalle y sus ministros, que eran percibidos como los lacayos de los militares, fueron objeto de especial desprecio por sectores de la población. Sobre todo él, Delvalle, que provenía de una de las dos familias dueñas de azucareras del país y que pertenecía a esas "clases oligárquicas" que el proceso revolucionario había jurado combatir. Ahora los militares no solo lo habían colocado a su servicio, como supuesto jefe de Estado, sino que lo utilizaban a su antojo.

Cuando el presidente o sus ministros acudían a restaurantes o sitios públicos, algunos comensales hacían sonar los vasos de cristal de sus mesas en señal de repudio por su presencia. La práctica se fue extendiendo y, en la mayoría de los casos, los funcionarios salían del lugar.

Memorable fue la resonada que recibió una noche el propio presidente Delvalle, al entrar al bar del Club Unión, el refugio de la clase alta panameña, cuando fue repudiado por los socios presentes apenas le vieron entrar.

Jaime Alemán, quien luego formaría parte del gabinete de Delvalle, recuerda el incidente en el que el presidente "bajó al bar del Club, después de asistir a una boda, y fue recibido con un fuerte rechiflo e incluso le tiraron hielo. Se vio obligado a retirarse del lugar bajo la protección de sus guardaespaldas".[15]

Las protestas callejeras continuaron a pesar de los perdigones, la furia de los golpes y las detenciones en la cárcel Modelo, una prisión hacinada y macabra, a una cuadra del Cuartel Central.

Unos días después del acto copresidido por Delvalle y Noriega, se organizó una marcha de mujeres, vestidas de blanco, a lo largo de la calle 50. Arnulfo Arias, Ricardo Arias Calderón, Carlos Iván Zúñiga, junto a la dirigencia de la Cruzada Civilista, líderes de gremios médicos, educativos, empresariales y estudiantes también asistieron.

A pesar de la prohibición existente, las manifestaciones se repitieron el 8 y 10 de septiembre.

El anciano expresidente Arias, quien pocos meses después se trasladaría a Miami por quebrantos de salud, asistió incluso al sepelio de Carlos Guzmán Baúles, un pequeño empresario muerto de un tiro en la cabeza mientras participaba en una de las protestas. Un grupo de adeptos al gobierno le disparó desde un puente en San Miguelito. Él formaba parte de la manifestación que pasaba por debajo. Arnulfo Arias, ya enfermo, envió su último pronunciamiento desde el exterior, demandando la salida de los militares y el regreso a la democracia, el 29 de abril de 1988. El 10 de agosto de 1988 falleció en Miami.

Los principales dirigentes de la Cruzada Civilista, que seguían siendo perseguidos, tuvieron que abandonar sus residencias junto a sus familiares para evitar ser detenidos. Algunos terminaron siendo huéspedes del nuncio apostólico, José Sebastián Laboa, en la sede diplomática. Luego de varias semanas, se negoció la salida del país, gracias a los oficios del nuncio y del embajador de Venezuela. El 28 de septiembre de 1987, los líderes de la Cruzada, Aurelio Barría, Gilbert Mallol y José Pretto, que representaban a la Cámara de Comercio, junto a Eduardo Vallarino, miembro del Consejo Nacional de la Empresa Privada (CONEP), partieron al exilio. En Caracas les esperaban Roberto Brenes, quien había sido coordinador de la Cruzada, y Rafael Zúñiga, asesor legal de la Cámara, que tuvieron que partir antes. Habían permanecido dos semanas como asilados en la embajada del Perú, pues sobre ellos pesaban órdenes de arresto por "sediciosos".

Arthur Davis, el embajador de Estados Unidos, un diplomático que no era de carrera y había sido nombrado por su cercanía al presidente Ronald Reagan, junto a su hija Susan, que le acompañaba en Panamá, ya había mostrado su incomodidad con la situación política, sonando así una primera tecla del cambio de tono que se avecinaba de parte de la administración Reagan.

Como consecuencia de las reuniones sostenidas por el diplomático con figuras de la Cruzada Civilista y de la oposición, y ciertas declaraciones a los medios, grupos afines al régimen empezaron a organizar protestas frente a la embajada de Estados Unidos. Pedían el retiro del diplomático. Demandaban que Estados Unidos cesara en sus "actuaciones imperialistas", que no eran más que excusas para no devolver el Canal a los panameños.

Roderick Esquivel, que había sido juramentado como segundo vicepresidente de Ardito Barletta, y que con el ascenso de Delvalle se había convertido en el vicepresidente de la República, lanzó en octubre de ese año unas declaraciones en las que lamentaba la situación política y trataba de distanciarse de las decisiones que estaba tomando el presidente.

El 25 de octubre, el embajador Davis acudió al aeropuerto de Tocumen a recibir al vicepresidente Esquivel, que retornaba de una reunión de líderes centroamericanos. Ese hecho generó profundo malestar en Delvalle. "Las constantes declaraciones de Roderick Esquivel frente al gobierno panameño obligan a examinar la posición de un alto representante diplomático acreditado en Panamá", decía el comunicado de la Presidencia emitido esa noche. Esquivel había declarado que el Partido Liberal, que él representaba, estaba considerando salirse del gobierno.

Las protestas no cesaron. Tampoco las represalias que se tradujeron en líderes amenazados o manifestantes golpeados y heridos. Los detenidos en las protestas o que se oponían de alguna forma a las violaciones a los derechos fundamentales sufrían arrestos de horas, días o semanas.

Roberto Arosemena, un profesional que participaba en las manifestaciones pacíficas, se atrevió a acudir a los pocos programas radiales que desafiaban la censura y fue detenido y conducido, el 20 de octubre de 1987, a las oficinas del G-2. Allí fue golpeado por el teniente coronel Leonidas Macías en presencia de otros dos oficiales, los mayores Eros Ramiro Cal y Nivaldo Madriñán.

Después de reclamarle que era parte de quienes querían destruir a las Fuerzas de Defensa, fue llevado a un calabozo oscuro y mojado, obligándolo a permanecer en el piso boca abajo por varias horas. Nunca hubo una orden de arresto ni se le formularon cargos ni compareció ante una autoridad judicial.

Tras ser nuevamente golpeado y escupido por oficiales, fue esposado y montado en un bus con otros opositores que, "acarreados como bestias y conducidos a alta velocidad", según contaría el propio Arosemena después, terminaron en la isla de Coiba, donde entonces operaba uno de los penales más terribles del país. En sus palabras:

> El maltrato y la crueldad hacia todos los ciudadanos panameños detenidos no tiene parangón… fuimos tratados como bestias, arrojados a medianoche desde botes al agua. Al nadar de vuelta a tierra éramos recibidos a palos en la orilla de la playa y obligados a dormir mojados bajo el cielo abierto, con hambre de 24 horas y con la incertidumbre futura de la crueldad.[16]

Luego de un par de días en Coiba, fue trasladado en un avión militar a Panamá. Iban varios, esposados de dos en dos, con la duda de si serían arrojados al mar como habían hecho los militares, años atrás, con varios opositores. En la ciudad fue llevado a la cárcel Modelo, donde un fiscal le interrogó, pues el ministro de Gobierno y Justicia, Rodolfo Chiari, le había acusado por sus intervenciones públicas y radiales, que consideraba eran llamados a un levantamiento armado contra el gobierno. Mientras estuvo preso, se enteraría entonces, los diarios gubernamentales publicaron una noticia en la cual aparecía el coronel Macías capturando a un "grupo de terroristas" encabezados por Arosemena. Fue liberado el 30 de octubre, aunque las autoridades dijeron a sus familiares que había muerto.

La de Arosemena es una de las historias sufridas por cientos de panameños en aquellas fechas.

Dos días antes de Navidad se conoció que el excoronel Roberto Díaz Herrera había sido condenado a cinco años de cárcel.[17]

> Abelardo Castillo, secretario del Juzgado VII de Panamá, anunció que Díaz Herrera, así como siete de sus guardaespaldas y colaboradores —en su mayoría oficiales y soldados de confianza del exjefe militar—, ya fueron notificados de la sentencia, que se produce 16 días después

de que todos los reos se declararan culpables de haber atentado contra la personalidad del Estado durante una audiencia restringida. Según el Código Penal, los delitos contra la personalidad interna del Estado, que van desde la intimidación o amenaza a una autoridad hasta el alzamiento en armas, son sancionados con penas que van desde los seis meses a los 20 años de cárcel.[18]

El año 1987 terminaría siendo uno convulso, con consecuencias devastadoras sobre la economía del país. La crisis política era como un nudo enorme en la garganta de los panameños, pues no se vislumbraba un final afortunado a la situación.

Noriega que, pese a las flagrantes violaciones a los derechos humanos y al orden democrático, había contado hasta entonces con el respaldo del gobierno de Estados Unidos, estaba por recibir un revés.

El mal olor que provocaban los vínculos de la administración de Ronald Reagan con el general panameño se haría insoportable. El presidente Delvalle, a pesar de su deshonrosa sumisión a la bota militar, estaba por arriesgarse con una maniobra de última hora. El nuevo año traería noticias que forzarían su mano.

4

La hora de los desertores

Nosotros hemos procedido a nombrar a los censores
de *La Prensa*, el *Quiubo*, el *Extra* y *El Siglo*, que son los
periódicos que han atacado al gobierno.

—Rodolfo *Popito* Chiari,
ministro de Gobierno y Justicia

La primera semana de enero de 1988, recién pasadas las festividades navideñas, el presidente Erick Arturo Delvalle viajó a Estados Unidos. Se trataba de un viaje privado, pues iba a una revisión médica de rutina: el mandatario padecía del corazón. Al cumplir los 25 años ya había sufrido un infarto. De hecho, fue de los primeros panameños que lograron hacerse una operación de *bypass* coronario, procedimiento que en ese entonces aún era novedoso y apenas se hacía con éxito en un puñado de centros médicos estadounidenses.

Pronto circularon los rumores sobre que en aquel viaje se podía estar cocinando algo. El primero en enterarse fue Noriega. Además de con médicos y hospitales, Delvalle había sostenido reuniones con funcionarios de Estados Unidos en una visita anterior, un hecho que, gracias a sus informantes, Noriega conocía.

La noticia sobre la segunda reunión de Delvalle durante ese viaje pondría en alerta roja al dictador. En esta ocasión el presidente se había reunido con José Isabel Blandón, un ingeniero que hacía las veces de agente y delegado de la cúpula militar y que el año anterior había sido nombrado cónsul general de Panamá en Nueva York.

Los ciudadanos tuvieron la primera pista de que algo raro estaba sucediendo gracias al enfado del dictador por este encuentro. Blandón era ahora considerado un traidor. Que fuera declarado enemigo del proceso revolucionario resultó un hecho realmente inesperado. El aldabonazo lo dieron los noticieros y los periódicos controlados por los militares al denunciar la reunión del mandatario con quien ahora calificaban de conspirador al servicio del imperialismo.

Blandón siempre fue un hombre muy cercano a los militares. Era un colaborador de Torrijos que, tras la muerte de este, logró conservar sus vínculos con el aparato militar. Supo encajar con Noriega cuando este se hizo con el poder absoluto. Era, además, un estratega político de alta estima dentro del partido oficial, el PRD. Con Noriega fue nombrado director general del Instituto de Recursos Hidráulicos y Electrificación (IRHE), la empresa estatal que entonces se encargaba de la generación y distribución de la energía eléctrica de todo Panamá, una posición clave dentro de la doctrina de seguridad nacional que prevalecía en la mentalidad castrense.

Tal era el aprecio del que gozaba Blandón que, después de las turbulencias generadas por las declaraciones de Díaz Herrera, Noriega decidió nombrarlo cónsul general en Nueva York. El eco de las protestas ciudadanas y de las violaciones a los derechos humanos retumbaban en los pasillos del Congreso de Estados Unidos. Necesitaba un intermediario de su total confianza en aquel país para que le ayudara con su imagen y sirviera de puente directo con los círculos del poder. Blandón era ese hombre.

El nuevo cónsul, sin embargo, no tardó mucho en percatarse de primera mano de que los vientos soplaban fuertemente en contra del general panameño. Senadores y representantes de ambos partidos se habían unido ya en una alianza sin precedentes para exigirle al gobierno de Ronald Reagan un cambio de rumbo con Panamá, una nueva relación bilateral que pasaba por cortar los lazos con el régimen militar. Era imperativo que se celebraran elecciones limpias y que se propiciara un retorno al cauce democrático. Ese cambio de rumbo no podía dilatarse más: Panamá debía estar listo para administrar el Canal. Apenas faltaban 11 años para la transferencia plena de la vía interoceánica.

Blandón, con el beneplácito de Noriega, inició contactos con oficiales del gobierno estadounidense en busca de una solución a la crisis política panameña, la cual, insistía, debía incluir necesariamente una "salida digna" para el general. Durante varios meses llevó a cabo reuniones secretas con oficiales de la Casa Blanca y de los departamentos de Estado y de Defensa.

Para Estados Unidos, cualquier negociación sobre la situación panameña pasaba imperiosamente por el retiro del general y de la cúpula militar, tal y como lo demandaban los panameños en las calles. Debían, además, establecerse los mecanismos que pudieran garantizar que las próximas elecciones, que se celebrarían en mayo de 1989, fueran limpias y que se respetaran los resultados.

Del lado de Noriega, su salida digna significaba que recibiera inmunidad por cualquier delito que hubiera cometido durante su permanencia en el cargo para vivir tranquilo una vez abandonara la comandancia: sin líos legales y disfrutando del enorme patrimonio que había acumulado.

El documento sobre el cual se trabajó, que eventualmente se conocería como el Plan Blandón, contenía el retiro de Noriega y de todos los oficiales de las Fuerzas de Defensa con más de 25 años de servicio. Además, se quitaba a los militares el control que ejercían sobre las direcciones de aduanas, migración, cárceles, los cuerpos de investigación judicial y de la tenencia de armas de fuego. En resumen, se descabezaba a las fuerzas armadas y se las despojaba del inmenso poder civil que habían concentrado, lo que a su vez alejaría a los militares del importante flujo de dinero corrupto que circulaba entre el grupo íntimo de Noriega. A cambio de ello, la administración Reagan estaba dispuesta a concederle un "retiro honroso", que incluiría la inmunidad que estaba exigiendo.

El plan tenía dos versiones. Una, redactada para ser entregada a Noriega, cuyas bondades le explicaría Blandón. En esta versión se le vendería el plan por sus beneficios, permitiéndole decir que la decisión de retirarse era un gesto voluntario por el país y no un mandato de la oposición, que llevaba tres años exigiendo su cabeza. Él saldría airoso de la comandancia, como un estadista y un millonario. Y, lo más importante, con la garantía de que estaría exento de futuros problemas legales.

La otra versión estaba escrita para convencer a la oposición política, a la Cruzada Civilista y a todos aquellos que luchaban en las calles. Se pretendía anunciarla como una victoria, pues el dictador y su cúpula militar dejarían el poder pacíficamente. Así, sin derramamiento de sangre, se lograría dar fin a la terrible crisis política, se iniciaría la recuperación económica del país, los militares volverían a los cuarteles y se celebrarían elecciones en un año y medio. La impunidad del dictador sería el precio a pagar a cambio de paz y democracia.

El plan fue negociado y acordado con los funcionarios estadounidenses a finales de 1987. Y entonces ocurrió algo inesperado. Noriega, que seguía manteniendo contactos dentro de la CIA y del aparato de inteligencia militar estadounidense, recibió una versión del plan antes de que Blandón pudiera presentarle el documento final.

La versión filtrada era un documento de trabajo del Departamento de Estado que incluía notas internas de cómo implementarlo y presentárselo, es decir, de vendérselo, para que aceptara su salida. En el texto quedaba expuesta la estrategia para convencerlo, incluyendo, por ejemplo, un párrafo que decía que la presentación a Noriega debía hacerse coincidir con las protestas, huelgas y manifestaciones que tenían lugar en Panamá, y que serviría para recordarle al militar cuán incierto era el poder que ostentaba frente a una población que exigía su destitución y juzgamiento.

En el plan se establecía que Erick Arturo Delvalle continuaría como presidente hasta las elecciones de mayo de 1989.

Noriega se puso furioso cuando recibió la copia del borrador. Los detalles que le habían pasado sus fuentes no le agradaban. Peor aún, el plan terminó siendo filtrado a los periódicos, los cuales reprodujeron algunos de los puntos acordados. El general perdía cara frente a sus compañeros de armas, quienes no tenían idea de que había conversaciones andando. Iracundo, repudió el plan y condenó a Blandón.

Si Noriega estaba enojado, los demás oficiales de la cúpula estaban aún más rabiosos. Estos concluyeron que Noriega conseguiría un exilio dorado mientras que ellos acabarían en la cárcel. Así fue como, junto a su círculo íntimo de oficiales, Noriega telefoneó a Blandón y, a los gritos, le reclamó el haber estado negociando con Washington sin su autorización.[1]

La reunión entre ambos, Delvalle y Blandón, se dio a conocer cuando el presidente regresó al país, el 12 de enero de 1988. Para Noriega y sus compinches, ese encuentro tenía el amargo sabor de la traición.

"Esto es la guerra abierta entre Noriega y Delvalle", comentó una fuente diplomática que pronosticaba el fin a muy corto plazo de la difícil convivencia entre el hombre fuerte y el presidente de la República.[2]

Blandón fue destituido como cónsul y se le ordenó regresar a Panamá de inmediato. No volvió. Su deserción sería total y devastadora, como pronto se sabría.

No era, sin embargo, el primer tránsfuga de alto vuelo de esta historia. En sus reuniones en Washington, D. C. se reuniría con otro panameño, que, como él, había sido un aliado de viejo cuño de la cúpula militar decidido a cambiar de toldas unos meses antes: Gabriel Lewis Galindo.

Lewis Galindo era un acaudalado empresario perteneciente a una de las familias más tradicionales del país. O, para definirlo en términos del proceso revolucionario, un miembro conspicuo de esa oligarquía que siempre había gobernado Panamá y que el golpe militar había jurado echar del poder.

Poco antes del golpe de 1968, el empresario había adquirido una isla en el archipiélago de Las Perlas, inhabitada y de exuberante belleza, e inició la quijotesca labor de desarrollarla y convertirla en un destino paradisíaco en el golfo de Panamá.

Fue así, en su empeño por la conquista y desarrollo de Contadora, que conoció a Omar Torrijos. El reto resultaría mucho más arduo de lo que jamás imaginó. El dictador terminaría poniendo a disposición del empresario recursos estatales para que pudiera avanzar en la urbanización de la isla. Las obras continuarían tragando fondos a raudales. El gobierno saldría al rescate financiero del proyecto repetidamente, llegando luego a asumir pérdidas millonarias con fondos del Estado de un fallido primer proyecto hotelero. Entre ambos personajes se forjaría una amistad muy profunda.

Gabriel Lewis Galindo terminaría siendo el embajador de Panamá en Washington D. C. durante la crítica etapa de la negociación de los tratados del Canal de Panamá. Fue un hombre clave, tanto para Panamá como para Estados Unidos, en su ratificación por el Senado de aquel país. Lewis fue confidente, asesor y amigo de Torrijos hasta el día de su muerte.

Durante el proceso revolucionario no dejó de emprender otros negocios que, o contaban con financiamiento gubernamental o requerían del favor oficial para su éxito. Su cercanía de tantos años con el general le sirvió para tener acceso directo a toda la cúpula militar, vínculos que se mantuvieron después de la muerte de Torrijos. Igual ocurrió con ministros y altos funcionarios del gobierno y con la dirigencia del partido oficial, el PRD.

Cuando se fraguó la candidatura de Nicolás Ardito Barletta para presidente de la República por el PRD, Gabriel Lewis fue uno de los más cercanos colaboradores de su campaña. Luego, sería un apreciado consejero del presidente. Y fue la destitución de Ardito Barletta el primer tropiezo que sufrió la hasta entonces magnífica relación que mantenía con los militares.

Por esos años, a la familia Lewis Galindo no le gustó saber de una serie de actividades sospechosas que empezaron a ocurrir en Contadora y que eran coordinadas por dos personajes muy cercanos a Noriega: Carlos Wittgreen, un confidente y socio del general, hermano del embajador panameño en Francia, y César Rodríguez, un piloto y también socio del militar que terminaría siendo acusado por narcotráfico en Estados Unidos. Narraría años más tarde Eduardo, hijo de Gabriel:

Los pilotos que manejaban nuestro avión y la gente de la isla empezaron a ver cosas raras: bultos que desembarcaban en las playas de Contadora en las noches. Wittgreen y Rodríguez estaban convirtiendo la isla en un punto de trasiego de droga. Yo le contaba estas cosas a mi papá y, un día, él me dijo: díselo a Noriega, que viene a cenar a la casa esta noche. Yo se lo dije a Noriega y el tipo me dijo que no, que eso no era así, que yo estaba equivocado.[3]

Mientras en las calles de la Ciudad de Panamá se alzaban ya las protestas contra el régimen militar por la muerte de Spadafora y por las declaraciones de Díaz Herrera, ocurre otro incidente entre Lewis y Noriega. El general se interpone en la intención de vender el hotel de Contadora —que enfrentaba serios problemas económicos— a un importante empresario japonés. En otro incidente posterior, gente cercana al comandante interfirió en un proyecto inmobiliario en el que participaba el exdiplomático y que tendría a funcionarios de la embajada de Estados Unidos como potenciales clientes.

Lewis Galindo no estaba satisfecho con lo que estaba aconteciendo en el país, ni con la situación política ni mucho menos con la forma en que Noriega se conducía. Y así se lo comunicó a algunos allegados suyos, incluyendo a personas afines al gobierno y a aquellos oficiales de las Fuerzas de Defensa con quienes había hecho buena amistad en la época de Torrijos.

Uno de los hijos de Gabriel, Samuel, estaba entonces casado con la hija del presidente Erick Arturo Delvalle y le hizo saber al presidente también, en más de una ocasión, que había llegado el momento de terminar con Noriega.

En una de las manifestaciones contra la dictadura que se dieron en esos días, y que fue duramente reprimida por los militares, apresaron al hijo de una amiga de Lewis. Conocedora de la buena relación que tenía con los militares, le llamó para que intercediera en la liberación de su hijo.

Pensando que aún tenía influencia con los altos mandos militares, telefoneó al teniente coronel Bernardo Barrera. "Te puedes ir al diablo —le contestó el militar—. Torrijos te hizo rico. Ahora estás traicionando a tu país. A partir de este momento, eres el enemigo número uno de las Fuerzas de Defensa".[4]

Como bien resume su biógrafa, María Mercedes de la Guardia de Corró, cuando Lewis decide desasociarse de Noriega, ya se había publicado el explosivo reportaje de *The New York Times* que vinculaba al jefe militar con el narcotráfico y con el asesinato de Spadafora. "Gabriel tenía suficiente sentido de supervivencia para saber que era momento de cruzarse a la acera de enfrente".[5]

Gabriel Lewis Galindo desertó. Tuvo que abandonar el país por la venganza que desataría Noriega contra él. Se radicó en Washington, D. C., ciudad en la que se movía a sus anchas y donde aún mantenía aquellos estupendos contactos con congresistas y altos funcionarios que había cultivado con envidiable talento durante sus años como embajador. Allá se atrincheró, convirtiéndose en uno de los más formidables enemigos del general.

En Panamá, volviendo a enero de 1988, en un gesto que generó algo de esperanza entre la población, el miércoles 20 se dictó una ley de amnistía que permitió la reapertura de los periódicos y de las emisoras de radio, que habían sido clausurados seis meses antes.

La dicha duró muy poco. Tres acontecimientos, uno seguido del otro, confirmarían que el optimismo fue efímero.

En el estado de Florida, dos fiscales que luchaban hacía tres años contra el crimen organizado en sus respectivas jurisdicciones les seguían la pista a los carteles colombianos que inundaban de droga el mercado estadounidense mediante una serie de operaciones encubiertas. Florida era la puerta de entrada más importante de la droga proveniente de Colombia, el mayor productor y exportador de marihuana y cocaína en la década de los ochenta. Florida también era el punto de inicio de una intrincada estructura logística y financiera que permitía blanquear el monumental flujo de efectivo proveniente de la venta del producto.

El fiscal de Miami, Richard Gregorie, y Daniel Moritz, infiltrado dentro de las bandas colombianas, habían llegado a la conclusión de que debían aprehender a un piloto de nombre Floyd Carlton, quien tenía un rol neurálgico en el trasiego de la droga desde Colombia a Estados Unidos, así como en el cobro, flujo, distribución y blanqueo de las ganancias obtenidas de su venta.

Más al norte, Robert Merkle, fiscal de otra ciudad de Florida, Tampa, por su parte, en sus pesquisas contra los narcotraficantes había dado con uno de los jerarcas del cartel de Medellín, Carlos Lehder.

Ambos fiscales buscaban, cada uno a su manera, ir atrapando a los peces pequeños de la organización criminal para conocer y descifrar la logística y estructura detrás del negocio y llegar después hasta los peces grandes.

El caso de Miami era el más ambicioso: estaba enfocado en la gran estructura del narcotráfico que llegaba a sus consumidores y sus redes de distribución y lavado de dinero. El de Tampa era más preciso, pues buscaba desmantelar el blanqueo de fondos producto de la venta de marihuana de un sujeto específico, Steven Kalish, un mayorista cuya operación estaba vinculada con esa área de Florida.

La droga que abastecía ambas operaciones era suministrada por el poderoso cartel de Medellín, encabezado por el narco más conocido de Colombia, Pablo Escobar.

Y es así como cada fiscal, al ir descifrando el *modus operandi* de su cadena de suministro y el del posterior blanqueamiento de fondos —y luego de las capturas de Floyd Carlton y de Carlos Lehder—, llegaron a la conclusión, independientemente el uno del otro, de que una pieza clave en ambas estructuras era nada menos que Manuel Antonio Noriega.

El hombre fuerte de Panamá ofrecía protección y apoyo logístico al cartel de Medellín y cobraba por sus servicios. Comprometía el suelo panameño como santuario y sitio de reunión a narcotraficantes colombianos en momentos de peligro. También propiciaba reuniones entre carteles rivales que buscaban algún tipo de acomodo y temían celebrarlas en su país. Los militares panameños llegaron incluso a permitir que un laboratorio de producción de cocaína se trasladara al Darién luego de ser desbaratado por el ejército colombiano. Evidentemente, por un pago a cambio.

El general panameño y algunos de sus colaboradores también se llevaban un porcentaje por el blanqueo de fondos. Cobraban su parte por los millones que a diario llegaban en efectivo en vuelos procedentes de Estados Unidos y que eran depositados en bancos establecidos en Panamá, cuyos dueños eran, asimismo, jerarcas colombianos del narcotráfico.

Como se verá más adelante, las sumas blanqueadas y las comisiones cobradas eran astronómicas.

César Rodríguez, aquel piloto amigo de Noriega del que los Lewis sospechaban que estaba utilizando la isla Contadora para el trasiego de drogas, y que luego fue asesinado en Medellín, era a su vez socio y amigo de Floyd Carlton y de Steven Kalish.

Mientras los panameños se ilusionaban por la aparente flexibilización de la libertad de prensa, y leían con interés sobre la existencia de un plan que se negociaba tras bastidores para la salida pacífica de Noriega y su cúpula militar, el 5 de febrero de 1988 tuvo lugar el primer acontecimiento estremecedor.

En Washington, D. C. se anuncia la doble acusación criminal (en inglés *indictment*) contra Manuel Antonio Noriega por narcotráfico preparada por los fiscales de Miami y Tampa.

Además de la evidencia recabada por los fiscales durante tres años y de los testimonios que estaban por rendir los narcotraficantes capturados durante las audiencias (esos peces chicos convertidos ahora en testigos de las fiscalías), participaría en los juicios José Isabel Blandón. El que fue estratega de Noriega se había convertido en testigo protegido del gobierno de Estados Unidos y estaba listo para contar algunos de los más escalofriantes pormenores del modo de proceder del hombre fuerte de Panamá.

Unos días antes de que se anunciaran los *indictments* en Florida, en Washington, D. C., el narcotraficante Michael Kalish declaró bajo juramento en una audiencia en el subcomité Antinarcóticos del Senado[6] que él mismo había entregado más de 4 millones al general Noriega a cambio de tener facilidades para lavar fondos y por recibir la debida protección mientras estaba en Panamá.

Blandón también comparecería ante el subcomité del Senado estadounidense confirmando la participación directa de Noriega y de oficiales de las Fuerzas de Defensa en el narcotráfico y blanqueo de activos.

La economía panameña, mientras tanto, continuaba transitando hacia lo que se convertiría en la peor crisis financiera de su historia republicana.

"Panamá está al borde del colapso económico", tituló *The New York Times* el 22 de febrero de 1988, tomando como referencia la caída estrepitosa tanto del PIB como de la liquidez del Banco Nacional, y señalando que la crisis político-social y la inminente imposibilidad del gobierno de pagar los servicios de la deuda externa el siguiente mes, presentaban un futuro muy incierto al país centroamericano.

Aquella misma tarde, Noriega, junto al Estado Mayor, tuvo una reunión con el presidente Delvalle en el Palacio de Las Garzas. Al salir les esperaban los periodistas. Cuando se les preguntó por la razón del encuentro, los militares se limitaron a decir que se trataba de una reunión de rutina, pues según ellos era normal que los oficiales se reunieran con el mandatario.

La Prensa reportaría que en dicha reunión se había discutido sobre la posibilidad de que Delvalle lograra que Estados Unidos retirara los cargos contra Noriega a cambio de su salida, algo que el presidente habría estado negociando durante sus visitas médicas al país norteño.

El segundo acontecimiento que estremecería al país esas primeras semanas de 1988 ocurrió apenas unos días después del anuncio de los *indictments*.

Jaime Alemán, un abogado panameño que mantenía buena relación con el presidente Delvalle y su esposa, y que tendría un papel protagónico por esas fechas, cuenta que a mediados de febrero se reunió con el mandatario después de recibir una llamada de la primera dama pidiéndole que convenciera a su esposo de que destituyera a Noriega. "Lo encontré bastante receptivo a la idea. Estoy seguro de que otra gente lo había abordado también con el mismo tema. Lo que él me explicó fue que lograr esto no era del todo fácil. Sus palabras exactas fueron: '¿Cómo chucha quieres que lo haga?'. Era una pregunta que no tenía una respuesta fácil".[7]

Delvalle, en sus viajes, había estado conversando con los estadounidenses sobre Noriega. En un último esfuerzo, luego del naufragio del Plan Blandón, pero ahora con los *indictments*, había tratado de extraer de los americanos una promesa de detener los procesos penales para convencer así al general de su salida. En el norte le habían dicho que no podían interferir en los procesos judiciales, pero sí tenían la posibilidad de no tramitar los pedidos de extradición que seguramente harían los fiscales.

Noriega, mejor informado por su red de soplones, sospechaba ya que Delvalle estaba por ensayar una jugada. Sus fuentes le habían prevenido de que, al día siguiente de su reunión con el presidente, este haría un anuncio al país al mediodía pidiendo su retiro. Preparó un plan de contingencia pues temía que el anuncio generara una multitud en la calle apoyando a Delvalle y celebrando su salida.

El anuncio no fue transmitido al mediodía, por lo que Noriega pensó que Delvalle, que no era conocido por su valentía, había abandonado la idea de enfrentarlo.[8]

No fue así. El 25 de febrero, al iniciar los noticieros vespertinos, los canales pasaron un discurso a la Nación pregrabado por Delvalle en el cual anunciaba que le había pedido al general Noriega que se separara voluntariamente como comandante en jefe de las Fuerzas de Defensa, pero que el comandante se había rehusado. Por lo tanto, no le quedaba otra opción que separarlo de su posición y nombrar un nuevo comandante. Los dueños de los canales de televisión se atrevieron, por primera vez, a transmitir la grabación a espaldas de los militares.

Apenas vi el anuncio en la televisión llamé a *Tuturo* Delvalle a su casa y me pidió que me fuera para allá. La casa se fue llenando rápidamente de amigos y aliados políticos. Uno de los que llegó fue el embajador de Estados Unidos, Arthur Davis. José Dominador Bazán arrinconó al diplomático y le dijo, en tono severo, que esperaba que los Estados Unidos no fuesen a sacar el cuerpo a estas alturas y que era imprescindible que siguieran apoyando al presidente Delvalle. Los americanos dijeron que para que eso ocurriera, era necesario que la destitución de Noriega se formalizara jurídicamente, lo cual requería que se preparara un decreto firmado por el presidente y el ministro de Gobierno y Justicia, que era lo que exigía la ley. El problema era que el ministro de Gobierno y Justicia, Rodolfo *Popito* Chiari, era una ficha incondicional de Noriega y jamás iba a firmar el decreto. Sin embargo, el presidente de la República tenía la potestad legal de remover y nombrar ministros por su propia cuenta, así que el presidente Delvalle firmó un decreto esa misma noche destituyendo a Chiari. Lo único que faltaba era nombrar un nuevo ministro que firmara el decreto para destituir a Noriega, lo cual resultó mucho más difícil de lo esperado.

Calculo que en la casa de Delvalle había alrededor de 300 personas, pero nadie quería tomarse el riesgo de firmar el decreto destituyendo a Noriega, por temor a terminar muerto, en la cárcel o en el exilio [...]. Le indiqué mi disponibilidad a firmar. El presidente de la República preparó el decreto nombrándome como ministro de Gobierno y Justicia, y lo firmó esa misma noche. Acto seguido, Delvalle y yo firmamos el decreto destituyendo al general Noriega como comandante de las Fuerzas de Defensa.[9]

Esa misma noche, los militares se pronunciaron, desafiantes, en el Cuartel Central. Las cámaras mostraron a un altanero miembro del Estado Mayor, el coronel Leonidas Macías, quien también era el jefe de la Policía, acompañado de otros oficiales que respaldaban incondicionalmente a Noriega. Mirando a las cámaras, Macías pronunció la frase que lo haría pasar a la historia, y de la que pronto quedaría arrepentido para el resto de su vida: "El general se queda, el que se va es él [Delvalle]".

Mientras tanto, ordenaron la convocatoria de emergencia de la Asamblea Legislativa que controlaba el PRD. En una sesión que comenzó esa noche a las 2:00 a.m., y a la que concurrieron 38 de los 67 miembros, todos del PRD, destituyeron unánimemente al presidente Delvalle, sin siquiera respetar las mínimas formalidades que establecía la Constitución. De paso, también destituyeron al vicepresidente, Roderick Esquivel.

Acto seguido se reunió el Consejo de Gabinete, del que Delvalle había destituido a varios de sus integrantes. Procedieron entonces a nombrar presidente encargado del país al ministro de Educación, Manuel Solís Palma. La juramentación tuvo lugar a las 2:30 a.m. Toda una ópera bufa.

La poca apariencia de legitimidad que quedaba, o de respeto a un supuesto régimen constitucional, quedó hecha añicos. El comandante en jefe de las Fuerzas de Defensa, que había sido destituido por el presidente de la República, no acató la orden de la autoridad civil. El Estado Mayor se declaró en rebeldía. Se saltaron olímpicamente el enjuiciamiento del presidente por la Asamblea Legislativa, un procedimiento contemplado en la Constitución, en el que debió seguirse un proceso de acusación con cargos específicos —que no era el caso—, y darle la oportunidad de ser escuchado. Ni hablar del proceso que se aplicó al vicepresidente, Esquivel, que fue destituido "por si acaso", argumentando abandono del cargo. Finalmente, quien quedó al mando del Estado, un antiguo opositor al proceso revolucionario que eventualmente se rindió a los pies de los militares, fue escogido por un Consejo de Gabinete cuyos miembros más importantes habían sido destituidos por el presidente que los había nombrado.

El gobierno de facto de Panamá cayó en otra incongruencia. Estados Unidos continuaría reconociendo a Delvalle como presidente.

La República de Panamá, en paralelo al poder que se ejercía fácticamente, tendría ahora otro gobierno, reconocido por Estados Unidos, con su respectivo embajador acreditado en Washington, D. C.

En declaraciones ofrecidas a una televisora estadounidense, Delvalle pidió un embargo comercial contra Panamá. En coordinación con Estados Unidos, y ya con la participación en Washington de

Gabriel Lewis, se tomaron medidas de presión como fue la congelación de todos los fondos que el Estado panameño mantenía en los bancos de aquel país. Posteriormente, se ordenó que los pagos del Canal de Panamá y cualquier otro de Estados Unidos fueran depositados en una cuenta especial que se mantendría en custodia hasta la reinstauración de la democracia.

Seguirían medidas muy fuertes para la economía panameña, como la prohibición de enviar desde la Reserva Federal al sistema bancario panameño dinero en efectivo, es decir, dólares en billetes o monedas, una medida funesta para una economía que utilizaba el dólar americano como moneda de curso legal.

El presidente Ronald Reagan calificó a Noriega como "dictador", anunciando desde la Casa Blanca que harían lo que estuviera a su alcance para resolver la crisis panameña. Sin embargo, descartó una intervención militar. "No creo que sea necesario utilizar la fuerza militar, ni que nuestras tropas en el Canal estén en peligro", recalcó el mandatario.

Delvalle calificó lo ocurrido como "un vulgar golpe de Estado" y a su sucesor como un "oportunista político". En algún momento pensó que los panameños saldrían a las calles a respaldarle por la destitución del dictador, pero muy pronto comprendió que ni el pueblo ni la historia le perdonarían su complicidad con Noriega y su propio oportunismo. Su salto, de servil de los militares —período que duró dos años y medio, durante los cuales presidió la mayor represión jamás experimentada en Panamá— a adalid de la democracia, no convenció a nadie. Terminó siendo odiado a partes iguales por los opositores y por los norieguistas.

"Ninguno de los presidentes títeres que tuvo la dictadura se arrastró tanto como él", dijo el líder de la Cruzada Civilista, Aurelio Barría.[10]

Así, la crisis económica y social encontró otro sótano. La economía panameña funcionaba ya al 40% de su nivel normal de producción. La Comisión Bancaria Nacional ordenó el cese de todas las operaciones de los bancos de licencia general para evitar una corrida bancaria, el retiro masivo de depósitos.

Los diarios *La Prensa*, *Ya*, *El Siglo* y el semanario *Quiubo* fueron clausurados y sus instalaciones tomadas por las Fuerzas de Defensa. La edición del 25 de febrero de 1988 sería la última que circularía bajo el régimen militar.

¿Qué más podría ocurrir ese primer trimestre de 1988?

El siguiente hito de esta convulsa hora de los desertores tuvo como escenario el Cuartel Central de las Fuerzas de Defensa.

Detrás de ese control férreo sobre las fuerzas armadas que mostraba Noriega, y de la proyección de un apoyo sin fisuras a su líder, se fraguaba otra realidad.

Dentro de la estructura castrense, es bueno recordar, había tres grandes divisiones: en la cúspide estaban los altos mandos, que en Panamá lo componían el general, los coroneles y tenientes coroneles. Luego venían los mandos medios, mayores y capitanes. Debajo, oficiales y tropa, o sea, tenientes, subtenientes, sargentos, cabos y rasos.

El excapitán Milton Castillo vivió de primera mano aquellos días tumultuosos. Eran jornadas en las que las unidades, con sus respectivos oficiales, salían a reprimir a la población que tan solo protestaba con pañuelos blancos. Los antimotines golpeaban a diario a civiles mientras se lanzaban gases lacrimógenos y se disparaban perdigones. Cientos de hombres y mujeres terminaban heridos, golpeados o detenidos.

El oficial, que en su momento formó parte de la escolta personal de Omar Torrijos y que en su carrera fue rotando por diferentes ramas de la institución, recuerda la acumulación de eventos trágicos en esa época. Se refiere a lo ocurrido con Hugo Spadafora, al secuestro de opositores, como fue el caso del médico Mauro Zúñiga, y al derrocamiento de Ardito Barletta y de Delvalle. "Se fue armando una bomba social terrible. Los oficiales no éramos ajenos a esta realidad. Teníamos claro que las actuaciones del comandante jefe no estaban en sintonía con los mejores intereses del país", confesó.[11]

Ese descontento, sin embargo, era imposible airearlo abiertamente. La desconfianza dentro de los cuarteles era enorme. Había soplones listos para ganar favores con el comandante, amén de las represalias que sufrirían quienes estuvieran fuera de la línea trazada por él.

Daniel Alonso, un periodista que hizo carrera dentro de las fuerzas armadas desde muy joven, describe el ambiente en la institución. Había ingresado cuando aún se llamaba Guardia Nacional. Su cara se haría conocida por aquel programa llamado *Todo por la Patria* en el que los militares, cada domingo del año, imponían a la población una cadena nacional de radio y televisión justo al concluir la misa. Durante el resto de la mañana hasta el mediodía, cuando comenzaba el sorteo de la lotería, se transmitían las proclamas de los comandantes y una secuencia infinita de propaganda procastrense.

Alonso, que terminaría siendo vocero de las Fuerzas de Defensa en tiempos de Noriega, describe el clima de reserva y los códigos de silencio que imperaban en la institución. "A diferencia de nosotros, los civiles, en los cuarteles se habla de otra manera. Nosotros no podemos reunirnos, usted y yo, y decir 'el comandante se equivocó en esto' porque las paredes tenían oídos y los montes ojos. Allí existía una comunicación casi como la del lenguaje de señas, se hablaba con la mirada".[12]

Por aquellos días de temor, solo algunos oficiales amigos entre sí, los compañeros más cercanos, se atrevían a comentar su inconformidad con la situación.

Milton Castillo, por ejemplo, recuerda el comentario que en 1985 le haría su compañero de promoción Moisés Giroldi, cuando ambos eran ya capitanes:

> Yo estoy con él en su privado tomando café el día que entra una llamada. Él era el jefe de la compañía Urracá que estaba ubicada en el Cuartel Central, justo detrás del edificio principal donde yo trabajaba, en el G-5. Él está sentado y suena el teléfono, lo toma y dice "¿qué?". Sigue hablando, molesto, muy irritado, pega un manotazo en la mesa y dice "este es el trabajo más sucio que hemos hecho". Cuando cierra la llamada yo le pregunto qué pasó. "Encontraron allá en la frontera el

cuerpo decapitado de Hugo Spadafora". Cuando me dijo eso yo guardé silencio porque sabía que se había encrestado el mar y estábamos ante una situación terrible. Después vendría la destitución de Ardito Barletta, a quien trajeron aquí a la comandancia y lo retuvieron hasta que renunció. Recuerdo la tensión. De allí siguió todo, todo lo que se fue dando, se fueron agitando las aguas y creció ese sentimiento del pueblo contra el uniforme.

Una tarde, en 1987, recuerda Castillo, el mayor Fernando Quesada le hizo un comentario, muy privado, pues habían trabajado juntos en varias ocasiones y tenían una relación especial. "Pensar que se nos va a poner más difícil la cosa", dijo refiriéndose a Noriega luego del arresto de Díaz Herrera. "Este señor se nos va a poner más fuera de control, más bruto. De aquí en adelante hay que estar muy atentos".

El propio Giroldi, a quien los eventos que se aproximaban le reservarían un rol vital, le comentaría a Castillo repetidas veces sobre su enorme frustración cuando volvía al cuartel luego de reprimir a los manifestantes. " 'Estoy cabreado', decía, y luego continuaba: '¿Sabes qué es lo peor? Lo peor es que no estamos resolviendo nada y se nos está viniendo el pueblo encima', me repetía con preocupación".[13]

Dentro de los mandos medios, de aquellos mayores y capitanes que no pertenecían al círculo íntimo de Noriega, la insatisfacción puertas adentro parece haber sido más extensa de lo que se sospechaba afuera. Castillo, que terminaría sumado al grupo de los que decidieron tomar cartas en el asunto, asegura que tenían una visión diferente de la que había tomado la institución. Coincidía en que la cosa no estaba bien, que se estaba dando una serie de desmanes y tropelías y les preocupaba que, al final, les tocaría a ellos mismos sofocar el alzamiento de ese pueblo que ya se les estaba viniendo encima. Se pregunta retóricamente el excapitán:

¿Por qué era preocupante? Porque yo desde que llegué a la Guardia Nacional nunca me había puesto una máscara antilacrimógena, nunca. Esa para mí fue la tónica. Yo no me había puesto jamás una máscara desde que ingresé como subteniente hasta llegar a capitán, ¿y ahora andar así? Eso definitivamente no andaba bien. Mire cómo eran las cosas por ese tiempo que, por ejemplo, veíamos todos los días salir a una patrulla desde el cuartel con seis hombres. Salían con latas de pintura y extensiones de rodillo para cubrir todo lo escrito en las paredes de la ciudad en las protestas del día anterior, de lo que escribían contra nosotros, nos decían de todo, "abajo gorilas", "fuera la dictadura" y todas esas cosas.

Los mandos medios sabían que la situación era insostenible. "Demostrar más lealtad de la que hemos demostrado, ya no podemos", le comentó a Castillo otro oficial, el mayor Arosemena, el día antes de que se ejecutara el plan armado que entre susurros habían preparado.

La verdad es hija de Dios: no había ningún tema de patriotismo ni antimperialismo como se hacía ver a la población, nada que no fueran los intereses personales de quien estaba atrincherado en la posición de comandante porque se sentía seguro en el puesto, y salir de allí era un marco de inseguridad producto de las declaraciones de Carlos Lehder, de Kalish y de otros narcotraficantes.[14]

En principio, se había elaborado una especie de preacuerdo para sacar a Noriega entre los oficiales superiores, los mandos altos, junto a un grupo clave de mayores. Sería la primera clarinada de la deserción dentro de las fuerzas armadas o, desde el lado norieguista, esa primera traición que siempre se temió que pudiera cuajar.

Todas las fuentes indican que el liderazgo lo debía tomar el coronel Elías Castillo, un miembro del Estado Mayor, jefe del G-3, quien tenía bajo su mando el mayor componente de armas y tropas. Con el mismo apellido que el capitán Castillo, aunque no estaban emparentados, era el hombre que tenía la autoridad para llamar a todos los cuarteles y ponerlos en acción.

La víspera del golpe, el 15 de marzo de 1988, hubo una reunión en la Presidencia de la República, con Manuel Solís Palma y la alta oficialidad de las Fuerzas de Defensa. En ella se presentó un informe de la situación, dando un pantallazo de la realidad nacional que reflejaba un escenario tétrico. La presentación estuvo a cargo del mayor Fernando Quesada y tenía como contexto el llamado a una huelga general que había hecho la Cruzada Civilista para el día siguiente, un miércoles. Ese día, 15 de marzo, por primera vez, las tropas no habían podido cobrar su salario dada la estrechez financiera del Estado. Había que dar un giro de timón, la situación del país estaba muy deteriorada, concluyó Quesada. Además, la relación con los gringos era prácticamente insalvable. La reunión en la Presidencia duró hasta la una de la madrugada.

Los conjurados habían acordado dar el golpe la mañana siguiente, en el Cuartel Central, aprovechando el contexto de la huelga. La mayoría de los oficiales durmió en el cuartel esa noche. Es muy probable, según han contado oficiales que entonces participaron del movimiento, que Noriega hubiera sido advertido de la conspiración en su contra. Él, que estaba supuesto a pasar la noche también en el cuartel, en su despacho/habitación (con puertas blindadas), decide a última hora irse a su oficina en el fuerte Amador, pero envió el convoy de carros en el que normalmente se transportaba al cuartel para hacer ver que estaba allí.

Algo pasa en esa madrugada que Castillo se echa para atrás. Quesada, que era uno de los cabecillas del movimiento, va donde Castillo, lo agarra, lo estremece y, sacudiéndole, le dice: "Párate, no te hagas el borracho".

Ante la ausencia del coronel Elías Castillo, queda al frente otro coronel, Leonidas Macías, el mismo que semanas antes había respaldado públicamente a Noriega desafiando la orden del presidente Delvalle. Años después Macías confesaría que Noriega desconfiaba de él y que su agresividad con Delvalle era para atenuar las dudas, para despistar al general, para que creyera que estaba de su lado.

Antes de las seis de la mañana, mientras Noriega estaba en las instalaciones militares en Amador, Macías se toma la armería del cuartel. El plan de los alzados pasaba por hacerse con el control del cuartel y de la comandancia, apresar a Noriega, que se esperaba estuviera en su oficina/recámara, y forzar su renuncia.

Dentro del complejo militar, el coronel Macías actuaba junto a varios oficiales de los mandos medios, entre los que estaban los mayores Quesada y Cristóbal Fundora, así como los capitanes Humberto Macea, Francisco Álvarez y Milton Castillo. Llaman al capitán Moisés Giroldi para que suba al salón de mando, en el primer alto del edificio principal. Él dirigía la compañía Urracá cuyo cuartel estaba anexo. Era un hombre clave, pues la Urracá era la compañía encargada de la seguridad del comandante y del Cuartel Central. Giroldi sube y los alzados le hablan.

La compañía Urracá, que sabe que su jefe no está, pues extrañamente ha sido llamado a esa hora al edificio principal y no regresa, observa cómo, a esas primeras horas, el coronel Macías reúne en el patio que separa ambos edificios a unos 100 policías uniformados bajo su mando, y les anuncia, tipo arenga, que en ese momento se está dando un cambio dentro de la institución.

Arriba, en el salón de mando de la comandancia, Giroldi escucha a los oficiales golpistas, pero no ve entre los alzados a Elías Castillo, su jefe inmediato, a pesar de que sabe que el coronel está en el edificio.

En eso, el oficial de guardia de la compañía Urracá oprime el botón de alarma de su cuartel y, según el protocolo, se activa todo un procedimiento de emergencia. Toda la tropa debe salir de inmediato, tomar sus armas y ocupar las posiciones de defensa previamente establecidas mientras se cierran las puertas del cuartel.

Giroldi, que había estado esperando la orden de Castillo, y consciente de que quien lidera el movimiento, Macías, no era un hombre que gozara de gran respeto y admiración de la tropa, pues entre otras cosas era visto como un déspota, no estaba convencido de sumarse al golpe. Además, Giroldi es un hombre muy cercano a Noriega, al punto de que eran compadres.

Mientras el mayor Quesada está hablando en el salón con Giroldi y los sublevados, escuchan la alarma del cuartel de la Urracá. Giroldi sale acompañado del capitán Benítez, otro de los alzados, a ver si logra controlar a su tropa. Al entrar al recinto ordena a sus hombres el arresto de Benítez. Son ya las 7:00 a.m. Se escuchan unos disparos. El tiroteo dura unos quince minutos. Pronto todos entienden lo que significa la superioridad de la Urracá frente al resto de los uniformados. El golpe ha fracasado.

Macías es detenido. Después lo serán el resto de los oficiales del complot. Giroldi llama a Noriega y le notifica que todo está en orden, que el complot ha sido desactivado y los traidores desarmados y arrestados.

Cuando Noriega se dejó ver, ya dentro del cuartel, al contestar a los periodistas que habían llegado a cubrir el evento y preguntarle por los disparos que se habían escuchado horas antes, les respondió sonriente que "eran solo besitos".

Las Fuerzas de Defensa emitirían un comunicado oficial afirmando que lo ocurrido constituyó una "acción aislada de no más de una decena de oficiales sin apoyo de tropas".

Todos los oficiales fueron interrogados y torturados. Cuando ocurrieron las purgas, se supo que estaban involucrados, además del coronel Macías y del teniente coronel Lorenzo Purcell, una veintena de oficiales.[15]

El golpe había fracasado, pero dejó en evidencia la fractura que existía dentro de la institución. El general Marc Cisneros, el segundo oficial de mayor rango acantonado en las bases militares de la Zona del Canal y encargado de mantener los contactos con la alta oficialidad panameña, confesaría que en ese entonces recibía todo tipo de señales y mensajes de algunos de ellos, que eran conscientes de que tenían un jefe al que había que sacar. "Lo que pasa es que no sabían cómo hacerlo de una manera honorable o de una forma que fuera segura para ellos".[16]

La purga dentro de la institución fue profunda y violenta. Fue tan grande que el mismo Noriega le dijo al mayor *Pipe* Camargo, encargado de los interrogatorios y de la violencia que los acompañaba: "Para, que si sigues, nos vamos a quedar sin oficiales".[17]

Recuerda Alonso:

El 16 de marzo hubo una situación que estremeció la institución por la magnitud de las bajas que se dieron. No tanto por el daño humano, pues no hubo muertos, sino porque salió a flote el descontento. Todos esos oficiales sufrieron cruelmente las consecuencias. No lo quiero ni relatar porque ofende la dignidad la forma como fueron ultrajados, golpeados, la manera como fueron torturados.[18]

Pasados los interrogatorios, los oficiales fueron separados y distribuidos en diferentes cuarteles del país. Serían trasladados cada cierto tiempo de la cárcel de El Renacer a la de Coiba, de allí al cuartel de Santiago o al de David, para luego pasar a la cárcel Modelo. En adelante vivieron minuto a minuto sin saber qué pasaría o si seguirían con vida. Estuvieron encarcelados hasta el día de la invasión.

Noriega, sospechando ahora hasta de su sombra, modificó la cadena de mando. En contra de la tradición y estructura de las fuerzas armadas panameñas, esta se centraría alrededor suyo, ateniéndose a la lealtad incondicional de unos cuantos.

"Se da la situación de que el Estado Mayor se convierte en subalterno de sus subalternos", relata el general Rubén Darío Paredes. Desconfiando del orden normal en el que los oficiales de mayor antigüedad y jerarquía van ocupando las posiciones más poderosas en el Estado Mayor y demás comandos, Noriega comienza a manejarse con los segundos. Digamos, por ejemplo, que el jefe de adiestramiento no era ya el G-3 nominal, un coronel, que es la figura nominalmente a cargo, sino que empieza a ser manejado realmente por quien estaba abajo, un mayor o un capitán, oficiales incondicionales de Noriega, que eran quienes tomaban las decisiones de verdad, pues venían directamente del comandante en jefe, saltándose la cadena de mando.[19]

Recuerda el exgeneral:

O sea, Noriega comenzó a manejarse con dos estados mayores, el verdadero y el aparente. Este último, el aparente, estaba integrado por los oficiales a los que por rango y antigüedad les tocaba. Pero era el primero, el que de verdad mandaba, era el formado por los más cercanos a él. Esos eran *Papo* Córdoba, Del Cid, Delgado Diamante, etc.

Dirigiéndose a los oficiales y tropa luego de fracasado el golpe, Noriega anunció: "Hoy las madres, padres, esposas e hijos de los alzados podrán llevarles comida al calabozo. La próxima vez, serán flores al cementerio".

Su desconfianza en la institución que creía controlar con puño cerrado lo hará recurrir a una estrategia adicional, aún más peligrosa. Crea una fuerza paramilitar, que responderá solo a él, unas temibles milicias urbanas. Las llamará "batallones de la dignidad".

5

¡Ni un paso atrás!

Comandante Manuel Antonio Noriega, líder
latinoamericano e ídolo de Panamá: ¡aquí manda el
general y obedece el presidente!

—Manuel Solís Palma,
presidente encargado de la República

La idea se gestó en las filas de la Cruzada Civilista. Era necesario informar a la población de lo que estaba sucediendo, que era mucho. Había que organizar las acciones a seguir y las protestas que estaban proscritas y mantener viva la llama de la desobediencia civil, que era un delito para el régimen autoritario que gobernaba el país.

Se produjo así el nacimiento de las redes clandestinas de información, una especie de prehistoria de las redes sociales que tardarían 30 años en surgir.

Sin prensa independiente, a merced de tres canales de televisión privados afines al gobierno[1] o amedrentados por este, con un puñado de periódicos controlados por los militares y emisoras de radio obedientes al régimen so pena de perder sus licencias, hubo un inmenso vacío informativo. Los panameños quedaron sometidos a la maquinaria propagandística de los cuarteles.

En 1988 el internet apenas había nacido. No existían los teléfonos celulares ni las tabletas ni los *smartphones*. Las computadoras personales eran una rareza de California que nadie en Panamá soñaba aún con tener. Las comunicaciones se hacían por teléfonos de línea fija. El invento revolucionario de esa época, la década de 1980, había sido la máquina de fax que permitía transmitir instantáneamente frecuencias de audio con una adaptación de los campos blancos y negros de una página copiada digitalmente y transmitida de un punto a otro por las líneas fijas del teléfono.

La guerra de los faxes fue el instrumento que acompañó a la resistencia civil librada gracias a las máquinas que operaban en casi todas las oficinas y negocios de Panamá, junto a esas fotocopiadoras que terminaron haciendo las veces de las rotativas clausuradas por los militares.

Recuerda Roberto Brenes, uno de los dirigentes directamente involucrados con las redes de información del civilismo:

> Con la explosión de repudio a la dictadura militar liderada por la Cruzada Civilista Nacional, surgieron diversas formas de comunicación, todas clandestinas, que por una parte animaban a la insurgencia y por la otra, no menos importante, diseminaban información a todo el país, puesto que la dictadura trataba de imponer una férrea censura y una campaña de desinformación que era necesario desmentir.[2]

Inicialmente, justo luego del cierre de *La Prensa*, quienes tenían acceso a noticias internacionales las reproducían en fotocopiadoras o por fax a números conocidos. Los dirigentes políticos y civilistas usaban el mismo canal para convocar marchas o dar cuenta de información relevante.

De manera espontánea, como en cualquier insurrección, surgieron muchas voces y publicaciones por la causa. Por ejemplo, un grupo muy activo, "Unidad", constituido por damas panameñas comprometidas con la lucha, imprimía volantes que ellas repartían durante las marchas o cuando se aparecían inesperadamente en las puertas de tiendas o supermercados.

Para la Cruzada Civilista, cuya dirigencia estaba desperdigada, una parte en Panamá (y frecuentemente escondida) y la otra desterrada en Washington, era primordial promover la constitución de redes para que la información llegara lo más pronto y lo más lejos posible. Recuerda Brenes: "Por ejemplo, los grupos civilistas de clase media baja y pobre vivían lejos de los núcleos urbanos, donde no era viable hablarse por teléfono o frecuentar un café. Pero estos grupos de maestros, enfermeras y obreros eran fundamentales para la presión al régimen porque su militancia desmentía aquello de que la Cruzada era un invento de ricos. Por lo tanto, era necesario informarles, pero más importante era mantenerlos al tanto de la agenda de acciones del movimiento en las calles y barrios".

Finalmente se consolidó la idea del más representativo de los panfletos clandestinos que llegarían a circular, *El Cruzado*.

En palabras del propio Brenes:

El Cruzado era el producto casi espontáneo de civilistas en la región metropolitana. La "línea editorial" salía de San Miguelito con el apoyo de algunos civilistas en otros lados. Aún hoy pocas personas saben quién era el director editorial de *El Cruzado*.

Decidida la edición, se reproducía inicialmente en mimeógrafos clandestinos, el más importante en el sótano del viejo edificio de APEDE [Asociación Panameña de Ejecutivos de Empresa].

La reproducción era lo más fácil. Lo delicado era entrar diariamente, y en secreto, con muchas resmas de papel, la tinta de impresión y luego salir con los ejemplares ya empacados. Estos cartuchos de 5, 10, 20 cruzados eran recogidos por maestros, estudiantes y uno que otro ciudadano para ser llevados en buses, taxis o a pie a los barrios para ser repartidos. La otra distribución, más fácil, era hacer llegar un ejemplar a uno o varios faxes en bancos, empresas, escuelas, etc. Cada fax, a su vez, tenía una red de faxes a los que reenviarlo.

Las redes de faxes mandaban a todo el mundo lo que acontecía y [lo que] decía *El Cruzado.*

Además del sótano de APEDE, había al menos dos mimeógrafos imprimiendo o como redundancia en caso de que APEDE cayera en manos del G-2, uno incluso en la sacristía de una iglesia en Miraflores.

Similares a *El Cruzado* existieron panfletos provinciales, que copiaban el orden del día. No está de más indicar que las noticias, rumores y parafernalia que se publicaban venían de una red que, a la vez, se concentraba en un número pequeño de "filtradores".

Hubo dos esfuerzos desde el exterior que vale la pena mencionar. El panfleto diario que la Cruzada Civilista preparaba y enviaba desde Washington, y en buena parte reproducía lo que la prensa internacional decía de Panamá, que aquí no llegaba. Aparte, contábamos con la pluma anónima de Diógenes de la Rosa y la no tan anónima de Guillermo Sánchez Borbón. Ahí, todos los días se preparaba el panfleto que, una vez impreso, se mandaba a Panamá a las redes de fax.

El otro panfleto era *Justicia para Panamá* que publicaba por su cuenta el ciudadano Carlos Alfaro desde Caracas. Carlos vivía su panfleto con más dedicación que un jesuita. De hecho, vivía y dormía en la pequeña oficina de donde salía.[3]

A pesar de la batalla informativa que se libraba subrepticiamente, la inmensa mayoría de los panameños seguía a merced de la maquinaria propagandística del gobierno que, a esas alturas, perseguía un objetivo muy concreto: grabar en la mente de la población la idea de que los problemas que enfrentaba el país no eran otra cosa que la amenaza imperialista yanqui, que pretendía quedarse con el Canal.

Así, Noriega era presentado como el hombre fuerte que defendía la soberanía y las conquistas nacionalistas. Las protestas callejeras constituían actividades subversivas promovidas y financiadas por Estados Unidos en coordinación con aquella oligarquía y clase empresarial proamericana y vendepatrias.

Por otro lado, el monopolio informativo permitía censurar noticias que, sobre el país y sus dirigentes, se daban a conocer en el exterior.

La población quedaría al margen, por ejemplo, de las revelaciones sobre los vínculos que Noriega y su círculo íntimo mantenían con los poderosos carteles colombianos y que se hicieron públicas en Washington tras los dos procesos iniciados en Florida.

"Los cargos dados a conocer hoy por los fiscales federales acusan al general Manuel Antonio Noriega de haber vendido su gobierno a los narcotraficantes a cambio de millones de dólares en sobornos, y de haber convertido a Panamá en la capital del contrabando mundial de cocaína", aseguraba el 7 de febrero de 1988 *The New York Times*.

Como se mencionó en el capítulo anterior con relación a los cargos de narcotráfico, la acusación que se tramitaba en Miami era por recibir pagos a cambio de garantizar a los más encumbrados jerarcas de la droga protección en Panamá, de proveerles pistas aéreas seguras para el trasiego de la mercancía y de facilitar el uso del sistema bancario para recibir millones de dólares en efectivo, los cuales eran depositados en bancos locales y luego movidos a través del sistema.

La primera pista que había recibido el fiscal Richard Gregorie sobre Noriega se la había dado un informante que le contó sobre los numerosos encuentros que el general tuvo en Panamá en 1984 con miembros del cartel de Medellín. Con el tiempo descubriría que los elogios que el general recibía de Estados Unidos por la colaboración en la lucha antidroga, en particular de la DEA por la confiscación de toneladas y toneladas de cocaína, no era otra cosa que una colaboración con los de Medellín en contra de su mayor competidor, el cartel de Cali.

Noriega recibía información de un bando sobre los movimientos del otro. Entonces, avisaba a los agentes de la DEA sobre tal o cual cargamento con destino a tierra americana y se daban interdicciones históricas que terminaban en reconocimientos públicos al gobierno panameño por su invaluable colaboración en la guerra contra las drogas.

Cuando Floyd Carlton decidió colaborar con Gregorie, las autoridades descubrieron que contaban con "una enciclopedia" sobre Noriega. El expiloto, además de gozar de una memoria privilegiada, guardaba documentos y conversaciones sobre sus encargos, que databan de 1977, cuando, trabajando para el entonces jefe de inteligencia panameño, transportaba armas y municiones para los sandinistas que combatían en Nicaragua. Sus servicios continuarían después en favor de los "contras". Carlton también contó sobre las diecisiete misiones que realizó por órdenes de Noriega para ayudar a las guerrillas de El Salvador.

Él dijo que el salario oficial de Noriega era de $2 500 mensuales, pero que lo suplementaba con ingresos de operaciones ilegales. Era dueño en Panamá de cinco residencias y un par de edificios de apartamentos, de dos BMW (modelo 735), un Corvette de colección valorado en $50 000 y una camioneta Grand Wagoneer y de otra, tipo van, con todos los lujos. Además, era dueño de varios aviones, numerosos apartamentos alrededor del mundo [incluyendo tres en París] e innumerables negocios, legales e ilegales.[4]

En uno de los *indictments*, los fiscales federales mencionaban la existencia de una conspiración entre el líder cubano Fidel Castro, las operaciones dirigidas por el general Noriega en Panamá y el cartel de Medellín, la principal organización colombiana encargada del contrabando de cocaína a Estados Unidos, a la que se le atribuye la responsabilidad por el ingreso de más de la mitad del total de la cocaína que entraba a ese país.[5]

En la acusación presentada por el fiscal de Miami, entre tantos detalles, se incluía el refugio y protección que habían recibido quienes estuvieron involucrados en uno de los asesinatos más trágicos acontecidos en Colombia durante los oscuros años de su lucha contra los carteles de la droga. Se trataba del homicidio del ministro de Justicia Rodrigo Lara Bonilla en 1984 cuando se dirigía a su casa en Bogotá y fue ejecutado por sicarios siguiendo órdenes de Pablo Escobar Gaviria.

La policía colombiana, por instrucciones de Lara Bonilla, había destruido Tranquilandia, el mayor laboratorio de cocaína del mundo. Como represalia, el cartel de Medellín ordenó la muerte del ministro. Un enorme operativo para perseguir y apresar a la cúpula del cartel los obligó a escapar hacia un lugar seguro. Cuando Pablo Escobar

llegó a Panamá acompañado por Jorge y Fabio Ochoa, Gilberto Rodríguez Orejuela, Gonzalo Rodríguez Gacha y Carlos Lehder, o sea,
de la "crema de la crema del narcotráfico", Floyd Carlton los recibió
y les aseguró: "No se preocupen por nada. Ya hemos pagado 5 millones por la protección".[6]

Las investigaciones por narcotráfico de Miami, en las que la participación de Noriega apareció como pieza clave, se llevaron a cabo con
total hermetismo durante 18 meses antes de que fueran anunciados los
indictments. Tanto es así que, para asegurar aún más la confidencialidad de las pesquisas, o para que la gente de Washington no obstaculi-
zara las averiguaciones contra el hasta entonces aliado y protegido de
la CIA y la DEA, el caso se abrió bajo el nombre de *United States v. Jorge Luis Ochoa et al.* Solo cuando estuvo lista la acusación formal se re-
nombró *United States v. Manuel Antonio Noriega et al.*

Entre los veteranos de los servicios de inteligencia de Washington se sabía que el general panameño era uno de los consentidos del director de la CIA, William Casey, el exjefe de campaña e íntimo amigo
del presidente Ronald Reagan. El "mejor de los amigos que el general
Manuel Antonio Noriega tenía en Washington era William Casey",[7]
de quien se consideraba su *protégé*. De hecho, durante unas audiencias
en el Senado relacionadas con el escándalo "Irangate", Casey admitió
públicamente que la relación del general panameño con el narcotráfico
era conocida dentro de la CIA, pero que no se había denunciado porque
Noriega facilitaba una valiosa ayuda a Estados Unidos en sus andan-
zas en la convulsa Centroamérica, particularmente contra Nicaragua.
Lo mismo ocurría con la DEA, que consideraba al general panameño
como *Our Golden Boy* y mejor aliado en América Latina.

Steve Grilli, uno de los miembros del equipo del fiscal Gregorie
que tuvo a su cargo la recopilación de pruebas y el interrogatorio de
Carlton y demás narcotraficantes, cuenta que antes de incorporarse al
caso —el recién graduado de la academia de la DEA—, en su primera
asignación, que consistía en seguir la ruta del éter y la acetona que eran
transportados a los laboratorios de Colombia para fabricar la cocaína,
notó que los químicos siempre pasaban por Panamá.

Luego le llamaría la atención el hecho de que, de entre todas las rutas de la droga, gran parte de la mercancía era transbordada a través de Panamá. Al inicio de sus pesquisas no tenía la menor idea del rol que jugaba el jefe de las fuerzas armadas de aquel país. "Entonces quedé asignado a este caso y descubrí que nada se movía en Panamá sin la aprobación del general".[8]

El libro autobiográfico de Carlos Lehder, uno de los fundadores del cartel de Medellín, escrito luego de cumplir una condena de 33 años de prisión en Estados Unidos, también confirma el nivel de compenetración de Noriega con los colombianos y su lucrativa remuneración.[9]

Para Pablo Escobar el negocio por Panamá era gigantesco, la "joya de la corona", según relata Lehder, ya que su organización —que operaba en Panamá desde el aeropuerto de Paitilla—, conectaba con los carteles mexicanos que tenían pistas aéreas para penetrar por California y Texas. La parte del negocio por Panamá funcionaba así:

La seguridad estaba a cargo de los hombres de la Guardia Nacional, bajo el mando de Noriega. Eso hacía más seguro coordinar todos los vuelos y las entregas de mercancía en un país que era puerto libre y donde todo lo controlaba el socio de Pablo Escobar, el ya aludido general. [...]

Desde sus imponentes oficinas en El Poblado [Medellín], Escobar, el jefe de jefes, recibía los reportes de las operaciones aéreas del cartel en Panamá junto a su primo Gustavo Gaviria, quien manejaba las finanzas. Él entregaba millones y millones de dólares, bien merecidos, al generalísimo Manuel Antonio Noriega.

El fiscal de Tampa, Robert Merkle, se enfocó en la cadena de tráfico y distribución de marihuana al otro lado de Florida. Recibió testimonios en los que se narraba, por ejemplo, que desde el primer encuentro, el narcotraficante Steven Kalish le entregó 300 000 dólares en efectivo a Noriega. El pago se hizo porque el intermediario de la reunión, César Rodríguez, le advirtió a Kalish que era necesario llevarle un regalo al general lo "suficientemente interesante" para demostrar cuán serio era en sus intenciones de hacer negocios en Panamá.[10]

Junto con el general y sus socios César Rodríguez y Enrique Pretelt, Kalish terminaría comprando un Boeing 727, en el que se transportarían millones de dólares en efectivo desde Washington, D. C. con destino a Panamá. Cada vuelo contaría con protección diplomática. Una detallada lista sobre lujosísimos regalos para Noriega, de viajes a Las Vegas o Europa en el *Learjet* del narcotraficante y para disfrute del militar, sus socios y familiares, acompañaría a las acusaciones.

Otros acontecimientos relevantes para los panameños, y que serían totalmente censurados por el régimen, vendrían de las audiencias públicas que se estaban dando en Washington, en el seno del subcomité de Terrorismo, Narcóticos y Operaciones Internacionales que presidía el senador John Kerry.

Frente al subcomité que, entre otras cosas, investigaba sobre el escándalo Irán-Contra,[11] se presentó una copia del correo enviado por el coronel Oliver North a su jefe, el asesor de Seguridad Nacional del presidente Reagan, John Poindexter, en el que decía que Noriega le había propuesto un trato al gobierno de Estados Unidos.

"Usted recordará que a través de los años Manuel Noriega y yo hemos cultivado una buena relación", dice la comunicación de North. Según el correo, el general le había propuesto encargarse de los dirigentes sandinistas, *to take care of the Sandinista leadership*, a cambio de que funcionarios de Estados Unidos se comprometieran en ayudar a "limpiarle la cara" a Noriega y levantaran el embargo a la venta de armamento a las Fuerzas de Defensa impuesto por el Congreso americano.

Según explicaba North a su jefe, Noriega se comprometía a colaborar con Estados Unidos en el sabotaje al gobierno sandinista mediante la destrucción de infraestructuras y de la capacidad económica de Nicaragua. "Sugiero pagarle un millón de dólares al líder panameño", recomendaba el coronel en su escrito, recordando que los fondos para dicho pago saldrían del Proyecto Democracia, precisamente el proyecto que ilegalmente obtenía fondos por la venta de armas a Irán.

Según la documentación presentada, Poindexter autorizó a North a reunirse secretamente con Noriega, haciendo la siguiente salvedad: "No tengo nada en contra suya [de Noriega] salvo sus actividades ilegales".[12]

Mientras los secretos eran desvelados en el norte, en Panamá otro era el foco de atención.

"¡Un solo territorio, una sola bandera! ¡Ni un paso atrás, carajo!", anunció Manuel Antonio Noriega, vestido de uniforme de fatiga y rodeado de sus oficiales ante un pelotón de civiles reclutados para conformar un batallón "por la dignidad". Esa había sido su respuesta a los acontecimientos que inauguraron, ese 1988, el intento del presidente Delvalle de destituirlo, el malogrado golpe encabezado por oficiales de las Fuerzas de Defensa y el funesto anuncio hecho por los fiscales estadounidenses en el que le acusaban de narcotráfico.

"Ni un paso atrás", sería el eslogan que repetiría a diario, en discursos y arengas, y que aparecería en vallas alzadas por todo el país y en cuñas televisivas. Esta se convertiría en la consigna de guerra tras la que se unirían las fuerzas listas a defender la patria de los enemigos internos y externos.

El diario *Crítica*, al servicio de la dictadura desde 1969, lo describió así en su edición del 23 de abril de 1988:

> Cada mañana, con los primeros claros del día, comienzan a llegar al estadio de Barraza en El Chorrillo y a otros estadios en Chiriquí, Los Santos, San Miguelito, Veraguas, Colón y Coclé, los voluntarios que se han ofrecido para defender la patria panameña de cualquier agresión extranjera, especialmente de la invasión de tropas norteamericanas.
>
> Los jóvenes de ambos sexos escucharon la noticia de que contingentes militares procedentes de Fort Bragg y algunas bases militares en California comenzaron a llegar al territorio panameño para reforzar a los 10 mil soldados gringos que permanecen en el Canal.

El periódico aseguraba que más de cinco mil jóvenes habían "pedido" ser parte del batallón "Dignidad", como se le llamó inicialmente a este cuerpo, que se formaba para defender la patria contra la invasión de Estados Unidos. Los voluntarios estaban recibiendo entrenamiento de parte de oficiales de las Fuerzas de Defensa en "desplazamientos, marchas, orden cerrado, manejo de armas y características del armamento moderno".

Los noticieros no cesaron en proyectar, cada día, las consignas de los nuevos batalloneros, acompañadas por vistas que mostraban los entrenamientos que recibían voluntarios en todas las cabeceras de provincia y en distintos cuarteles de la ciudad capital.

En una de las tomas se apreciaba a un oficial de las Fuerzas de Defensa frente a una formación de civiles. Estos escuchaban la arenga del uniformado antes de iniciar su primer ejercicio:

Señores: el motivo por el cual nos han mandado a reunir es muy simple para nosotros y muy sencillo para los vendepatrias. Estamos siendo amenazados, una vez más, por una posible invasión al territorio nacional. Son ustedes, los miembros del batallón de la dignidad Omar Torrijos Herrera, los que van a tener la oportunidad de matar a ese agresor invasor norteamericano que va a venir al país, al igual que a esos panameños vendepatrias.

Integrantes de estas milicias, siempre vestidos de civil y transportados en vehículos particulares, no tardarían en ser vistos por las calles de la Ciudad de Panamá, merodeando cerca de los puntos de encuentro fijados por los "civilistas" para protestar contra el régimen. La consigna de la Cruzada era la resistencia pacífica, vestir de blanco y agitar pañuelos del mismo color. Mientras los pelotones de las unidades antimotines miraban a distancia a los manifestantes, la nueva modalidad de represión consistía en que los batalloneros entraran en acción golpeando a los protestantes con palos y varillas, o haciendo disparos desde los vehículos, algunos al aire, pero otros dirigidos a los revoltosos.

La nueva narrativa sería la del pueblo combatiendo a los vendepatrias, a los aliados de los gringos, a los sediciosos y desestabilizadores, como también se les llamaba.

Al año de organizados estos grupos paramilitares, y de acuerdo con el relato oficial, se habían establecido once batallones en las zonas urbanas y cinco en las zonas rurales. Cada batallón estaba constituido por entre 50 y 250 hombres y mujeres, todos supuestamente voluntarios. Se reportaba que sumaban un total de cinco mil militantes.

El 24 de abril de 1989, los periódicos gubernamentales publicarían con gran despliegue noticioso la celebración del primer aniversario de los batallones de la dignidad, como ya se conocía a la agrupación.

Benjamín Colamarco, designado "comandante patriótico de los batallones de la dignidad", dijo en su discurso conmemorativo que su grupo no era otra cosa que el reflejo histórico de la voluntad de lucha del pueblo por la defensa de la integridad territorial. "Somos y seguiremos siendo, al lado de las Fuerzas de Defensa patrióticas y torrijistas, la vanguardia de lucha de nuestro pueblo".

En otro acto público, televisado por cadena nacional, se celebró el aniversario del ascenso de Noriega al cargo de comandante en jefe, en el que participaron tanto miembros de las Fuerzas de Defensa como de los batallones de la dignidad. Anunciaba un desafiante Noriega:

> Hemos armado a este pueblo y esas armas ya no regresarán, porque esas armas pertenecen al pueblo. Así que, olvídense de Noriega porque quizás Noriega sea el más bueno de los que vienen. Si no, pregúntenle a Trujillo y a Córdoba [dos de sus más temidos e incondicionales oficiales]. Así que, preferible, aguántense a Noriega. En nombre de este pueblo, que mira de frente y con coraje, este comandante panameño desde esta tribuna repite lo que ya es doctrina: ¡Ni un paso atrás!

En las pantallas de televisión apareció entonces una mujer tomando el micrófono para leer la siguiente consigna:

Hemos mostrado al mundo el vigor, el valor y coraje de la mujer panameña que se ha integrado voluntariamente en los batallones de la dignidad y ha tomado en sus manos por primera vez un T65 y un M16, y pueden tener la seguridad de que, en caso de que nuestra integridad nacional y soberanía lo requieran, estos fusiles en manos de nuestras mujeres harán lo que tienen que hacer.

Batallones de la dignidad

"Fueron los 'batallones de la dignidad' entes que acogieron el falso nacionalismo propugnado por Noriega y se convirtieron, más que en defensores de la patria, en fuerzas paramilitares que, bajo el mando de las Fuerzas de Defensa, atacaban a los opositores de la dictadura. Esa política, en consecuencia, les premió con el repudio de grandes sectores de la ciudadanía".[13] Los hechos desenmascararon su realidad cuando finalmente llegó aquella invasión que tanto habían pregonado y para la cual se habían preparado: simplemente se esfumaron. Las milicias no actuaron como los cuerpos aguerridos y disciplinados que se habían organizado para defender la soberanía frente al ataque de las tropas extranjeras. Unos cuantos individuos aislados salieron a enfrentar a los soldados de Estados Unidos. Su otra razón de ser, la de que Estados Unidos no devolvería pacíficamente la administración del Canal de Panamá, también fue desmentida por los hechos: el traspaso de la vía interoceánica, incluyendo la Zona del Canal y las bases militares, se completó el 31 de diciembre de 1999, de manera ordenada y pacífica, tal y como establecían los tratados.

Hubo una noticia que sí llegó a los panameños procedente de Florida, sin censura y casi instantáneamente. En la mañana del 10 de agosto de 1988 se supo que el expresidente Arnulfo Arias había fallecido en

Coral Gables, Miami. El carismático líder panameñista había muerto de causas naturales en su residencia poco antes de cumplir 87 años.

Sus restos llegaron a Panamá a los pocos días y una multitud los recibió fuera del aeropuerto, así como a su viuda, Mireya Moscoso, y otros familiares. El gentío le acompañaría en el traslado hasta la catedral metropolitana.

El sepelio fue multitudinario. Una manifestación popular nunca antes vista acompañó el paso del féretro ininterrumpidamente desde la Catedral Metropolitana hasta el Jardín de Paz, en Parque Lefevre. En aquella muchedumbre interminable se mezclaron dos sentimientos profundos: las expresiones de aprecio y pesar por el anciano caudillo que debió ser enterrado como presidente electo en los comicios de 1984 y la repulsa al régimen militar.

La crisis política, económica y social no mostraba viso alguno de concluir en lo que quedaba de ese 1988.

En la conmemoración del golpe de Estado del año anterior, el 11 de octubre de 1987, se dio un evento muy singular. El proceso revolucionario acostumbraba a celebrar su aniversario por todo lo grande. El día de la celebración, justo antes de que empezara el discurso principal, el del general Noriega, los miles de oyentes de la emisora oficial, Radio Nacional (que contaba con cobertura en todo el país), fueron testigos de cómo era secuestrada en vivo la señal:

Interrumpimos esta transmisión para traerte un mensaje de esperanza de parte de panameños libres y democráticos. La cita con el destino se acerca. Un día tendremos la oportunidad de depositar nuestro voto para terminar con la dictadura de Noriega. No será fácil, todo depende de ti. Tú conoces bien todos los mecanismos que los opresores usarán para impedirnos que vayamos a las urnas. Te imploramos que seas valiente, que seas perseverante. Te imploramos que ese día salgas a votar. Juntos podremos enterrar bajo una montaña de votos a la dictadura de Noriega.

Había nacido *La Voz de la Libertad*, el más desafiante y arriesgado de todos los medios clandestinos, organizado por un minúsculo grupo de individuos que espontáneamente se habían unido para luchar contra la tiranía.

El mensaje, que apenas duró unos segundos, pedía a los panameños no perder la esperanza y unirse todos, estudiantes, maestros, obreros, profesionales, amas de casa, y prepararse para las próximas elecciones, que estaban marcadas para dentro de un año y medio. Y recordaba también que eran millones los panameños que estaban en contra de apenas unos miles de opresores.

"La gente libre y democrática de Panamá le devuelve ahora la señal a esta transmisión de la dictadura".[14]

Esta audaz iniciativa, que no estaba vinculada a la Cruzada Civilista ni a los partidos políticos, había nacido casi por accidente. Un par de aficionados a las comunicaciones radiales, utilizando escáneres caseros, habían logrado interceptar las frecuencias que las Fuerzas de Defensa utilizaban entre jefes y subalternos para dar órdenes y pedir instrucciones, así como los códigos internos que usaban cuando se comunicaban en clave.

Se terminaría conformando un grupo muy cerrado y secreto, de apenas siete miembros, nacido principalmente de dos de los clubes cívicos más prestigiosos del país. Recuerda José Antonio Morales, uno de los integrantes del grupo:

Todo esto empezó como una reacción a la frustración y falta de información y al bloqueo de los medios. Y empezamos primero a monitorear cada uno en su casa las frecuencias de radio y fuimos ubicando las que utilizaban las Fuerzas de Defensa. Por ejemplo, en tal frecuencia se comunicaban los Doberman y en esta otra tal pelotón de la policía. Ellos hablaban en clave para señalar sus objetivos, o para dar instrucciones, sobre sujetos que habían identificado: "hay un 23 en la esquina" o "se ha dado un 52", refiriéndose a incidentes rutinarios, como trifulcas, accidentes o prostitutas, o para identificar a los grupos que protestaban. Nosotros fuimos anotando cada código que usaban para comprender su lenguaje. Al día siguiente nos reuníamos e intercambiábamos figuritas.[15]

Al inicio, empezaron como si fuera un juego para mortificar al gobierno, confundiendo a los militares durante sus misiones de represión, dándoles órdenes contradictorias a las radios de los oficiales o engañándolos con misiones ficticias o amenazas de supuestos enemigos. "Programamos un radio transmisor con las frecuencias de los militares y empezamos a intervenir su comunicación. 'Ataquen a la multitud que está en tal lugar' era la orden oficial que le daban a la tropa. Ellos entonces intervenían. 'No, se les ordena retroceder, retírense del área' les contraordenábamos nosotros, dándoles tiempo a los manifestantes para huir", cuenta Morales.

En esa época, también grababan en casetes algunos de los intercambios entre oficiales por las radios. Un día escucharon cuando un sargento hizo que le comunicaran con el mismo general porque habían detenido un vehículo por El Dorado transportando paquetes de droga. 'Hay unos colombianos que quieren pasar un cargamento', le dijo el sargento. 'Y qué tienen para mí', se escuchó preguntar a Noriega. 'Aquí tienen armas y otras cosas para usted', le contestó el sargento. Noriega entonces le dijo que los dejaran pasar".[16]

En esas andaba el grupo cuando furtivamente dieron con las frecuencias de las repetidoras que Radio Nacional tenía fuera de su sede principal, la que entonces funcionaba en el último piso del edificio de la Contraloría General de la Nación en la avenida Balboa. Así, poco a poco, terminaron descubriendo que podían secuestrar sus transmisiones e irrumpir en su programación.

Con sigilo fueron armando una red de transmisores en distintos edificios de la ciudad para tratar de no ser detectados por las fuerzas de seguridad, que estaban al acecho de semejante agravio. Esporádicamente se escucharían mensajes de *La Voz de la Libertad* durante las transmisiones de Radio Nacional, "pero sin abusar, porque debíamos ser cautelosos. Interrumpíamos en momentos y horas clave", señala Morales.

La primera vez que la grabación de los sediciosos se escuchó, los militares no tenían la menor idea de qué había ocurrido. "La segunda vez, luego de transmitida nuestra grabación, los militares irrumpieron en la sede de Radio Nacional y le entraron a golpes a todos los

que estaban allí pensando que había infiltrados dentro de sus instalaciones", recuerda.

El grupo de los siete

El nombre de quienes montaron *La Voz de la Libertad* se ha
mantenido en secreto hasta ahora. Ellos fueron: Alberto *Tito*
Michineau, Alfredo Fonseca, Aquilino Saint Malo, José Antonio
Morales, Kurt Muse, Ramón Mouynes y Stavros Costarangos.
Durante dos años operaron una red clandestina en la etapa
más oscura de la dictadura arriesgando su vida y las de sus
familias. Durante la cacería para dar con los autores, el G-2
incluso pidió ayuda a la inteligencia cubana. Pasarían meses
tratando de ubicar el origen de las transmisiones mediante el
barrido de distintos sectores de la ciudad. Cortaban el fluido
eléctrico de determinados barrios con el objetivo de que se
cayera la transmisión con el corte. Una vez identificada el área,
procederían a inspeccionar los edificios del sector. Descono-
cían, sin embargo, que los conspiradores para ese entonces no
solo contaban con varias localidades, sino que se les habían
adelantado consiguiendo baterías, previendo, precisamente,
la posibilidad de una falta del fluido eléctrico.

Solo se conocería a uno de los integrantes de dicho grupo: Kurt
Muse, un americano que había llegado a Panamá con sus padres a los
cuatro años. Creció en el barrio de Loma Alegre, estudió en colegios
panameños y terminó siendo miembro del Club Rotario, donde enta-
bló amistad con otros miembros del grupo.

Con el tiempo, cuando ya la operación subversiva llevaba meses
andando y cobraba reconocimiento, un funcionario estadounidense se
acercó a Muse para ofrecerle fondos. La operación y mantenimiento de
la radio clandestina requería, en efecto, de la compra de los escáneres y

de los equipos de transmisión, la instalación de antenas, la adición de las baterías y el alquiler de departamentos vacíos en edificios estratégicos en distintos puntos de la ciudad.

Pero el financiamiento salió de nuestros bolsillos. Lo que aportó la CIA, y yo lo expliqué en detalle en mi libro *Six Minutes to Freedom*, fue prácticamente nada. Ya era una operación montada y operativa. El gobierno americano llegó *a day late and a penny short* [tarde y con muy poco] y no ayudaron en absolutamente nada. Los siete ideamos, montamos, cuidamos y financiamos con nuestros bolsillos la radio.[17]

Finalmente Noriega daría con ellos y terminarían pagando el precio de su osadía.

6

Elecciones... otra vez

> Viene un nuevo día y el opresor ya no estará donde por
> más de 20 años le viste. Ya no llorarás ni sentirás miedo.
> Los caídos se levantarán porque el pueblo habrá ganado.
>
> —Propaganda electoral, Partido Demócrata Cristiano

No había un escenario más espeluznante para celebrar elecciones que el que se presentaba en Panamá. De acuerdo con lo establecido en la Constitución, debían ser escogidos un presidente, dos vicepresidentes y todos los miembros de la cámara legislativa en comicios nacionales, que tendrían lugar el 7 de mayo de 1989, primer domingo del mes. Los ganadores ocuparían sus cargos por un período de cinco años.

El control que tenía Manuel Antonio Noriega sobre todos los órganos del Estado era férreo. Su poder, y el de las Fuerzas de Defensa, ya incluía la sumisión total del Ejecutivo y del Legislativo, del aparato judicial y del Ministerio Público, de todas las instituciones de fiscalización del Estado así como de las gobernaciones y alcaldías del país.

Más temible resultaba el hecho de que la institución llamada a garantizar la pureza del sufragio, el Tribunal Electoral, era un ente genuflexo a los caprichos del general y que además contaba con probada experiencia en la ejecución de fraudes. Su presidenta, Yolanda Pulice de Rodríguez, había participado de lleno en la implementación del pillaje durante las elecciones anteriores, las de 1984. Los otros dos magistrados llegaron a sus cargos por el único mérito de tener vínculos con los militares.[1]

Aun así, los partidos políticos de oposición, ahora en coordinación con la Cruzada Civilista, tomaron la decisión de participar. La Cruzada puso como condición que debía conformarse un frente unido civilista, que todas las fuerzas opuestas a la dictadura debían participar concertadamente.

Sabían que no sería una elección fácil, con todo en contra, y que muchas voces habían recomendado abstenerse para no otorgar legitimidad a un proceso que estaría viciado. Peor aún, tocaba convencer a una porción importante de la población de que saliera a votar, ya que se creía que los militares jamás permitirían ganar a la oposición.

La dirigencia opositora y civilista decidió competir. La democracia no llegaría sola: únicamente participando se alcanzaría un cambio político. Detrás de aquella decisión había una tarea gigantesca. No se trataba solamente de montar una estructura nacional que garantizara el conteo de los votos y el monitoreo de cada centro de votación; también se precisaba de una estrategia eficaz para motivar el voto y convencer a la población de que había llegado la hora de activarse: unidos era posible alcanzar un nuevo amanecer y dar por finalizada la larga noche de la dictadura.

Algo muy claro quedó en la mente de la dirigencia: para derrotar a la dictadura en las urnas, el triunfo debía ser contundente. Por ello, todos los partidos de oposición, los civilistas, tenían que unirse bajo una sola candidatura.

La experiencia de la elección anterior, en la que la victoria de Arnulfo Arias y de la Alianza de Oposición fue arrebatada con aquel ridículo margen de 1 713 votos, demandaba que no hubiera fracturas.

No se podía repetir el error de 1984 con una segunda candidatura opositora como ocurrió con Carlos Iván Zúñiga y el PAPO. Para lograr un triunfo arrollador se necesitaba también sumar a la mayor cantidad de sectores posibles, a todos los panameños que, luego de 21 años de régimen dictatorial, estuvieran listos para darlo por terminado, lo que incluía a sectores que en algún momento hubieran simpatizado con el proceso revolucionario.

Sin embargo, no sería fácil. La muerte de Arnulfo Arias había dejado un enorme vacío. La disputa por la sucesión enfrentaría a quienes exigían que la cabeza de la posible nómina fuera un dirigente de alguno de los dos mayoritarios y viejos partidos, el Liberal y el Panameñista (incluyendo a la viuda de Arias, Mireya Moscoso), con las aspiraciones de Ricardo Arias Calderón, el presidente del partido más organizado y combativo de los últimos años.

El proyecto de unir el civilismo estuvo a punto de naufragar en varias ocasiones. Pero, en enero de 1989, y tras durísimas negociaciones, se anunció la conformación de la Alianza de Oposición Civilista, la ADOC, que tendría a Guillermo Endara (Panameñismo) como candidato a presidente, a Ricardo Arias Calderón (Democracia Cristiana) como primer vicepresidente y a Guillermo Ford (Movimiento Liberal Republicano y Nacionalista, Molirena) como segundo vicepresidente.

La ADOC estaría conformada legalmente por los partidos Demócrata Cristiano, Molirena y Liberal Auténtico. También recibirían el respaldo de dos partidos que no habían quedado legalizados, el PAPO y el Nacionalista Popular. El Partido Panameñista Auténtico, que había fundado Arnulfo Arias para participar en las elecciones anteriores, quedó en manos de un puñado de testaferros gracias a una jugarreta política orquestada por los militares.

Por ello, al momento de postular candidatos, los verdaderos panameñistas se habían quedado sin una plataforma política para incluir a sus dirigentes. Fue así como Endara y los candidatos panameñistas a diputados y alcaldes quedaron postulados en las nóminas del Partido Liberal Auténtico en esa contienda.

Las fuerzas gubernamentales, por su parte, no se quedaron atrás. Terminaron conformando una coalición de ocho partidos políticos en cuya cabeza figuraba el Partido Revolucionario Democrático. Se denominaría Coalición Liberal Nacional, (COLINA), y estaría conformada además del PRD por los partidos Laborista Agrario (PALA), Republicano, Liberal, del Pueblo (Comunista), del Trabajador Revolucionario, Panameñista Revolucionario y Acción Nacionalista.

COLINA postuló a Carlos Duque a la presidencia, a Ramón Sieiro Murgas a la primera vicepresidencia y a Aquilino Boyd a la segunda vicepresidencia. La terna completa estaba íntimamente vinculada al general: Duque era el presidente del PRD y había sido socio de Noriega en multitud de negocios desde los tiempos de Transit, S. A.[2] Sieiro era su cuñado, el hermano de su esposa, Felicidad, y había ocupado el cargo de ministro de Desarrollo Agropecuario. Aquilino Boyd, un prominente político y diplomático, que en su extensa hoja de vida había sido tres veces diputado, ministro de Relaciones Exteriores y embajador en Estados Unidos y en las Naciones Unidas, puso sus servicios a disposición del proceso revolucionario en la causa de los tratados del Canal y terminó defendiendo la dictadura hasta sus últimos días.[3]

Habría un tercer candidato, Hildebrando Nicosia, producto de la estocada dada por el gobierno al partido fundado por Arnulfo Arias. Un mes antes de que se formara la coalición opositora, el Tribunal Electoral despojó a la mayoría de la dirigencia del Partido Panameñista Auténtico de su control y reconoció a Nicosia como el nuevo representante legal. Sería así como Nicosia, que en efecto había sido uno de los más fieles y conocidos seguidores del caudillo, ahora un converso al servicio de Noriega, asumiría el papel de confundir a los electores panameñistas. Su indiscutible cercanía al difunto líder, más el poder que tenía para usar en la campaña la bandera del partido y el resto de sus símbolos tradicionales, servirían para dividir el voto opositor y restarle seguidores a la ADOC. Al menos, esa era la estrategia.

En enero de ese mismo año, tomó posesión como nuevo presidente de Estados Unidos George H. W. Bush, quien había sido el vicepresidente de Ronald Reagan los ocho años anteriores. El nuevo presidente había conocido personalmente a Noriega en la década de 1970, cuando fue director general de la CIA durante el gobierno de Gerald Ford. El teniente coronel Manuel Antonio Noriega, jefe del G-2, era entonces una estrella ascendente entre los militares colaboradores en las tareas de inteligencia que favorecían a Estados Unidos. Todo había cambiado: ahora Noriega apestaba. Al candidato Bush hubo que mantenerlo lo más lejos posible del dictador panameño durante la campaña política, pues el otro candidato, el demócrata Michael Dukakis, no dejó pasar ocasión para restregarle en la cara sus relaciones con un ser tan desacreditado, corrupto y tenebroso.

El verano de 1989, que en Panamá abarca los meses de enero a abril, la agitación política fue tan intensa como el calor. Los candidatos de todos los bandos, los mítines, la propaganda política en radio y televisión, así como las expectativas por los resultados de las elecciones, estuvieron al máximo. Y todo acontecía en un contexto económico, social y político muy sombrío.

Después de veinte años de dictadura, Panamá iba rumbo al colapso.

La actividad económica estaba al 50% de lo normal, el desempleo al 25% y subiendo. La agricultura había bajado un 30%, la producción industrial otro 60%, las ventas al por menor un 70%. Casi 7 mil millones de dólares habían salido de los bancos panameños en los dos años transcurridos desde las declaraciones del coronel Roberto Díaz Herrera. El sueño de todo panameño yacía en pedazos. La gente dormía en el pavimento afuera del consulado de los Estados Unidos para no perder su lugar en la fila de las visas. Los que huían de la ruina económica seguían a los que huían de la represión política.[4]

Se daba una situación inédita: los panameños empezaron a emigrar, algo que no había ocurrido desde el nacimiento de la República. El impacto fue notorio entre los jóvenes, especialmente entre profesionales recién graduados que no veían un futuro laboral en su país y entre quienes estaban culminando sus estudios en el exterior y no querían volver dada la desastrosa situación económica y política de su patria. Miles de ellos se fueron radicando en Estados Unidos, otros en Costa Rica, Venezuela y México. Pero el destino más importante fue Canadá, país que en ese momento había establecido una política de acogida de inmigrantes y terminó recibiendo tanto a profesionales y empresarios como a obreros y mano de obra para tareas menos calificadas como limpieza, dependencia y tareas secretariales o agrícolas.

Quienes permanecían en el país fueron testigos de despidos masivos y de recortes de salarios. Ocurría tanto en la empresa privada como en el gobierno. Además, los sueldos eran remunerados con pagarés o bonos para ser intercambiados por productos, una economía de trueque, pues el efectivo era escaso. Para los funcionarios, la participación obligatoria en marchas y concentraciones progubernamentales era de rigor para poder conservar el cargo.

Guillermo Ford recordó años después que, luego de aceptar la nominación para segundo vicepresidente —y siempre bajo el convencimiento de que la ADOC ganaría las elecciones—, entendió que uno de los desafíos más importantes era lograr que la gente perdiera el miedo a la represión y a las represalias del gobierno. Que saliera a votar. "El reto era convencer a la gente de que no tuviera miedo", decía. Y lo fueron logrando. Al principio de la campaña aparecían unas cien o doscientas personas en las concentraciones. Al final, vendrían doscientas mil.

Otro reto de la campaña opositora, tan grande o mayor que el anterior, fue el de establecer un sistema de información paralelo para prevenir el fraude, pues no cabía la menor duda de que el gobierno lo cometería. Un análisis profundo de la legislación electoral y de la cadena de votación, que se iniciaba con la elaboración del padrón electoral y seguía con el depósito del voto, el posterior escrutinio, la elaboración de las actas, y que finalizaba con la transmisión de los resultados y el anuncio oficial, les hizo caer en cuenta de que era obligatorio contar con un sistema propio, en tiempo real, viable y no dependiente del gobierno.

Con la ayuda de asesores extranjeros, detectaron que en un proceso en el que básicamente el voto era escrutado de forma manual y

en salones donde se permitía al público observar el conteo, las posibilidades de fraude hasta ese punto eran mínimas. La trampa se haría
durante la transmisión de los datos de cada centro de votación a los
organismos de acopio y suma de los resultados. Fue así como se ideó
el sistema paralelo: los tres representantes de los partidos políticos de
oposición —que por ley estaban en cada mesa y que al final del conteo firmaban un acta junto a los representantes del Tribunal Electoral
y los demás partidos políticos— irían reportando de inmediato los resultados de la votación de sus mesas a una sede propia.

Así, independientemente del conteo oficial que iba de mesa a centro de votación, y de centros de votación a centros regionales, y de estos al centro nacional controlado por el gobierno, la ADOC contaba con
una red que comunicaría por teléfono los datos finales de cada mesa
a sus oficinas centrales conforme se dieran los resultados individuales.

La Iglesia católica, por su parte, a través de sus parroquias en todo
el país y de un pequeño ejército de voluntarios, también jugaría un rol
importantísimo, tabulando datos de un grupo representativo de centros de votación.

Iniciado el escrutinio, los voluntarios de las parroquias alcanza-
rían muy pronto un estimado preliminar de aquel número preselec-
cionado de mesas. El conteo de la Iglesia estaría completo una hora
después de cerrar la votación y daría una idea bastante clara de la ten-
dencia electoral.

El cómputo de la ADOC, mucho más minucioso y extenso, tomaría unas horas más, pero también ofrecería cifras absolutamente verifi-
cables, pues estaban respaldadas por las actas de cada mesa firmadas por
los representantes del Tribunal Electoral y de todos los partidos políticos.

El gobierno se enteró de los planes que estaba preparando la oposición. No le fue difícil: los teléfonos de su dirigencia y los de la Cruzada Civilista estaban intervenidos por el G-2. Unos días antes del
7 de mayo, el Tribunal Electoral decretó que solamente el gobierno
podría anunciar resultados de las elecciones, prohibiendo a partidos y
medios de comunicación que dieran cifras extraoficiales so pena de
graves sanciones.

Entonces la oposición decidió establecer dos centros de prensa en el extranjero, uno en San José y el otro en Caracas. Así, tanto el mundo como los panameños, de rebote, podrían conocer el nombre del elegido antes de que se fraguara el fraude. El tiempo sería un factor esencial.

Otra parte crucial de la estrategia contemplada por la oposición fue la de asegurarse de la asistencia de la mayor cantidad posible de observadores internacionales. Invitarles y asegurarse de que vinieran a las elecciones era imprescindible para que hubiera testigos imparciales que analizaran el proceso, que visitaran los centros de votación y, en especial, que pudieran certificar *in situ* la veracidad de los resultados.

Un mes antes, el régimen dejó de emitir tarjetas de turismo y exigió que todo visitante que pretendiera entrar al país contara con una visa. Aun así, se logró la acreditación de un número importante de observadores internacionales. Muchos de ellos llegaron al amparo de organismos como la OEA y la ONU, de instituciones especializadas en temas electorales o de defensa de derechos humanos. También como miembros de formaciones como la Internacional Socialista —de la cual el PRD era miembro— y de otras fundaciones políticas de derechas o de izquierdas.

Uno de los observadores internacionales que anunció que vendría a Panamá fue nada menos que el expresidente Jimmy Carter. Gabriel Lewis Galindo fue clave para convencerlo de que participara como observador imparcial. A Noriega, que pregonaba a los cuatro vientos la conspiración imperialista yanqui que pretendía no devolverle el Canal a Panamá a pesar de la vigencia de los tratados Torrijos-Carter, le resultó imposible impedir su presencia. El expresidente, que dirigía desde hacía años un centro especializado en la defensa de los derechos humanos y la pureza electoral, anunció que a su papel de observador se le sumaría un número importante de figuras relevantes de todo el hemisferio y de varios de los senadores que habían apoyado activamente la ratificación de los tratados.

Por esas fechas, Kurt Muse había aterrizado en el aeropuerto de Tocumen en un vuelo de American Airlines procedente de Miami. Al presentar su pasaporte ante el agente de migración notó que otro funcionario le pasaba una nota al que lo estaba atendiendo. En ella le anunciaban al oficial que sobre el caballero que tenía parado enfrente existía una orden de detención.

Muse permaneció varios días incomunicado en una celda del Departamento Nacional de Investigaciones (Deni) sin que nadie supiera su paradero; luego fue trasladado a la cárcel Modelo.

En una conferencia de prensa que fue transmitida por los noticieros, apareció junto al temido teniente coronel Nivaldo Madriñán, el director general del Deni, otro de los más cercanos integrantes del círculo cercano de Noriega. Se trataba del golpe mediático que había querido dar Noriega por mucho tiempo para acreditar la conspiración yanqui. Finalmente había encontrado el pretexto que buscaba. No solo había dado con el cabecilla de *La Voz de la Libertad*, sino que era gringo.

Muse fue acusado públicamente de ser espía, de ser agente de la CIA y, también, de trabajar para el ejército americano.

La inteligencia panameña no había logrado dar con ese grupo subversivo que interfería las señales de Radio Nacional y las comunicaciones de las Fuerzas de Defensa con sus mensajes "sediciosos", a pesar de su empeño incansable. Cada vez iban cerrando más el círculo, siguiendo pistas, reclutando informantes y deteniendo sospechosos, pero sin éxito. El golpe de suerte vino por la deslealtad de la esposa de un socio del mismo club cívico al que pertenecía Muse y que, además, estaba vinculado a la Cruzada Civilista. Ella tenía una deuda que rondaría los 25 000 dólares con los Casinos Nacionales, en ese entonces en manos del Estado. Le perdonarían su deuda a cambio de darles información sobre los movimientos y planes sediciosos. Y así fue como sopló que un gringo, amigo de su esposo, tenía un escáner con el cual monitoreaba las frecuencias de radio y las comunicaciones de las Fuerzas de Defensa. El nombre del gringo dio la pista al G-2.

Gracias a esa colaboración, el nombre de Muse fue incluido en la lista negra de la inteligencia panameña. Y así, en una época en la que las alertas eran aún manuales, fue identificado a su llegada a Tocumen.

Kurt Frederick Muse, dijo Madriñán, era un americano que formaba parte del plan de desestabilización nacional orquestado por

Estados Unidos mediante actividades subversivas llevadas a cabo a través de emisoras clandestinas de radio y televisión.

En la conferencia de prensa, que no duró más de diez minutos y en la que no se admitieron preguntas, "Madriñán lanzó una diatriba contra la diabólica influencia del imperialismo yanqui y las acciones desestabilizadoras al régimen de paz y convivencia que promovía el general Noriega".[5]

Muse estaría detenido en la cárcel Modelo hasta el día de la invasión, cuando un comando de fuerzas especiales de Estados Unidos fue comisionado para rescatarlo y sacarlo con vida en los primeros minutos de la acción militar.

Con su detención, quedaría desmantelada la red radial clandestina en el momento en que sería de mayor utilidad: cuando serviría para ayudar a difundir los resultados electorales.

El resto de los miembros de aquel cerrado grupo que por un año y medio operó *La Voz de la Libertad*, y sus familiares, ante la inminencia de ser también detenidos, se apresuraron a alcanzar la base estadunidense de Clayton y solicitar asilo político. Estados Unidos se los concedió y vivirían desterrados hasta la caída de Noriega.

Y llegó el gran día, el domingo 7 de mayo. La preocupación de que los panameños no salieran a votar se disipó esa misma mañana. Largas filas de votantes se formaron fuera de los centros de votación de todo el país desde el amanecer.

La participación fue masiva. La gente había salido a votar temprano, como le habían pedido los candidatos durante la campaña. "Vota temprano y regresa luego a cuidar tu voto", había sido la consigna recibida por los votantes.

"Desde muy temprano fue claro el resultado. Ricos y pobres, ciudad y campo, los panameños participaron masivamente", reportó *El País* al día siguiente, subrayando que era evidente que el voto había favorecido "tres a uno" a la alianza opositora.

Hasta los miembros de las Fuerzas de Defensa votaron en contra de su comandante. Fue irónico que el régimen, que había decretado que los miembros de las fuerzas armadas pudieran votar en cualquier mesa y no necesariamente donde estaban empadronados —con la excusa de que debían mantener la seguridad ese día— se disparó en el pie. Era una estrategia para permitir que las tropas pudieran votar más de una vez.

Como a mediodía, recuerda Guillermo Endara, un aviso le llegó al hotel El Ejecutivo donde se había trasladado el cuartel de campaña. La tropa estaba votando en carrusel, le reportaron. Camiones llenos de soldados iban de mesa en mesa para que votaran múltiples veces. Endara mandó a un ayudante a averiguar sobre la veracidad de la información. Un rato después le dieron cuenta de los hallazgos: "Sí, están votando varias veces, ¡pero a favor tuyo!". Como informaría *El País* de España, "las condiciones en Panamá habían llegado a tal punto que los militares de las Fuerzas de Defensa tenían más miedo de sus madres, hermanas y esposas que del comandante Noriega".[6]

No importaba dónde estuviera ubicado el centro de votación, en barrios periféricos o en zonas acomodadas de la capital, en las cabeceras de provincia o en las zonas indígenas del país, la votación favorecía abrumadoramente a la nómina opositora. Por cada voto que se daba a COLINA, se contaban dos o tres a favor de la ADOC.

Un primer resultado, que llegó a oídos del Estado Mayor, tomado de una encuesta a boca de urna, daba 55% a favor de Endara, 39% a Duque, y menos de 1% a Nicosia. El margen en favor del candidato opositor era muy grande y seguiría creciendo.

La maniobra para perpetrar un fraude tradicional, mediante la cual se "harían desaparecer" las actas de los circuitos electorales que favorecían al candidato opositor o anularían los resultados de aquellas mesas que beneficiaran a Endara alegando tecnicismos legales, no sería suficiente para ayudar a Duque. Y es que la nómina opositora estaba ganando en todas las mesas del país, en todas.

Antes de las diez de la noche se diseminó la noticia de que el triunfo de la oposición sería arrollador. Pero no había pronunciamiento oficial alguno. Toda información era "extraoficial", ya que el gobierno no permitía la transmisión de resultados por los medios de comunicación.

El porcentaje a favor de la fórmula Endara-Arias Calderón-Ford seguiría creciendo hasta ubicarse en cerca del 70 por ciento. Cundió el pánico en los cuarteles. Tras bambalinas, el poder buscaba fórmulas desesperadas para ver cómo se podría revertir la derrota.

La primera reacción fue generar confusión y pánico. Ciertos representantes de los partidos de COLINA impugnaron resultados. En otros sectores se iniciaron ataques a los centros de votación por parte de paramilitares, en su mayoría batalloneros, que denunciaban que se les "estaba robando la elección a sus candidatos". Los miembros de las Fuerzas de Defensa que cuidaban los centros miraban impávidos los ataques. En las afueras de uno de los centros de votación más grandes de la ciudad capital, el de la Escuela República de Venezuela, en Calidonia, los batalloneros, haciendo disparos para espantar a los ciudadanos que cuidaban los votos y protegían las actas, mataron al ciudadano César Augusto Cajar.

En otros centros también se daría el robo de papeletas, urnas o actas. Los medios de comunicación afectos al gobierno, que aún seguían sin dar ningún resultado preliminar de las elecciones, sí dieron cobertura a estos incidentes de violencia.

Testimonio del autor

Antes de la elección, se solicitaron voluntarios mediante avisos en universidades, organizaciones no gubernamentales y clubes cívicos para colaborar con el torneo electoral. Atendiendo el llamado de la Facultad de Derecho de la Universidad Santa María La Antigua a sus exalumnos, a un grupo de abogados recién graduados se nos asignó la tarea de acompañar a los observadores internacionales acreditados ante el Comité Panameño por los Derechos Humanos (CPDH). Junto con otros colegas terminé atendiendo a parlamentarios latinoamericanos. La sede del comité quedaba en Bella Vista, muy cerca del parque Urracá. A dicha sede también se acercaron periodistas

internacionales que habían llegado a cubrir las elecciones panameñas, por lo que recuerdo que se nos unió la corresponsal de
La Región de Galicia. Nuestra misión consistía en acompañar a
los visitantes a distintos centros de votación en la ciudad capital, incluyendo San Miguelito. Hubo mucha participación, y los
observadores comentaron durante el día que todo el proceso
estaba siendo muy ordenado. Cuando comenzó el conteo de
los votos, a las 5:00 p.m., los llevamos al Instituto Panamá y
a La Salle, ambos en Bella Vista, y luego al Instituto Nacional
en Santa Ana. Cuando vieron los resultados de las mesas que
habían terminado primero, donde el triunfo de la ADOC había
sido contundente, recuerdo al senador uruguayo, de apellido
Pérez del Castillo, el más veterano de los observadores, que
nos dijo: "Bueno, chicos, ahora llévennos a los barrios donde
el gobierno es más fuerte, porque aquí la victoria opositora es
clara". Estábamos en el Instituto Nacional y ya habíamos visto
también resultados de la escuela Pedro J. Sosa en Calidonia.
El cómputo era similar. Él pensaba que solo queríamos mos-
trarles los centros de votación en circuitos mayoritariamente
opositores. Nos montamos en el carro y seguimos visitando escuelas en el Casco Viejo, en Santa Ana y luego en El Chorrillo,
la más cercana al Cuartel Central. El triunfo seguía siendo de 2
a 1, o de 3 a 1. Tarde en la noche, cansados ya, en el auto, nos
dijo: "Quédense tranquilos, aquí no hay fraude posible, es muy
grande el margen". Antes de dejarlos en sus hoteles pasamos
por El Ejecutivo, y al bajar, en la entrada, dos miembros del
CPDH gritaban desesperados: "Necesitamos observadores, hay
problemas en Veracruz y en Arraiján, hay denuncias de que se
están robando las urnas". Nos miramos. Pérez del Castillo y la
periodista española nos dijeron: "Vamos". Había que cruzar el
Puente de las Américas y luego atravesar por el que entonces
era un recorrido oscuro y desolado hasta que llegamos a Arraiján. Ya el tráfico había sido cortado por las Fuerzas de Defensa.

No nos dejaban pasar aunque se mostraron credenciales de observador y de prensa internacional. "Hay lío adentro", dijo uno de los oficiales, "regresen a sus hoteles". Se oyeron disparos a lo lejos. Tuvimos que dar la vuelta. En el trayecto de regreso decidimos irnos a Veracruz, tomando la vieja carretera, oscura y desolada igualmente, hasta que llegamos al poblado. Al estacionar el auto cerca de la escuela que hacía las veces de centro de votación, vimos venir corriendo hacia nosotros a docenas de ciudadanos huyendo de la escuela. Habían sido desalojados del centro de votación donde aún faltaba cerrar las actas de los legisladores y representantes. "Se están robando las elecciones", nos decían, "llegó Rigoberto con sus maleantes y se tomaron el centro", haciendo alusión a Rigoberto Paredes, un temible lugarteniente del PRD que corría como diputado en la nómina de ese circuito. Salimos ilesos de milagro antes de que la turba arrollara violentamente a los pobladores. El silencio durante la vuelta al hotel en mi auto solo se rompió con un "empezó el fraude" de nuestra parte, y una respuesta de Pérez del Castillo: "Es que con estos resultados no se pueden robar las elecciones".

La Junta Nacional de Escrutinio estaba ubicada en el centro de convenciones Atlapa. Llegó información de que allí se escenificaría el fraude mediante la vulgar sustitución de las actas genuinas por otras, falseando el resultado para favorecer a Carlos Duque.

El expresidente Carter y un grupo importante de observadores se dirigieron a Atlapa. No se les permitió la entrada. Ya a esa hora, el conteo llevado a cabo por la Iglesia católica estaba listo, así como las cifras más detalladas de una inmensa cantidad de mesas a nivel nacional llevadas a cabo por el conteo paralelo de la ADOC.

Carter convocó a una conferencia de prensa y dijo que la oposición había ganado con más del 70% del voto y denunció públicamente que "la dictadura" estaba alterando las actas verdaderas para "tomar la elección por fraude". La Iglesia católica también denunció "irregularidades masivas" por parte del gobierno.

El triunfo de la ADOC no se limitaba a la nómina presidencial. En la Asamblea Nacional se perfilaba ya una mayoría importante de legisladores de la coalición opositora en los circuitos electorales que, una vez concluido el conteo para presidente, seguían con el de los parlamentarios.

Pasada la medianoche finalmente se pronunció el Tribunal Electoral. Lo hizo, sin embargo, para anunciar que, dados los incidentes de violencia que se estaban reportando, ordenaba la suspensión del conteo electoral. Se detuvo así el recuento de los votos en todo el país.

Durante dos días la elección quedó en el limbo. Noriega quería declarar a Carlos Duque ganador, pero Duque se negó a participar en tal farsa. Connie de Duque, viuda de Carlos Duque, recuerda muy bien esos días, siendo evidente que la nómina de su esposo no había triunfado:

> Hubo una reunión en mi residencia. A ella asistió la alta dirigencia del PRD, incluyendo a Aquilino Boyd y Rómulo Escobar Bethancourt, con la intención de que se proclamaran ganadores. Mi esposo me llamó a un aparte y me comunicó que él no se prestaría a esa acción y se daría de baja. Yo lo respaldé inmediatamente porque, para mí, esa candidatura, en esos tiempos, era un imposible. Carlos no dejó que lo usaran para reclamar el triunfo.[7]

El país estaba bajo la mirada del mundo, en suspenso por lo ocurrido. Recuerda el abogado y periodista Rodrigo Noriega:

> La libertad estaba de moda. Habían caído Marcos, en Filipinas, y Duvalier, en Haití. El muro de Berlín se tambaleaba. Pronto caería también. Era el turno de Panamá de liberarse. La oposición salió a defender su victoria. "Habíamos decidido que si nos hacían fraude íbamos a pelear", le dijo Guillermo Endara. Pelear quería decir exponerse. Desde

la aniquilación de las guerrillas en 1971, la resistencia panameña había sido no violenta.[8]

Los dirigentes de la oposición citaron a la prensa extranjera y mostraron los resultados con el respaldo de las copias de las actas. Anunciaron que no permitirían que se les robara el triunfo. Se organizaron caravanas de vehículos que recorrerían las calles de la ciudad capital y de algunas cabeceras de provincia exigiendo que se reanudara el escrutinio y que este fuera público y transparente. Algunas de las caravanas serían interceptadas violentamente por los batallones de la dignidad.

La suspensión del conteo ordenada la noche del domingo 7 de mayo por el Tribunal Electoral sería un acto insostenible. No había excusa para no reiniciar el escrutinio, que ya llevaba más de 48 horas suspendido, y dar resultados, aunque fueran parciales. En eso, se anunció que el Tribunal Electoral haría un anuncio al país. Era ya miércoles.

Así fue como el 10 de mayo de 1989, la presidenta del Tribunal Electoral dio a conocer la decisión más diabólica de su mandato. Leyó el Decreto No. 58, firmado ese mismo día por los tres magistrados, en el que se declaraba la nulidad de las elecciones "en su totalidad".

El decreto alegaba que, organizadas "en medio de la más aguda crisis fiscal y económica que había sufrido la República" y "con el ánimo de brindar al pueblo panameño la oportunidad de producir la renovación de sus principales órganos de gobierno", se habían llevado a cabo con enormes sacrificios "ante los constantes ataques del agresor".

Para los magistrados, los comicios habían sido alterados por acciones obstruccionistas de "muchos extranjeros llamados por fuerzas políticas nacionales o foráneas sin gozar de una invitación del Tribunal Electoral", asegurando que el propósito siempre fue evidente: el de avalar la tesis del fraude electoral, proclamada al mundo por las autoridades norteamericanas "desde fecha muy anterior".

Su anulación, en consecuencia, se decretaba para devolver la tranquilidad al país y proteger la vida y bienes de los panameños. ¡Comuníquese y publíquese!

Los candidatos que habían ganado salieron esa misma tarde a exigir que se reconociera su triunfo. Endara, Arias Calderón y Ford se subieron, primero en un *pick up* Toyota de color rojo, y luego cada uno en su vehículo, encabezando una extensa caravana que recorrería la ciudad capital.

Recordaría Guillermo Ford a Rodrigo Noriega años después:

> A lo largo de la ruta la gente salió a saludarnos. Fuimos a Panamá Viejo primero. Luego bajamos por la vía España. Nos pararon frente al edificio Avesa. Allí, un sargento hizo tiros al aire con su pistola. Un oficial nos dijo que regresáramos al hotel El Ejecutivo. Si no, él no respondía por las consecuencias. No pensamos ni un minuto en hacerle caso. Habíamos ganado la elección.[9]

Por donde pasaban, la gente les daba muestras de apoyo. Se escuchaba: "ganamos", "justicia", "¡presidencia, presidencia!". Algunos siguieron la caravana a pie, en particular en el tramo desde la plaza Cinco de Mayo que por la avenida Central (aún no se había peatonalizado) conducía al Casco Antiguo. Al llegar a la altura de la plaza de Santa Ana miembros de las Fuerzas de Defensa los detuvieron.

En eso, ocurrió una de las escenas más dantescas de la dictadura norieguista, cuyas imágenes recorrerían el mundo y quedarían grabadas en el recuerdo de los panameños de la época.

Los candidatos habían sido emboscados en ese punto. Fueron rodeados por decenas de batalloneros que salieron de detrás de la iglesia de Santa Ana y que con bates de beisbol, varillas metálicas y pistolas se abalanzaron sobre ellos y sus seguidores. Fueron minutos de terror, en los que una turba descontrolada gritaba oprobios contra quienes habían ganado el torneo electoral mientras los golpeaban. Volaron varillas metálicas sobre cuerpos y rostros y destrozaron automóviles y cuanto objeto encontraron a su paso. Los miembros de la fuerza pública, que habían impedido el paso de la marcha, seguían apostados en la plaza, las calles y los edificios que la componían, impávidos, convidados de piedra de la paliza.

Guillermo Endara recibió un golpe con una varilla que le partió la frente. Logró, gracias a que sus acompañantes lo sacaron del tumulto por una de las calles laterales, ser llevado a la sala de urgencias de un hospital. "Tú mueres aquí, vendido, chucha de tu madre, tú mueres aquí, desgraciado. ¡Pan de Dulce, criminal!", le gritaban aquellos sujetos de camisetas rojas que decían "Batallón Dignidad".

El equipo de colaboradores de Arias Calderón logró también sacarlo del área luego de recibir algunos empujones y golpes. El vehículo que lo conducía sufrió destrozos.

La escena más espantosa la recogieron las cámaras, cuando Guillermo Ford, en el tercero de los vehículos, fue atacado violentamente. En las imágenes que aún existen se puede ver que al salir del auto, que estaba rodeado de antimotines de las Fuerzas de Defensa, es golpeado por los batalloneros y empujado entre la muchedumbre. Luego suenan disparos. Uno de sus guardaespaldas, Alexis Guerra, se interpuso entre la bala y el candidato. Ambos fueron salvajemente golpeados. La secuencia de la blanca guayabera de Ford teñida de sangre y su paso desorientado por la acera, mientras uno de los maleantes lo empuja y era nuevamente agredido por otro, es aterradora y recorrería el mundo entero. Finalmente es sujetado por un militar que lo condujo a un carro patrulla. Guerra, el guardaespaldas, murió desangrado, y en su agonía, otro de los batalloneros sonreía y le gritaba improperios.

En palabras de Rodrigo Noriega:

Los batalloneros mostraron su "dignidad" tanto como la cultura de su comandante. Así, los líderes libremente escogidos compartieron en carne y hueso el sufrimiento del país. Con esta acción, y con la violencia contra los victoriosos, Noriega reconoció su derrota. Panamá tendría que esperar unos meses para ser libre físicamente de la dictadura, pero al haberla repudiado claramente, se encontró libre en espíritu.[10]

Epílogo electoral

El 27 de diciembre de 1989, una semana después de la invasión, el Tribunal Electoral, integrado por los mismos tres magistrados que en mayo habían anulado las elecciones, anunció, por boca de su presidenta, Yolanda Pulice de Rodríguez, que revocaban la anulación que ellos mismos habían dictado sobre las elecciones del 7 de mayo de 1989. Se proclamó entonces a Guillermo Endara como el legítimo ganador, a Ricardo Arias Calderón como primer vicepresidente y a Guillermo Ford como el segundo vicepresidente. La ADOC había obtenido el 71% de los votos válidos. COLINA, que encabezaba Carlos Duque, obtuvo el 28%. Hildebrando Nicosia, el 0.4%. En cuanto a la conformación de la Asamblea Nacional, el Tribunal Electoral confirmaría que, de acuerdo con las mismas elecciones, de un total de 67 legisladores, se establecieron los ganadores fueron 58. De ese total, 51 curules las habían ganado miembros de la ADOC y seis de COLINA. Para completar las nueve curules cuyo resultado no había podido determinarse, se convocaron elecciones parciales en enero de 1991. El PRD obtuvo cinco de las nueve curules, las otras cuatro se las llevarían los partidos integrantes de la ADOC.

Para el gobierno de Estados Unidos, lo ocurrido en las elecciones tendría un efecto determinante. En los años anteriores, durante los últimos meses de la administración de Ronald Reagan y los primeros de George Bush, se había tratado de encontrar fórmulas para lograr una salida negociada de Noriega. Se había presionado a las Fuerzas de Defensa y al resto de la alta oficialidad, de varios modos, en favor de un cambio. Incluso, se decidió cortar toda ayuda militar a la institución. Además, ya se habían ensayado sanciones económicas al gobierno y al país. Nada había funcionado. La última esperanza, la de la vía electoral, se había desvanecido.

La Casa Blanca estaba harta de Noriega y de su cúpula militar. "El presidente Bush deseaba hacer algo para solucionar el problema Noriega".[11] Sin embargo, hasta este momento, tanto el jefe del Comando Conjunto de las Fuerzas Armadas de Estados Unidos y principal asesor militar del presidente, almirante William Crowe, como el jefe del Comando Sur, general Frederick Woerner, no estaban a favor de una acción militar para resolver el problema panameño. El primero no quería que una acción de fuerza terminara creando "un nuevo mártir" en América Latina. Y el segundo se oponía vehementemente al uso de las fuerzas armadas, pues consideraba que sería una decisión altamente riesgosa. Antes de que acabara el año, tanto Crowe como Woerner serían reemplazados. Y la situación panameña se deterioraría aún más.

7

Cuchara azul

Una pregunta crucial seguía sin respuesta: ¿la remoción
de Noriega era un prerrequisito para el retorno de
la democracia?

—Lawrence A. Yates, Combat Studies Institute

El sábado 30 de septiembre de 1989 tuvo lugar en el fuerte Clayton
la ceremonia de cambio de mando del jefe del Comando Sur de las
fuerzas armadas de Estados Unidos. El general Frederick Woerner era
reemplazado por un nuevo comandante en jefe, Maxwell *Max* Thurman. El traspaso, a pesar de ser normal en apariencia, no lo era. Es más,
había sido bastante brusco para los estándares militares estadounidenses y era el resultado del giro fundamental que la política exterior de
ese país estaba por tomar en Panamá.

Nadie lo sabía con certeza, ni siquiera los generales involucrados, mucho menos los altos funcionarios del Departamento de Estado o de la Casa Blanca, pero ese sería el momento decisivo en que
quedó sellada la suerte de Noriega. Y la de Panamá. De ese punto

en adelante, cada movimiento, cada acontecimiento y cada declaración sumarían una piedra al camino que conduciría a un desenlace bélico. Por ello, si hubiera que establecer una fecha en la que empezó la cuenta regresiva a la invasión armada de Estados Unidos a Panamá, sería ese sábado.

El Comando Sur de Estados Unidos (*Southcom*, por su abreviatura en inglés) es uno de los once comandos unificados que tienen las fuerzas armadas dentro de su país y alrededor del mundo. A la cabeza siempre hay un general de cuatro estrellas, como era el caso de Woerner y Thurman. Desde dicho comando se dirigen las tropas, estrategias y operaciones militares del ejército, infantería, marina, fuerza aérea y unidades especiales de Estados Unidos en América Latina y el Caribe (con la exclusión de México), abarcando 31 países, además de las aguas circundantes de los océanos Pacífico y Atlántico, y el mar Caribe.

En aquel entonces, el Comando Sur quedaba en Panamá, en la antigua Zona del Canal. En ese espacio, donde llegaron a operar catorce bases americanas, tenía a su cargo la protección de la vía interoceánica, de todas las instalaciones civiles y militares y del personal empleado para que pudieran funcionar. Era, además, un interlocutor directo de las Fuerzas de Defensa de Panamá de las que, valga subrayar, el 90% de su oficialidad había estudiado en su centro de formación regional, la Escuela de las Américas, o tomado cursos en academias de instrucción en Estados Unidos.

El traspaso de mando en la Zona del Canal fue precedido en Washington, D. C., apenas unos días antes, por otro de igual trascendencia. En la cúspide del poder militar se encuentra el jefe del Estado Mayor Conjunto, el *Chairman of the Joint Chiefs of Staff*, principal asesor militar del presidente, del secretario de Defensa y del Consejo de Seguridad Nacional. El cambio en el fuerte Clayton coincidiría con el retiro del almirante William Crowe, un veterano que ocupó el cargo durante los últimos cinco años en el gobierno de Ronald Reagan. El nuevo presidente, George Bush, en la estructuración de su equipo militar y de seguridad, había decidido que el general Colin Powell fuera su jefe del Estado Mayor Conjunto.

Es importante tener presente que, aunque el *Chairman of the Joint Chiefs of Staff* no tiene bajo su mando tropa alguna, su rol como asesor directo del presidente y de las cabezas del gobierno en materia de defensa y seguridad nacional lo convierten en el conducto obligado por el que se comunica la fuerza política y el poderío militar. La crisis panameña, que no era otra cosa que una mezcla de diplomacia y política exterior fracasadas, en un país de extraordinaria relevancia estratégica, sin democracia, sometido a sanciones económicas y con una narcodictadura al frente, encajaría de lleno dentro de las responsabilidades de Colin Powell al asumir el cargo.

Desde la óptica estadounidense la crisis panameña estaba desbordada. Llevaba años con protestas civiles y violaciones a los derechos humanos, represión y asesinatos, y hasta un intento de alzamiento interno dentro de las Fuerzas de Defensa. La esperanza había estado centrada en las elecciones de 1989, esas que Noriega había ordenado anular. ¿Y ahora qué? La conclusión a la que llegaban todos los entendidos, luego de agotados los canales diplomáticos, era que de una manera u otra la situación no se resolvería sin algún tipo de intervención armada.

Tanto Woerner como Crowe habían abogado en contra de una solución militar durante los dos años anteriores, como ya se ha narrado. Cada uno tenía sus razones. Ambos coincidían, eso sí, en que la situación se deterioraba vertiginosamente, mes a mes. Pero ni siquiera el agravamiento de la crisis convencería a Woerner de cambiar su posición. No se sentía cómodo con que la salida involucrara el uso de las fuerzas armadas bajo su mando.

Para la Casa Blanca, y para el resto del alto comando civil y militar, el problema político tenía ya una dimensión alarmante. ¿Terminaría Estados Unidos entregando la operación del Canal a una dictadura, no solo corrupta sino involucrada de lleno con el narcotráfico?

Como si esa razón no fuera de por sí un problema mayor, había otra agravante. La situación tenía ya ramificaciones directas y cotidianas sobre la vida de los ciudadanos norteamericanos que residían en Panamá.

Durante los dos últimos años se habían repetido todo tipo de incidentes de acoso, abuso o represalia —en diferentes momentos y de distinta gravedad— contra sus oficiales y tropa. Era parte de la retórica antiyanqui del gobierno panameño en respuesta a las sanciones económicas y al resto de conflictos con la potencia americana. Dichos incidentes se habían extendido también a los familiares de los militares y al personal civil.

Cada semana se reportaban episodios de hostigamiento de parte de unidades militares o de los batalloneros. En el Pentágono, en coordinación con el Comando Sur, se empezaron a preparar planes de contingencia. Se idearon los distintos escenarios y se programaron hipotéticas respuestas en caso de que ocurrieran actos violentos contra los 12 000 militares acantonados en sus bases militares o agresiones contra los casi 50 000 residentes estadounidenses en Panamá.

De acuerdo con los tratados Torrijos-Carter, mientras todavía hubiera bases y tropas estadounidenses en suelo panameño, estaban vigentes unos protocolos que regulaban lo concerniente al estatus legal de esas personas y sus familias. Se reglamentaba la situación jurídica tanto de los civiles como de las fuerzas armadas, sus tarjetas de identificación, los movimientos del personal uniformado al desplazarse de una base a otra y los ejercicios militares propiamente dichos. Estos protocolos, reportaban los oficiales a Washington, se estaban incumpliendo, y se hacía adrede. El objetivo era el de irritar a los gringos.

En marzo de 1988, por ejemplo, ocurrió una situación muy grave para la comunidad americana, tanto la civil como la militar. Seis buses colegiales que transportaban hijos de personal estadounidense fueron detenidos bajo la excusa de que los vehículos habían cometido faltas de tránsito. Los conductores fueron obligados a bajar a punta de fusil, mientras los niños miraban la escena desde las ventanillas. Los vehículos, con los escolares dentro, estuvieron detenidos por varias horas, mientras reinaba la alarma entre sus padres. Los incidentes terminaron resolviéndose de forma negociada entre los oficiales de enlace del Comando Sur y las Fuerzas de Defensa.

Pero el hostigamiento era constante. La escuela de Balboa, que era operada por el Departamento de Defensa de Estados Unidos para los hijos de sus tropas, empezó a recibir amenazas de bombas que obligaban a su evacuación. El sabotaje anónimo alcanzó tal nivel que, en un solo día, la escuela llegó a recibir quince amenazas.

En junio del mismo año se reportó otro incidente, mucho más serio, en el que un oficial norteamericano y su esposa, mientras conducían por la ciudad capital, fueron detenidos y apuntados por el fusil de un militar panameño. El estadounidense fue obligado a meterse en el portamaletas del auto para luego ser encerrado, mientras su esposa era ultrajada y golpeada. Terminó siendo violada.

No se puede soslayar el hecho de que los militares estadounidenses también provocaron altercados en medio de ese clima de tensión entre ambos ejércitos. En una ocasión, fue detenida una pareja que manejaba a exceso de velocidad dentro de una de las bases militares. Resultó ser, nada menos, que una de las hijas del general Noriega y su pareja. Los dejaron detenidos un par de horas. No ayudó, supuestamente, la arrogancia de la pareja frente a los militares americanos.

En otro episodio de notoriedad, ocurrido durante uno de los ejercicios militares llevados a cabo en el fuerte Amador, donde el dictador tenía una de sus oficinas, fueron detenidos y desarmados una docena de militares panameños. Uno de ellos era el cuñado de Noriega, el mayor Sieiro.

Estos incidentes coincidieron con otro evento, de alto vuelo, que tuvo lugar en la avenida Balboa. Se trataba de una protesta contra la embajada de Estados Unidos. Por aquellos días el Senado había aprobado una resolución en la que demandaba el restablecimiento de los derechos constitucionales en el país. Una masa furibunda, auspiciada por el gobierno, rodeó la embajada. No se limitó a discursos y condenas por la decisión tomada, sino que la turba enardecida empezó a tirar piedras, latas de pintura y objetos metálicos al edificio, rompiendo varias de sus ventanas así como los automóviles de los funcionarios diplomáticos. Los oficiales de las Fuerzas de Defensa apostados en los alrededores observaron pasmados los destrozos.[1]

En palabras de Lawrence A. Yates:

Noriega había intensificado su campaña para recibir apoyo a costa del nacionalismo y el torrijismo, con una gran dosis de retórica antiamericana. No era la primera vez que recurría a esta táctica, pero en esta ocasión, se le había ido la mano.[2]

Los incidentes no mermaron. Hasta agosto de 1988, se contabilizaron alrededor de trescientos. Es cierto que en la lista había todo tipo de situaciones. Algunos eran temas menores, pero había otros que eran mucho más delicados y los americanos los tomaban muy en serio. La situación estaba por empeorar significativamente en los meses venideros.

Después de las elecciones de mayo de 1989 las cosas se tornarían muy tensas para los estadounidenses. Por esos días, un oficial de la marina fue asaltado por una banda de batalloneros armados justo en el momento en que dejaba a su novia en una parada de buses. Mientras el oficial estaba en peligro, su novia fue acosada sexualmente por la misma banda. Él sería posteriormente conducido a la fuerza a un cuartel e interrogado sobre el envío de armas de parte de Estados Unidos a miembros de la oposición panameña, un hecho sobre el cual no tenía conocimiento alguno.

La anulación de las elecciones, seguida por la golpiza recibida por Endara y Ford, cuyas imágenes recorrieron el mundo y no cesaban de aparecer en los noticieros estadounidenses, calaron profundamente en la consciencia del alto comando militar en Washington, D. C. Se esfumaban las últimas esperanzas que muchos en la Casa Blanca albergaban de una salida pacífica y democrática al embrollo panameño.

Al ver las imágenes en los noticieros nocturnos, el almirante Crowe quedó tan estremecido que esa misma noche se dirigió al Pentágono. Ni siquiera se puso su uniforme, salió vestido de civil. Además, ya se habían recibido cinco reportes de incidentes contra su personal. En eso, le llegó la orden de presentarse a la Casa Blanca a una reunión con el presidente Bush y el equipo de seguridad nacional.

Crowe estaba ya harto de Panamá, pero, hasta ese momento, se mantuvo escéptico en cuanto al uso de la fuerza para resolver el conflicto.[3]

En la Casa Blanca, por su parte, una de las conclusiones nacidas tras la anulación de las elecciones y la paliza recibida por los líderes de la oposición fue que debían efectuarse cambios en los mandos militares directamente relacionados con Panamá. En otras palabras, Crowe y Woerner.

El período del almirante Crowe como jefe del Estado Mayor Conjunto, que estaba por concluir, no sería renovado.

La suerte del jefe del Comando Sur, un general con una carrera de 34 años en el ejército, también quedó sellada. Woerner sería retirado y reemplazado.

Con antelación, tanto el presidente Bush como su secretario de Defensa, Richard Cheney, habían escuchado que el jefe del Comando Sur, con todo y su distinguida trayectoria, era medio pusilánime, un *wimp*, un oficial endeble, flojo a la hora de enfrentar a Noriega.

La fama de cobardón la reafirmaría la delegación de senadores y congresistas que había visitado Panamá en su condición de observadores del proceso electoral. Se habían reunido con Woerner y le habían hecho infinidad de preguntas. La delegación de parlamentarios la encabezaba el senador John McCain, un veterano del ejército y héroe de la guerra de Vietnam. Volvió a Washington muy preocupado por lo presenciado en la cúspide del Comando Sur. Planes de contingencia existían. En ellos se esbozaban diferentes escenarios y se podían ajustar. Pero el problema fundamental era de liderazgo, o al menos esa fue la imagen que se llevaron los visitantes, misma que compartieron con la Casa Blanca.

La percepción de endeble de Woerner no se limitó a las altas esferas gubernamentales. Los propios soldados, entre ellos, terminaron bautizándolo con el sobrenombre de *Wimpcom*, algo así como "comandante flojo".

En cuanto a los planes de contingencia, estos son un instrumento básico de la disciplina militar. Los oficiales se preparan constantemente y redactan hojas de ruta que les permitan estar alerta y listos para entrar en acción y, para ello, utilizan guías de los posibles escenarios de la zona de guerra. Se busca evitar sorpresas o minimizar imprevistos. A cada plan de contingencia, o a cada objetivo militar, movimiento o persona importante, se le asigna un nombre, un *code name*, un código que muchas veces se mantiene secreto hasta su puesta en acción. En el caso de Panamá, conforme la tensión subía, se inició la preparación de uno, luego de otro y se terminó contando con un cajón lleno de planes.

De hecho, desde abril de 1988, al almirante Crowe se le había presentado, y él le había dado su visto bueno, una versión bastante detallada de un plan de contingencia para la situación panameña luego de las declaraciones de Díaz Herrera y del golpe de Estado a Delvalle.

El plan se denominaba *Elaborate Maze* (Laberinto denso) y se preparó para ser puesto en ejecución en caso de que Estados Unidos se viera obligado a utilizar la fuerza militar en Panamá. Era una especie de megaplan ya que, bajo él, se derivaban otros de alcance más reducido o de acciones puntuales. Actualizaciones posteriores incluirían un cambio de nombre: *Prayer Book* (Libro de oraciones).

Así, *Post Time*, por ejemplo, se ideó para el caso de que la operación del Canal se viera amenazada. ¿Qué hacer en caso de que a Noriega o a sus batalloneros les diera por atacar el Canal? Era necesario identificar y prevenir ataques a puntos vitales. ¿Cómo asegurarlos? ¿Cómo defender mejor las esclusas o las represas? ¿Qué unidades estarían a cargo de cada maniobra?

Un segundo plan, denominado *Klondike Key*, estaba destinado a evitar la eventualidad de una toma de rehenes en Panamá o de que hubiera que organizar la evacuación de estadounidenses, mayormente civiles y familiares de militares.

Junto a este, en el Pentágono existía un tercero, ya no de contingencia militar sino de ayuda logística. Se redactó pensando en la posibilidad de que el país tuviera un nuevo gobierno civil y hubiera que apoyarlo. Este se denominó *Blind Logic* y suponía brindar asistencia con el envío de especialistas en asuntos civiles y estructuración de gobiernos.

Por fin, *Blue Spoon* (Cuchara azul) trataba sobre el componente puramente bélico. Era un plan de acción militar contra el ejército controlado por Noriega, diseñado ante la posibilidad de que sus tropas atacaran a las americanas. Una confrontación armada de un ejército contra el otro.

En aquella reunión en la Casa Blanca de la noche del 10 de mayo, "el presidente Bush estaba resuelto a hacer algo para resolver el problema de Noriega. Pero, a su vez, coincidía con la posición de Crowe sobre que Estados Unidos no podía correr el riesgo de convertirlo en un mártir de la noche a la mañana".[4]

El presidente también temía —como todo mandatario de su nación que hubiera enviado tropas al extranjero, y como veterano de guerra que fue— la difusión de imágenes de féretros envueltos en la bandera americana. Y lo que era peor, justificar la llegada de esos muertos que daban su vida en batallas ajenas al interés de su país o simplemente descabelladas.

Para Bush, si el recurrente acoso a los ciudadanos estadounidenses y a las tropas del Comando Sur continuaba en escalada —algo de lo que nadie dudaba viendo la proyección de las imágenes que seguían siendo transmitidas por los noticieros—, la situación se tornaría intolerable. ¿Seguiría Estados Unidos permitiendo que su tropa fuera humillada por ese dictador? ¿Y que sus ciudadanos continuaran siendo acosados impunemente?[5]

La respuesta obvia era no. El problema era qué hacer al respecto.

Esa noche, de acuerdo con el recuento hecho años más tarde por el periodista Bob Woodward después de entrevistar a los protagonistas, tanto Crowe como el secretario Cheney solicitaron al mandatario 48 horas para formular una respuesta. Al volver al Pentágono se dieron cuenta de que ninguno de los planes de contingencia que secretamente se conservaban en las bóvedas del edificio era aplicable. Ninguno de los supuestos estaba ocurriendo: no había un ataque al Canal, no había que llevar a cabo una evacuación masiva de civiles, no se había constituido un nuevo gobierno y, por último, una ofensiva militar frontal contra las Fuerzas de Defensa sería una acción que no estaba siquiera siendo considerada. Hasta ese momento se veía como una postura demasiado extrema.[6]

La recomendación de ambos era enviar un mensaje de poderío militar a Panamá, mostrar el músculo de la gran potencia, es decir, una batalla psicológica:

> Crowe recomendó a Cheney que propusiera aumentar el pie de fuerza del Comando Sur con unas 2 000 a 3 000 tropas adicionales. Que dicha decisión se anunciara con fanfarria transmitiendo así a los oficiales de las Fuerzas de Defensa la amenaza velada de que Estados Unidos hablaba en serio y que estaba preparándose. Cheney estuvo de acuerdo.[7]

Hubo una segunda recomendación. Washington debía enviar a Panamá una fuerza tipo Delta, grupos de élite de alta preparación, para llevar a cabo operaciones especiales. Llegarían a territorio panameño como civiles, se mezclarían con los residentes, hablarían español y se familiarizarían con el ambiente, con los lugares estratégicos, y estarían listos para actuar en tareas focales: rescatar rehenes, proteger americanos y, de ser necesario, organizar la aprehensión de Noriega para llevárselo a Florida a que enfrentara las acusaciones criminales en su contra.

El general Woerner, sin embargo, se opuso a ambas recomendaciones. Para él, las dos eran inconvenientes. El componente psicológico no tendría efecto alguno, y enviar esa fuerza de élite carecía de sentido. "Woerner alegó que el envío de miles de tropas adicionales causaría una carga innecesaria [a la organización bajo su mando]".[8] Y, en referencia a una operación especial en manos de un grupo Delta, esta terminaría siendo contraproducente.

El presidente Bush se apareció en el salón de prensa de la Casa Blanca al día siguiente. Anunció a sus conciudadanos que había tomado la decisión de enviar 1 800 soldados adicionales. También ordenó que se llevaran a cabo ejercicios militares en Panamá. Aceptó algunas preguntas de los periodistas presentes. "Al ser interrogado sobre si Estados Unidos vería con buenos ojos un golpe de Estado en Panamá, el presidente titubeó. 'Ya yo he dicho cuál es nuestro interés. Es que haya democracia en Panamá y es la protección de los americanos que viven allí' ".[9]

Bush y Cheney tenían claro que con su general al frente del Comando Sur no podrían trabajar.

Cada vez que se proponía una acción más agresiva, fuera el envío de más tropas, la práctica de ejercicios o exigir el respeto a los derechos que el tratado nos daba, Woerner mostraba su oposición. El general siempre ofrecía buenos razonamientos, pero en su corazón no estaba la solución oportuna del problema Noriega. Para Cheney, si los eventos se precipitaban, solo quedaban dos alternativas: ejecutar *Blue Spoon* o una operación sorpresa para tomar a Noriega. Woerner no estaba a favor de ninguna de las dos. Es más, simplemente no parecía existir ninguna circunstancia que él favoreciera.[10]

Había que buscar reemplazo al cauto comandante.

En Panamá, mientras tanto, un desafiante Noriega no se dejaría amedrentar por maniobras militares ni retórica hueca. Cuanta más presión sentía, más se atrincheraba dentro de las fuerzas armadas y reforzaba las milicias urbanas creadas por él. Empezó por ir renovando el Estado Mayor, reemplazando oficiales de mayor antigüedad por coroneles y tenientes coroneles recién ascendidos y de su entera confianza, como serían Luis del Cid, Luis *Papo* Córdoba y Nivaldo Madriñán.

En el mes de agosto, prepararía un llamativo autohomenaje. El comandante celebraría su sexto año como hombre fuerte de Panamá. Este evento coincidió con los ejercicios militares estadounidenses anunciados por Bush semanas antes. Era su respuesta a esa presunta exhibición de "músculo flexibilizado" de los gringos.

Ante el despliegue bélico del Comando Sur, que se componía de maniobras tanto terrestres como aéreas con aviones de última tecnología, incluyendo los recién estrenados supersónicos A-7, Noriega retó a los gringos:

Panamá no se inclinará, no se humillará, ni cancelará su proyecto de liberación, ni ante la injusticia, ni ante la prepotencia del gobierno de Estados Unidos. Panamá no se inclinará ante la fuerza que pretenden imponerle los bárbaros del norte, sus lacayos y los políticos dóciles.[11]

La batalla psicológica entre ambos ejércitos terminó elevando la tensión aún más. Por ejemplo, el Comando Sur bloqueó durante tres horas la entrada al fuerte Amador, que era una instalación militar de uso conjunto, como medida de presión para que el Ejército panameño le devolviera a dos policías militares detenidos cuando transitaban por las inmediaciones del Cuartel Central de las Fuerzas de Defensa, en el barrio de El Chorrillo.

Entre los nuevos choques que se sucedieron, que fueron muchos, hubo algunos que terminaron siendo hasta ocurrentes, o fuente de morbo para las partes. Uno de ellos tuvo lugar cuando un oficial del Comando Sur fue detenido por la policía de tránsito panameña. La acalorada discusión entre el americano y el panameño, también oficial con rango de capitán, Carlos Saldaña, subió de tono porque el panameño le había reclamado al gringo el hecho de que transitaran armados tanto él como los cinco soldados que le acompañaban.

Al concluir el incidente, el militar de Estados Unidos le preguntó al panameño en tono de superioridad por su nombre. "¿Cómo te llamas?", y este le respondió: "Me llamo Superman". "No se me va a olvidar tu nombre", le contestó el primero. El incidente se hizo público en los medios oficiales. Carlos Saldaña amaneció al día siguiente ascendido al rango de mayor de las Fuerzas de Defensa.[12]

Los ejercicios militares estadounidenses, a su vez, fueron correspondidos con su equivalente criollo. Los comandantes los bautizaron con nombres igualmente folclóricos: uno se llamó "Ay, qué miedo", y el otro "Zape al intruso". No faltaron despliegues masivos en la televisión de actos de ratificación de la soberanía y de repulsa al ejército invasor y sus lacayos vendepatrias.

En medio de este duelo interminable entre uniformados, el general Woerner fue citado a Washington y, sin mediar muchas explicaciones, fue informado de su pase a retiro. Ya el general Thurman había sido contactado, se le había ofrecido el cargo y lo había aceptado. Llevaba dos meses leyendo todo lo que podía sobre su nuevo destino y preparándose para su nueva asignación.

En Panamá, luego de la anulación de las elecciones, ni siquiera pudo mantenerse la apariencia de un régimen constitucional o de un gobierno legítimo. El período presidencial marcado por la Constitución Nacional, de 1984 a 1989, había expirado. Durante ese tiempo habían ocupado la presidencia de la República Nicolás Ardito Barletta, Eric Arturo Delvalle y Manuel Solís Palma. Los tres eran el resultado de unos comicios fraudulentos, pero reconocidos por Estados Unidos y la comunidad internacional. Igual ocurrió con la remoción forzada de los dos primeros, que fue ilegítima pero que, en teoría, aparentó seguir el cauce constitucional. En el caso del tercero, Solís Palma, también se siguió la fórmula prevista en la Constitución para la eventualidad de la ausencia absoluta del presidente y de los dos vicepresidentes. Dicho período presidencial, con todos sus exabruptos, había concluido el 31 de agosto de 1989.

¿Quién, legítimamente, podía suceder a Solís Palma, si no había presidente electo? Las elecciones, anuladas el 10 de mayo de 1989, dejaron un vacío total. El Tribunal Electoral quedó inmovilizado. No permitió el recuento de los votos en las semanas y meses subsiguientes. Tampoco se atrevía a celebrar nuevos comicios pues los resultados serían iguales.

La oposición política nunca cesó en demandar el reconocimiento de su triunfo. Los nuevos integrantes de los órganos Ejecutivo y Legislativo debían tomar posesión el 1 de septiembre de 1989. En el exterior, sus demandas serían respaldadas por Estados Unidos y unos cuantos países. La inmensa mayoría prefirió no meterse en el lío panameño salvo algunos esfuerzos indirectos a través de la Organización de Estados Americanos (OEA) y la Organización de Naciones Unidas (ONU).

Roto el cauce constitucional de la Carta Magna del propio proceso revolucionario, se entró entonces en un régimen absolutamente de facto. La noche del 31 de agosto de 1989 los militares convocaron un Consejo de Gabinete y, de por sí y ante sí, escogieron al que sería el nuevo presidente de Panamá, un compañero de escuela y confidente de Noriega, Francisco Rodríguez. Le acompañaría como vicepresidente un excolaborador del régimen y miembro de la familia propietaria de *La Estrella de Panamá*, Carlos Ozores Typaldos.

Ese era el ambiente cuando aterrizó *Max* Thurman en Panamá. La primera señal que envió a la oficialidad apenas llegó a la Zona del Canal fue su uniforme de fatiga. Lo hizo a propósito y no varió su atuendo. Nada de trajes y condecoraciones. No hubo que esperar mucho para que el resto de la oficialidad imitara su vestuario.

El jefe del Comando Sur, en su discurso ese sábado 30 de septiembre de 1989, quiso resaltar la importancia que tenía para Estados Unidos la inmensa región bajo su responsabilidad, y enfatizó que la libertad y la democracia recibirían su apoyo. Se ratificó en la continuación de la lucha contra las drogas y el narcotráfico. Y, para que no quedaran dudas, aludiendo a los panameños que estaban presentes en la ceremonia, el general Thurman hizo propias las palabras que el presidente Bush había pronunciado después de la anulación de las elecciones de mayo. "Estados Unidos no reconocerá ni cederá ante un gobierno que se mantiene en el poder por la fuerza a costa del derecho de escoger libremente que tiene el pueblo panameño. Estados Unidos está del lado del pueblo panameño".

Ya un mar de rumores había inundado Panamá. Con cada nuevo desmán de Noriega, o luego de cada incidente con los estadounidenses, se especulaba que "los gringos no se van a seguir aguantando esto" o que "Estados Unidos prepara la invasión". Se daba por cierto todo tipo de detalles, de pistas o de los supuestos contactos de alguien con acceso a los americanos. "Este mes nos invaden".

De hecho, los batallones de la dignidad, que habían nacido precisamente para defender al país de la agresión yanqui, llevaban ya más de un año en supuestas maniobras. Las Fuerzas de Defensa, por su parte, habían llevado a cabo varios ejercicios militares cuyo objetivo era repeler una invasión de Estados Unidos. Y así continuarían el resto del año.

Pero ¿estaba realmente Estados Unidos en los albores de invadir militarmente a la República de Panamá, al menos hasta mediados de

1989? La respuesta es no. Más allá de las especulaciones, la documentación y comunicaciones secretas existentes en aquel país, desclasificadas 35 años después de ocurridos los eventos, revelan otra realidad.

Aquellos rumores no hicieron más que recordar los gritos de "¡Viene el lobo!" de la fábula del pastorcillo mentiroso, quien gritaba una y otra vez que se acercaba el animal presto a comerse a las ovejas a su cargo. Pero no era cierto, como bien comprobaban el resto de los pastores que acudían en su auxilio. Como en la antigua fábula de Esopo —cuando el lobo apareció de verdad, los pastores no le creyeron— los panameños escucharon tantas veces que la invasión era inminente, que dejó de ser creíble. Fueron demasiadas falsas alarmas. El paso de los días, semanas y meses sin que ocurriera nada terminó por desgastar el mito.

Hasta el propio Noriega, con su formidable red de contactos y con toda aquella retórica, bajaría la guardia. Incluso, se iría forjando una sensación de invencibilidad con cada semana que pasaba, con ejercicios militares ejecutados por la mayor potencia del mundo que terminaban siendo inofensivos, mientras él seguía aferrado al poder.

Y, a su vez, jugaría el rol del pastorcillo mentiroso del lado panameño. En una entrevista concedida años después de la invasión, en una cárcel de Miami, admitiría que en realidad "nunca se preocuparon por estar listos para una invasión americana", a pesar de sus desafíos públicos contra el yanqui agresor y de su defensa de la soberanía. Sería una acción realmente inverosímil. La idea de que Estados Unidos invadiera Panamá en ese entonces le parecía una "idiotez".[13]

Un día, sin embargo, Estados Unidos ordenaría la invasión armada de Panamá. El lobo había llegado. Pero todavía habrían de ocurrir los eventos clave que la harían inevitable. Justo antes de darse la orden de inicio de hostilidades, Cuchara azul sería rebautizada con el nombre con que se le recuerda, *Operation Just Cause*, Operación Causa Justa.

Antes de que eso ocurriera, cuando Thurman contaba apenas con un día como jefe del Comando Sur, la esposa de un oficial de las Fuerzas de Defensa panameña tocaría a su puerta.

8

La masacre

Noriega va a entender que tiene que irse.
No hay necesidad de matarlo.

—Mayor Moisés Giroldi, en conversación
con su esposa la noche antes del golpe

La ceremonia en la cual el general Maxwell Thurman asumió la jefatura del Comando Sur había comenzado a las 11:00 a.m. Al concluir, el nuevo comandante tenía ya una agenda completa para ese fin de semana. Había citado para el sábado 30 de septiembre y el domingo 1 de octubre de 1989 a los agregados militares y oficiales de enlace de los 31 países de América Latina bajo su responsabilidad. Su mensaje: aquí hay un cambio, se viene a trabajar, no habrá fines de semana libres.

Mientras Thurman iniciaba el segundo día de reuniones, ese domingo en la mañana, al otro lado de la ciudad, Manuel Antonio Noriega celebraba en la capilla del Cuartel Central de las Fuerzas de Defensa el bautizo de su nieto y ahijado. Al brindis, que empezó temprano, asistió buena parte del círculo político y militar del dictador, en compañía de sus respectivas esposas.

El mayor Moisés Giroldi también estaba presente en el acto ya que, como jefe de la compañía Urracá, era el responsable de cuidar la comandancia.

Noriega estaba contento, relajado. Cuando se acercó a Giroldi ya tenía unos tragos adentro. En voz baja le comentó, con esa mezcla muy suya en la que compartía una confidencia y a la vez daba una orden, que la próxima vez que la oposición y los vendepatrias salieran a protestar en las calles, ordenaría dispararles con fuego de verdad. Bastaba ya de gases lacrimógenos y perdigones. Fuego vivo para que dejaran de joder de una vez por todas.

Thurman, después de pasar el día en sus reuniones y de asignar tareas a todos y cada uno de los convocados, entró a su oficina a revisar los últimos informes que le habían preparado sobre la situación panameña. A las 9:30 p.m. recibió una llamada de uno de sus asistentes. La esposa de un oficial panameño había hecho contacto con gente de la inteligencia del Comando Sur y les había puesto en conocimiento de que, al día siguiente, lunes 2 de octubre, habría un alzamiento de un grupo de oficiales contra Noriega. La información que le llegaba a Thurman era un tanto confusa, incluyendo el nombre y rango del esposo de Adela, la portadora del mensaje.

La información transmitida hasta ese momento era que un grupo de oficiales panameños planeaba deponer a Noriega. No se estaba pidiendo a los estadounidenses su participación. Solo necesitaban que colaboraran bloqueando un par de vías para evitar que tropas leales vinieran de fuera de la capital al rescate de su comandante. Thurman exigió a su gente mucha más precisión sobre lo que acontecería en menos de 12 horas antes de compartir la información con Washington y tomar decisiones.

La fuente, Adela, no era otra que la esposa del mayor Moisés Giroldi, que llevaba meses armando un complot con un puñado muy cerrado de oficiales de su entera confianza. Los conjurados habían aprendido de los errores garrafales cometidos el año anterior por aquel grupo que intentó sacar a Noriega en marzo de 1988. Habían trabajado en un plan bastante más elaborado para su captura. Escogieron ponerlo en marcha ese lunes para hacerlo coincidir con las maniobras militares organizadas y anunciadas por el Comando Sur para esos días.

Giroldi había sido el héroe que impidió el golpe del año anterior y que por ello fue ascendido a mayor, quedando así por encima del resto de los oficiales de su generación.

Recuerda el periodista Daniel Alonso quien, además de vocero de la institución, mantenía muy buena relación con Giroldi:

> Yo lo visité el 16 de marzo de 1989. Fue un año después de aquel acontecimiento del grupo del coronel Macías. Él seguía al mando de la compañía Urracá, la que le da seguridad al comandante y al cuartel. Era el hombre que recibía al comandante cuando llegaba al cuartel y le daba el parte del día, las novedades, y el que tenía el control de la seguridad. Lo veía taciturno, casi triste. Y le dije: Mayor, lo veo medio triste hoy, un aniversario de cuando usted tocó el cielo con las manos y que trascendió a mayor". Y él me contesta: "Hace un año, todos perdimos". No hablamos más del tema. Yo no sabía exactamente a qué se refería. De ese marzo a este octubre el país había cambiado mucho, para peor. Por ejemplo, muchos panameños habían emigrado y no había circulante en el país. La situación era muy difícil. Incluso a los militares se les atrasaba el pago de la quincena, pues el Estado no tenía fondos. Imagínate que ese octubre todavía no habíamos cobrado los que trabajábamos en las Fuerzas de Defensa.[1]

Otra pista que había recibido Alonso, sin saberlo, se dio durante las partidas de dominó en las que él participaba con Giroldi y otros dos oficiales que terminarían siendo parte del complot, los capitanes Javier Licona y Sánchez Galán:

> Nunca escuché yo nada de lo que conversaban, pero sí habían algunos códigos, algunas frases que se decían entre ellos durante los juegos con doble sentido como "esta jugada hay que acabarla", y cosas así, códigos

que yo no podía relacionar. Nunca imaginé que Giroldi llevaba en su fuero interno esa especie de sinsabor de haber impedido tumbar a Noriega. Jamás supe que se iba a dar el golpe.

Sus reuniones secretas con los demás oficiales no las conocía ni su esposa hasta dos días antes de ese domingo. Es más, ese 1 de octubre, cuando Giroldi volvió a casa luego de concluida la celebración en el cuartel, le comentó que no solo había llegado el momento ideal, el día siguiente, lunes, por razón de los ejercicios militares, sino que había otro detonante. La confesión que le había hecho Noriega, la de dispararle a los manifestantes con fuego vivo, lo terminó de convencer.

Era muy difícil que Giroldi, una de las pocas personas que estaban autorizadas a portar armas en las cercanías de Noriega, levantara la menor sospecha de ser el líder del complot tras su prueba de lealtad del año anterior. Pero estaba harto de la situación y su esposa no aguantaba más el clima existente ni el sometimiento de su marido a Noriega, tal y como le ocurría a buena parte de la oficialidad de las Fuerzas de Defensa y sus respectivas familias.

Una buena amiga de Adela de Giroldi era secretaria de un oficial de inteligencia de las fuerzas armadas de Estados Unidos. Y ellas dos habían hablado en varias ocasiones sobre lo insostenible de la crisis panameña. Adela le había insistido repetidamente a su esposo que hiciera algo para sacar a Noriega, pero él se limitaba a escucharla. Hasta que el viernes 29 de septiembre supo que un grupo de oficiales darían el golpe y que era inminente.

Ahora necesitaban que ella contactara a su amiga para informar a los gringos de la puesta en marcha del plan. El contacto con los americanos se debía hacer el domingo en la tarde, cuando Giroldi volviera del bautizo en el cuartel y pudiera sostener una última reunión con los otros conspiradores.

El mensaje debía dejar claro que ellos, los panameños, ejecutarían todo, solos, sin la intervención armada de los gringos a la mañana siguiente. El plan necesitaba, eso sí, de la colaboración de los americanos

Toma de posesión de Arnulfo Arias el 1 de octubre de 1968. A su lado el general Bolívar Vallarino, comandante de la Guardia Nacional.

Junta Provisional de Gobierno en el Palacio Presidencial luego del golpe militar del 11 de octubre de 1968.

Toma de posesión de los ministros del nuevo gobierno militar el 13 de octubre de 1968. A la derecha, con casco de combate, Boris Martínez y Omar Torrijos.

Foto tomada en la década de 1960 en la cual se aprecia al entonces mayor Omar Torrijos (primero a la izquierda), jefe de la zona de Colón de la Guardia Nacional, junto a empresarios de la ciudad. El otro oficial presente en el encuentro (último a la derecha) es el recién incorporado subteniente encargado del tránsito vehicular de la zona Manuel Antonio Noriega.

Coronel Manuel Antonio Noriega, jefe del G-2 (Inteligencia) de la Guardia Nacional.

Ceremonia de traspaso de mando del comandante jefe de la Guardia Nacional de 12 de agosto de 1983. A la izquierda, el general Rubén Darío Paredes. A la derecha, el nuevo comandante, coronel Manuel Antonio Noriega.

Manifestantes en vía España exigen el recuento de las actas electorales alegando que mediante fraude se ha desconocido el triunfo de la oposición en las elecciones de 1984.

Elecciones de 1984: candidatos de la nómina Alianza de Oposición Democrática (ADO). Arnulfo Arias (al centro), Ricardo Arias Calderón, segundo vicepresidente (atrás) y Carlos Rodríguez, primer vicepresidente (atrás izquierda, con gafas).

Toma de posesión de Nicolás Ardito Barletta. De izq. a der.: coronel Marcos Justine, coronel Roberto Díaz Herrera, María Consuelo de Ardito Barletta, general Manuel Antonio Noriega, presidente Ardito Barletta, mayor Juan A. Guizado, edecán presidencial (11 octubre 1984). Foto de Pedro D'Meza Jr.

Actos de toma de posesión de los miembros del Gabinete del nuevo presidente. En la foto, Ardito Barletta (derecha) junto a su vicepresidente Eric Arturo Delvalle (izquierda) le dan posesión al ministro de Educación, Manuel Solís Palma (centro). Antes de concluir el periodo presidencial, Barletta sería depuesto por Delvalle, y Delvalle sería depuesto y reemplazado por Solís.

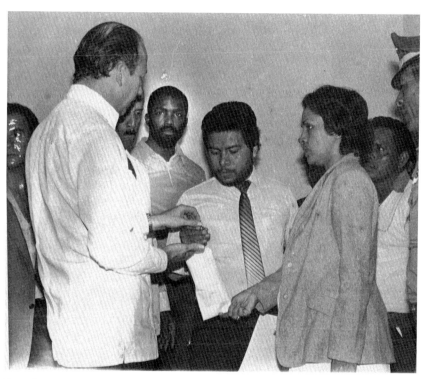

Presidente de *La Prensa*, Roberto Eisenmann, es notificado de demanda penal interpuesta por el gobierno contra el periódico (1981). Observa el director Carlos Ernesto González de la Lastra (izquierda).

Director de Medios del Ministerio de Gobierno y Justicia, Aurelio Ali Bonilla (izquierda), notifica al director de *La Prensa*, Fabián Echevers, la resolución de condena al periódico por su editorial "La justicia al servicio del poder" (10 de julio de 1986).

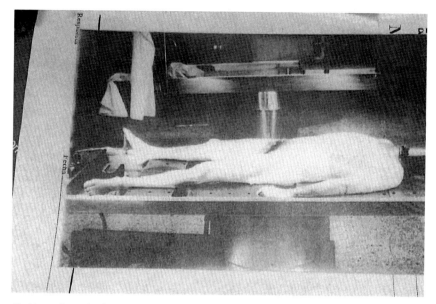

Cadáver decapitado y torturado de Hugo Spadafora, cuya autopsia fue llevada a cabo por autoridades forenses de Costa Rica.

Hugo Spadafora.

El periodista Guillermo Sánchez Borbón, quien dio la noticia del asesinato de Hugo Spadafora y denunció a los autores del crimen fue arrestado el 18 de febrero de 1986. En la foto el momento en que es conducido por órdenes de la fiscal Ana Belfon a la cárcel Modelo por el teniente Soto.

Senadores Jesse Helms y Joe Biden durante las audiencias públicas en el Capitolio. The Jesse Helms Center.

Manifestantes exigen justicia por el asesinato de Hugo Spadafora cruzando el Puente de las Américas.

Declaraciones dadas por el coronel Roberto Díaz Herrera donde confiesa la corrupción dentro de las Fuerzas de Defensa y el fraude perpetrado en las elecciones de 1984 que le arrebató el triunfo a la oposición. Díaz Herrera le sujeta la mano a Luis Jiménez, fotógrafo de *La Prensa*, diciéndoles sobre el frío que sentía "por las que iba a revelar sobre Noriega". A su lado, José Quintero, de *La Prensa*, Rafael Candanedo de Acan-EFE, el corresponsal de Prensa Latina y Norma Núñez Montoto, asistente de Díaz Herrera y Maigualida de Díaz Herrera, esposa del coronel (sábado 6 de junio de 1987).

Díaz Herrera señalaría, días depués, a Noriega como autor intelectual del crimen de Hugo Spadafora, tal y como lo venía señalando su familia. En la foto, junto a Winston Spadafora (centro) y dos escoltas armados fuera de su residencia, previniendo un ataque de parte del gobierno (que ocurriría unos días depués).

Aparición del general Noriega luego de frustrado el intento de golpe liderado por el coronel Macías el 16 de marzo de 1988.

Miembros del Estado Mayor salen del Palacio Presidencial el 23 de febrero de 1988 luego de reunirse con el presidente Delvalle, quien le propuso a Noriega que renunciara a cambio de que EE.UU. retirara las acusaciones por narcotráfico. Noriega rechazó el acuerdo. Dos días depués, Delvalle anunciaría la separación de Noriega del cargo e inmediatamente los militares destituirían a Delvalle. Esta sería la última foto publicada de Noriega por *La Prensa* ya que ese día fue clausurada, junto a otros tres medios independientes, y no volvería a circular hasta después de la invasión. En la foto, el general Noriega, el coronel Marcos Justine y el mayor Guy de Puy, jefe de la Guardia Presidencial.

Miles de panameños salieron a las calles vestidos de blanco. A pesar de su carácter pacífico, las protestas fueron brutalmente reprimidas por el gobierno.

Llegan a Panamá el Secretario General de la ONU, Javier Pérez de Cuéllar (izquierda) y de la OEA, Joao Baena Soares (derecha) en enero de 1987 en búsqueda de una salida diplomática a la crisis panameña. Al centro, Jorge Abadía Arias, ministro de Relaciones Exteriores de Panamá.

Se conforma la alianza de partidos políticos de oposición para competir en las elecciones de 1989. De izquierda a derecha: Arnulfo Escalona, Partido Liberal Auténtico; Carlos Arellano Lenox y Ricardo Arias Calderón, Partido Demócrata Cristiano; Guillermo Endara, Partido Arnulfista; Guillermo Ford y Alfredo Ramírez, Movimiento Liberal Republicano Nacionalista (Molirena), y Jorge Pacífico Adames, arnulfista.

Nómina oficialista a las elecciones de 1989, encabezada por Carlos Duque (presidente), Ramón Sieiro (primer vicepresidente, izq.) y Aquilino Boyd (segundo vicepresidente der.).

Golpiza propinada por los miembros de los batallones de la dignidad a los candidatos opositores Guillermo Endara y Guillermo Ford durante la marcha pacífica
que exigía se contaran los votos luego de las elecciones del 5 de mayo de 1989.

Miembros del "Grupo de los 7" que operaron la radio clandestina "La Voz de la Libertad". De izquierda a derecha: Alfredo Fonseca, Stavros Costarangos, Ramón Mouynes, Aquilino Saint Malo, José Alberto Morales, Kurt Muse y Tito Michineau.

Manuel Antonio Noriega es declarado "Jefe de Gobierno y Líder Máximo de la Lucha de Liberación Nacional" por la Asamblea de Representantes de Corregimientos luego de haber declarado a Panamá en "estado de guerra" con Estados Unidos el 15 de dicimbre de 1989. A su lado, Carlos Ozores Typaldos y Francisco Rodríguez, vicepresidente y presidente, respectivamente.

Tropas norteamericanas en la ciudad de Panamá.

Así lucía la morgue del Hospital Santo Tomás el 20 de diciembre de 1989. Esta fue la última foto que tomaría el corresponsal español Juantxu Rodríguez, quien fallecería al día siguiente víctima de un disparo realizado por un soldado estadounidense, *El País*.

Cuartel Central de las Fuerzas de Defensa luego del ataque del ejército de EE.UU.

Vista aérea de El Chorrillo luego del gran incendio que se produjo a la mañana siguiente de la invasión.

Arriba: Vista aérea de la parte posterior del Cuartel Central después de la invasión.

Instalaciones del Batallón 2000 destruidas durante las primeras 24 horas de la invasión.

Bolsas llenas de efectivo encontradas por el ejército estadounidense al allanar la residencia de Manuel Antonio Noriega (22 de diciembre de 1989).

Champaña ordenada por Noriega a la Casa Waris & Chenayer, Gran Reserva, 1987 con motivo del matrimonio de una de sus hijas.

Tropas de EE.UU. rodeando la Nunciatura Apostólica de Panamá (27 de diciembre de 1989).

Monseñor José Sebastián Laboa, nuncio apostólico, al concluir reunión con los embajadores de Francia, Alemania, Italia, España y República Dominicana.

Noriega, luego de su entrega a los estadounidenses la noche del 3 de enero de 1990, recibido por la DEA en el C130 que lo transportó a Miami.

en dos aspectos vitales: que tres vías principales fueran bloqueadas (con la excusa perfecta de que estaban llevando a cabo maniobras militares), y que cerraran el espacio aéreo militar, bien controlando los radares o con sobrevuelos, para impedir el aterrizaje de refuerzos en favor de Noriega provenientes del interior.

Una última petición: Adela y sus hijos debían ser acogidos en el fuerte Clayton a primera hora de la mañana y protegidos en caso de que el golpe fracasara.

La amiga de Adela mandó el mensaje inmediatamente: había un informante del lado panameño que necesitaba reunirse "con un oficial con mando y poder de decisión". A las pocas horas llegó la respuesta: a la cita con la señora Giroldi en el lugar acordado aparecerían dos agentes de la CIA. Uno de ellos hablaba español, el otro no. Ella no hablaba inglés. No ha quedado muy claro en qué punto empezaron a divergir las versiones de cada lado en cuanto al complot y los participantes. Lo cierto es que los agentes, en su primer encuentro, no entendieron bien cuántas y cuáles vías se les pedía bloquear. Peor, no sabían quién era el esposo de su fuente y ni siquiera apuntaron bien su apellido. Al reportar la reunión a sus superiores, costó identificarlo como aquel oficial que se había distinguido por su cercanía y lealtad a Noriega. Y allí empezaron las dudas de los americanos. ¿Sería una trampa tendida por el propio Noriega para que los gringos quedaran envueltos en una intentona de golpe?

El grupo de oficiales panameños tenía planeado capturar a Noriega apenas llegara al cuartel a primera hora de la mañana. La acción la ejecutarían unidades de la compañía Urracá. Los oficiales alzados conminarían a Noriega a renunciar una vez detenido. Giroldi, a diferencia de otros conjurados, estaba convencido de poder persuadir a Noriega de que se retirase. " 'No habrá muertos', le dijo Giroldi a su esposa, asegurándole que, si Noriega se rehusaba a renunciar pacíficamente, entonces sería entregado a los gringos para que enfrentara los procesos legales en su contra [en Florida]".[2]

Los conspiradores sabían que, a pesar de que confiaban en que buena parte de la oficialidad respaldaría la acción, había dentro de la institución grupos extremadamente leales, cuya acción debía ser neutralizada temprano. El más peligroso era el Batallón 2000, el primer batallón de armas combinadas de Panamá, creado por el propio Noriega.[3] El otro cuerpo armado era la compañía Machos de Monte, cuyo cuartel de operaciones era la base de Río Hato y eran absolutamente leales al comandante, así como las Unidades Especiales de Seguridad Antiterrorista (UESAT), ubicadas en fuerte Amador.

El cierre del Puente de las Américas, de la entrada de la península de Amador y de la carretera Interamericana, en el tramo que venía de Pacora a la ciudad, impediría que dichas tropas pudieran llegar al cuartel y luchar por Noriega. Bloquear el espacio aéreo imposibilitaría que dichas tropas fueran movilizadas mediante helicópteros o aviones porque no estaban llamadas a moverse por tierra.

La detención de Noriega estaba fijada para el lunes 2 de octubre, a las 9:00 a.m., cuando llegara a la comandancia. Pero los golpistas decidieron abortar a última hora el plan. En primer lugar, porque la noche anterior había decidido dormir en el cuartel y salir muy temprano en la mañana a su oficina de Amador y, segundo, porque sintieron que el tema con los americanos no estaba bien amarrado.

El hecho de que nada ocurriera esa mañana sirvió para aumentar las sospechas de los americanos de que no se trataba de un complot real. En la tarde recibirían un mensaje de parte de Adela de Giroldi avisándoles que el golpe se había pospuesto para el día siguiente. Ella recibió de vuelta un mensaje cauteloso, que supuestamente vendría directamente del presidente Bush, mediante el cual, sin inmiscuirse en las acciones de los panameños, le decía que ellos verían con buenos ojos si la primera proclama pública de los golpistas incluía una declaración de respeto a los principios democráticos, la celebración de elecciones monitoreadas por la OEA y una solicitud de ayuda y respaldo a la comunidad internacional.

La mañana del martes 3 de octubre de 1989 Noriega llegó una hora antes de lo normal. Era esperado para una reunión del Estado Mayor citada para las 9:00 a.m. pero llegó con su convoy de Mercedes Benz blindados antes de las 8:00 a.m.. Las órdenes eran arrestarlos, a él y a sus guardaespaldas, una vez dentro del Cuartel Central apenas bajaran del auto. El golpe había arrancado. Narra Alonso:

> Yo llegué al cuartel el martes 3 de octubre en la mañana y ya había comenzado el golpe. Veo barricadas, camiones cerrando las calles aledañas. Ya Noriega estaba arrestado. Giroldi lo había recibido cuando llegó al cuartel y le dio las novedades. Le dijo: "Comandante, hoy vamos a hacer un ejercicio de apresto, un simulacro en caso de que hubiera algún ataque externo".

El sonido de la alarma del supuesto ejercicio era realmente la señal que habían acordado los conjurados para arrestarlo. Pero Noriega, desconfiando de la situación, aceleró el paso, entró rápido al edificio y se metió en su oficina sin ser arrestado. Continúa Alonso:

> A Noriega intentan detenerlo cuando está dentro de su oficina, pero su oficina era blindada. Incluso le meten un morterazo a la puerta y no pueden derribarla. La escolta de Noriega había sido neutralizada a su llegada, muy cronometrado todo. Noriega sale porque Giroldi habla con el coronel Aquilino Sieiro, su cuñado [y con el coronel Roberto Armijo] y le dicen que le diga al general que salga, que se le quiere hablar, que se quiere conversar con él, pues nunca pudieron derribar la puerta. Noriega sale. Él estaba dentro de la oficina con el doctor Martín Sosa, su médico personal, quien siempre lo acompañaba. Al salir, es detenido.

Al inicio, el golpe funcionó. El general estaba aislado y detenido. Fuera se habían escuchado disparos que eran unos intercambios entre las unidades del cuartel y la poca resistencia de la escolta y unas cuantas unidades de los Machos de Monte, sin ninguna baja. Vehículos a la orden de los conjurados rodeaban la comandancia.

Los hechos, que se sucederían rápido terminarían, sin embargo, por revertir el logro inicial.

Así lo recuerda Daniel Alonso:

Cuando llegué vi a la escolta del general en el piso. Luego observé cómo se llevaban a una escuadra de los Machos de Monte. Todo había funcionado.

Un joven soldado, Luis Carlos López, que no tenía más de 19 años, incluso se vino contra el general. Todos debíamos tener el carnet de identidad colgado de la camisa, esa era una orden. El general lo tenía colgado de la camisa de su uniforme y este joven soldado se lo arrancó y le dijo: "Ya usted no es más general, usted nos ha metido a nosotros en problemas".

Noriega fue maniatado y llevado a la compañía Urracá.

El mayor Giroldi me entrega tres hojas que contenían la proclama. Serían ya pasadas las nueve de la mañana. Yo me voy a Radio Nacional en la avenida Balboa y leo la proclama. Cuando regreso, sin embargo, noto que todo había cambiado.

"Dale, entra, esto está mal, habla tú con Giroldi", me dicen unos oficiales, frustrados por la ambivalencia del mayor. Entro a la oficina de Giroldi y con quién me encuentro: con Noriega sentado en la silla de Giroldi hablando por teléfono. Giroldi estaba en otra parte, con un grupo de 12 oficiales. [Noriega no solo se rehusaba a renunciar, sino que estaba llamando a sus fuerzas leales para que vinieran a su rescate. Ya había desafiado a Giroldi: "Si eres lo suficientemente hombre, pégame un tiro", le había dicho]. Busqué a Giroldi y le dije: "Mi mayor, no eche para atrás, si usted echa para atrás nos van a matar a todos". En ese momento me dice Giroldi, siendo casi las 10 de la mañana: "Vete ahora a RPC (Canal 4), vamos a insistir, lee en televisión la proclama, que la gente saldrá a apoyarnos".

El capitán Licona, viendo los titubeos de Giroldi, quien estaba cediendo a la presión psicológica de Noriega, decide tomar acciones. Manda a buscar unos camiones y ordena que suban los coroneles depuestos y luego Noriega, para enviarlos a Clayton [y entregárselos a los americanos]. Cuando van a subir a Noriega, este se voltea. Se veía acabado. Al lado mío estaba un sargento que era fotógrafo de Relaciones Públicas de las Fuerzas de Defensa y yo le digo que tome una foto para captar el momento. Giroldi, sin embargo, me llama la atención y me dice: "¿Cómo a usted se le ocurre tomarle una foto a mi general?".

En eso, Noriega le pregunta a Giroldi: "¿Tú ordenaste esto de meternos en un camión?", Giroldi le contesta que no. Noriega: "Viste, te quieren ya quitar el mando, ese es Licona".

Giroldi tenía en un papelito blanco un número de teléfono que era su contacto con el Comando Sur. Llamaban y nadie contestaba.

Mientras Giroldi se conducía con sumo respeto, "mi general", "el comandante va a comprender", etc., Licona no. Le increpaba: "¿Qué pasa, Giroldi?", "Oye, no lo dejes hablar por teléfono", y cosas así. Incluso un sargento se le acercó a implorarle que le diera la orden de disparar a Noriega. "Muerto el perro, se acabó la rabia, mayor, deme la orden". Giroldi le dijo que no.

La proclama leída por Alonso informaba que se pasaba a retiro a Noriega y a un grupo de coroneles que habían cumplido los 25 años de servicio. Pero no se decía quién lo reemplazaría como comandante. Giroldi no podía ser, por su rango. La institución sería dirigida por un triunvirato conformado por los coroneles Roberto Armijo, Moisés Correa y Aquilino Sieiro.

Cuando un oficial llamó la atención de Giroldi, sorprendido por la designación de Sieiro, cuñado de Noriega, este le respondió que sí era cuñado, pero que se trataba de un oficial íntegro. Los golpistas nunca se posicionaron: Noriega jamás tuvo un sucesor dentro de la institución, a pesar de haber sido arrestado. El pueblo panameño, por su parte, no llegó a tener claro lo que estaba ocurriendo dentro de la comandancia ni mucho menos aún cuál sería el destino de Noriega. Tampoco escuchó una postura firme de los golpistas en cuanto a la vuelta a la vida democrática. Y los gringos, a pesar de que llegaron a bloquear algunas rutas que retrasaron la llegada de los Machos de Monte (que terminaron aterrizando en Paitilla en un avión y se unieron al Batallón 2000 para rodear el Cuartel Central), se mantuvieron al margen de la asonada militar.

Cuando las tropas leales sitiaron el cuartel, ya Giroldi había dado la orden de bajar a Noriega y a los demás oficiales del camión que tenía como destino la base americana. El capitán Licona abandonó el cuartel. Salió rumbo al fuerte Clayton, a pedir protección, frustrado con la actuación del líder del golpe.

Daniel Alonso había iniciado la transmisión de la lectura de la proclama cuando el Canal 4 interrumpió su programación regular. En ese momento estaba en el aire el programa de cocina de Bertha de Peláez. En eso, el edificio de RPC se quedó sin fluido eléctrico. Al poco tiempo llegaron a los estudios unidades de la Fuerza Élite de la Unidad de Comando y se lo llevaron.

"Se había volteado la tortilla. Quedé arrestado. Cuando llego veo a Noriega sentado en la barbería del centro recreativo que había dentro del cuartel. Estaban todos los oficiales y, a su lado, Marcela Tasón, su secretaria y confidente", recuerda Alonso. Tasón se presentó esa mañana al cuartel y, al ver lo que ocurría, fue crucial en la activación de las fuerzas leales al general: hizo llamadas y puso en práctica los códigos y señales que compartía con su jefe.

En el patio del cuartel se vio cuando se llevaban al mayor Giroldi arrestado. Noriega se dirigió a la tropa y les dijo que ellos no eran culpables de las malas decisiones de los oficiales. Que Giroldi sería degradado. Lo montaron en un helicóptero que lo llevaría primero a la base de la fuerza aérea en Tocumen y luego al cuartel de Tinajitas.

Noriega fue a buscar al soldado López, aquel que le había quitado el gafete. Iba con la pistola en mano, buscando su cara para reconocerlo. No lo encontró, pues ya había sido enviado a la cárcel Modelo, dentro del grupo de miembros de la compañía Urracá, que fue dada de baja al completo. Decenas de sus oficiales y suboficiales, unos 75, estuvieron arrestados en la Modelo y en el penal de la isla de Coiba hasta el día de la invasión.

Uno de los Machos de Monte alcanzó a encontrar al sargento Deuclides Julio, quien había ordenado la detención de las escoltas esa mañana, y le disparó a bocajarro. Cuando llegó a la morgue aún estaba vivo, pero lleno de plomo. Trataron de salvarle la vida, pero era muy tarde. Fue el primero de los ajusticiados. Estaba por iniciarse la ejecución de los implicados en el golpe, a pesar de que todos ellos entregaron sus armas cuando fracasó la intentona.

La tarde del 3 de octubre fueron torturados y golpeados con bates de metal los capitanes Juan Arza y Edgardo Sandoval, el teniente Jorge Bonilla y el sargento Ismael Ortega. Los habían llevado a un hangar del aeropuerto de Albrook. Allí, frente a la tropa, luego de la golpiza, fueron fusilados. De nada valieron sus ruegos de clemencia. El ajusticiamiento de oficiales por orden de su superior sería un acto inédito en la historia militar panameña. Sus cuerpos fueron fotografiados y filmados luego de la tortura y ejecución.

Después, en el mismo hangar y de igual forma, se procedió al fusilamiento del teniente Francisco Concepción y del sargento Feliciano Muñoz.

Más tarde llevaron al capitán Erick Murillo, quien también fue fusilado.

Este acto dantesco quedó grabado en la historia de la infamia nacional como la Masacre de Albrook.

Faltaba aún la última víctima. El líder del complot, quien no una, sino dos veces, había salvado la vida de Noriega. El mayor Giroldi fue sometido a un interrogatorio infernal durante toda la tarde, noche y madrugada. El día 4 de octubre, al amanecer, fue llevado al área del *motor pool* del cuartel de Tinajitas.

Giroldi, que había permanecido aislado e ignorante de la suerte de los demás oficiales, intuyó que lo iban a matar. Imploró: "No me maten, por mis hijos". Murió de quince disparos, con el cráneo partido y las costillas y piernas rotas.

El undécimo ajusticiado sería el capitán Nicasio Lorenzo Tuñón. Fue asesinado en la cárcel Modelo.

Muchos años después, un médico de la institución confesó que dos escoltas de Noriega también sabían y fueron parte del complot.

El exgeneral Rubén D. Paredes cuenta en entrevista sobre la masacre:

—¿En la historia de Panamá ocurrió antes algo así, una ejecución de oficiales? ¿Alguna vez hubo un fusilamiento, un ajusticiamiento de oficiales de las fuerzas armadas por insubordinación, o por la causa que fuera?

—Fue un acto en contra de la historia, de la huella de nuestros ejércitos. Totalmente inaceptable. Algo así no ocurrió ni siquiera antes de que fuéramos República, en la historia con Colombia. Jamás se había visto una cosa como esa.

"Mire, yo estudié en Nicaragua y en la historia de allá eso ocurría con frecuencia. Aparecía el cuerpo tirado de algún uniformado por hablar mucho, por ejemplo. El que hablaba mucho, el que pensaba mucho, a ese lo desaparecían y lo tiraban barranco abajo, dizque era un accidente. Era mentira, lo habían matado. En Panamá, jamás.

"Una vez yo estaba en una entrevista con Álvaro Alvarado en Canal 4. Ya Noriega había vuelto a Panamá [2016] y había un movimiento en el país que estaba buscando un perdón para Noriega, que estaba cumpliendo pena en El Renacer. Yo estaba en escena, en cámara, y creo que Álvaro quiso sorprenderme. Me pregunta: '¿Usted no cree que ya es suficiente, que Noriega ha pagado ya sus pecados, sus desmanes, suficiente por sus errores?' ".

"Mi respuesta, que es la misma tanto de ayer como de hoy, es que por todos los otros errores y pecados que cometió, sí. Que ya había cumplido. Pero que, en el ajusticiamiento de un oficial, de sus subalternos ese día, no. Eso fue un crimen de lesa humanidad. Eran subalternos que se rindieron, de gente que se entregó sin disparar. Ellos terminaron siendo fusilados a sangre fría. Así lo dije en vivo.

"Eso no se puede olvidar. Para mí, eso no tiene perdón. Aún hoy, después de muerto, creo que esa fue una cosa atroz.

"Sobre ese fusilamiento, una anécdota. Una vez, este oficial [excapitán y luego ministro de Gobierno y Justicia en el gobierno de Martín Torrijos], Daniel Delgado Diamante, me dijo algo que me perturbó y lo conté en televisión. Recuerdo cuando él siendo ministro decía que lo habían juzgado por aquel asesinato [un asesinato que salió a la luz 40 años después, al dispararle él a un subalterno durante la dictadura, un hecho por el que nunca fue juzgado] y que Delgado sostenía que no era cierto.

"A raíz de esas acusaciones él me contacta. En medio de nuestra conversación, me comenta que él había estado presente allí, en el hangar de Albrook, el día del fusilamiento de los oficiales.

"Y entonces yo le dije sorprendido: '¿Cómo es posible que usted estuviera allí?'. Él intentó contestar con unas excusas para terminar diciéndome: 'Usted sabe, general, es que había que estar allí'.

" 'Pero ¿cómo es posible que usted estuviera allí?', le reiteré. '¿Usted no recuerda el olor a sangre y a pólvora? ¿Y esa escena cuando un ajusticiado antes del disparo defeca y se orina? ¿Qué hacía usted allí?', le volví a preguntar, 'porque eso tuvo que haber sido algo realmente macabro'.

"De allí mi posición como militar y como ser humano. Los que hicieron aquello, a ellos no se les puede perdonar. Pobre gente. En ese momento, el del final, en el que vas a perder la vida, y sin razón, eso no tiene nombre. Al recordarlo, todavía hoy, se me erizan los pelos del cuerpo.

El fracaso de la intentona golpista del 3 de octubre sería visto por muchos como un último esfuerzo por lograr el relevo pacífico de Noriega al frente de las fuerzas armadas.

En Estados Unidos, la inacción del gobierno ante este movimiento recibió duras críticas no solo de los medios de comunicación sino de altos miembros del Congreso. Las recriminaciones incluían un rosario de errores, en las que resaltaban la pésima labor de inteligencia, la lentitud en la cadena de decisiones, la ambigüedad en la posición estadounidense y la falta de un verdadero plan de acción. Al presidente Bush, además, le volverían a pegar la etiqueta de *wimp*.

Para el general Thurman, que se había desmontado de su caballo en Panamá como el gran vaquero que llegaba al Oeste, todo un macho alfa americano que donde ponía el ojo ponía la bala, su primer fracaso le habría llegado en menos de 72 horas. Mantuvo su posición, la misma que transmitió la noche anterior al golpe, cuando habló con sus superiores en Washington:

Es simple: se trata de una acción mal motivada y mal concebida desde el inicio. Ellos pretenden convencer a este tipo [Noriega] de que se retire mediante una operación en la que el líder aún desconoce quiénes le acompañarán en el proyecto, un plan que de por sí es defectuoso. Recomiendo que nos mantengamos totalmente al margen de esta acción.[4]

Según el general Cisneros, Thurman además estaba convencido de que se trataba de una trampa que le estaban tendiendo para acusarlo de estar conspirando contra Panamá. Desconocedor de las realidades latinoamericanas, "para él era inconcebible que un golpe fuera planificado así y que les fuera comunicado vía una secretaria diciéndole a otra secretaria".[5]

Pero Thurman sabía que lo ocurrido era inaceptable. Por supuesto que había huecos y fallas enormes en la estrategia de su país hacia Panamá. Tomó un avión al día siguiente rumbo a Washington, D. C., para dar explicaciones y pedir instrucciones precisas. Esto no podía volver a ocurrir.

El monumental fracaso le dejó un par de lecciones. Empezó a conocer de primera mano cómo funcionaban las Fuerzas de Defensa y las lealtades a su comandante. Y también, de las deslealtades de tantos otros. Le puso el ojo al Batallón 2000, a los Machos de Monte, a la UESAT y a las unidades que estaban en el fuerte Amador.

9

Oportunidades perdidas

La política exterior americana es casi siempre cínica y simplista, como lo fue con Panamá: "capturar al tirano", "restaurar la democracia", "detener a los narcotraficantes para que no sigan matando a sus hijos". Eslóganes sencillos para ganar el apoyo de un pueblo ignorante de lo que realmente ocurre en el mundo.

—MANUEL ANTONIO NORIEGA, *America's Prisoner*

¿Pudo evitarse la invasión? Es una pregunta que revolotea incesantemente con cada análisis que se hace sobre lo ocurrido en Panamá en 1989.

La última gran oportunidad perdida, que representaba una solución democrática, pacífica y panameña a la crisis, fue las elecciones generales de mayo de 1989. Pero hubo intentos, y varios, por encontrar salidas negociadas por la vía diplomática.

Entre los cientos de documentos secretos que serían desclasificados por el gobierno de Estados Unidos se encuentran evidencias claras de un buen número de conversaciones sostenidas durante los dos años

171

previos a la invasión militar. En todas participó directamente Manuel Antonio Noriega.

Las negociaciones, siempre llevadas a cabo tras bambalinas, no solo tuvieron lugar con el gobierno estadounidense. También hubo conversaciones entre Noriega y mandatarios hispanoamericanos "amigos del proceso revolucionario" que se ofrecieron como mediadores para encontrar una "solución pacífica" a la crisis, así como en determinados momentos lo hicieron la OEA, la Santa Sede y la Iglesia católica panameña.

Cables del Departamento de Estado de finales del mes de marzo de 1988, por ejemplo, dan cuenta de las gestiones del presidente del gobierno de España, Felipe González, y del expresidente venezolano, Carlos Andrés Pérez (quien en ese tiempo era nuevamente candidato a la presidencia de su país y terminaría logrando un segundo mandato), por cerrar una negociación en la que Noriega aceptaría irse a vivir a España.

De acuerdo con el embajador de Estados Unidos en Madrid, la mañana del 29 de marzo de 1988 el diplomático sostuvo una conversación con el ministro de Asuntos Exteriores de España, Francisco Fernández Ordóñez. El presidente español y su familia acababan de aterrizar en Madrid procedentes de Costa Rica tras concluir unas vacaciones en las que el mandatario se mantuvo al tanto de la crisis panameña.

Las negociaciones que lideraban Felipe González y Carlos Andrés Pérez estaban casi listas, según contaría el canciller Ordóñez al diplomático estadounidense. "Parece que Noriega ha decidido irse", dice el cable. Se informa que el arzobispo de Panamá, Marcos Gregorio McGrath, fungiría como mediador de un acuerdo mediante el cual se garantizaría su retiro y una transición pacífica que concluiría con la celebración de elecciones libres. De acuerdo con el documento, tanto el presidente español como el expresidente venezolano, cada uno por su parte, sostendrían ese mismo día conversaciones telefónicas con Noriega y McGrath.[1]

¿En qué contexto ocurrían estas gestiones diplomáticas? Ese mes de marzo de 1988, como se ha contado antes, fue bastante borrascoso.

En él se habían acumulado tres eventos: el golpe de Estado al presidente Delvalle luego de que este ordenara la destitución de Noriega, el alzamiento de los oficiales liderados por el coronel Macías y el llamamiento a juicio por narcotráfico del comandante panameño de los fiscales de Florida.

Los esfuerzos llevados a cabo por González y Pérez tenían un peso especial: ambos habían sido muy cercanos a Omar Torrijos y apoyaron decididamente a Panamá en la lucha por la recuperación del Canal y la firma de los tratados Torrijos-Carter. A esta iniciativa también se uniría el expresidente colombiano Alfonso López Michelsen, igualmente un aliado de Panamá en su lucha por el Canal. Todos conocían muy bien al Noriega de aquellos años como jefe de inteligencia de Torrijos, y estaban genuinamente preocupados por el giro que había tomado la crisis. Además, trataban de evitar el tristemente recordado intervencionismo norteamericano en América Latina.

Jorge Eduardo Ritter, en ese entonces ministro de Relaciones Exteriores del gobierno panameño, recuerda las gestiones en las que intervino el mandatario español Felipe González y los expresidentes Pérez y López Michelsen. "Yo me reuní con los dos expresidentes, estuve con ellos en Farallón, en la casa del general Noriega, quien les detalló las condiciones que ponía para irse, entre las que estaba, la principal, que se retiraran los cargos en su contra por narcotráfico".[2]

Se trataba de una iniciativa paralela a la que mantenían los americanos. "Carlos Andrés Pérez y López Michelsen le decían a Noriega que había que buscar una solución latinoamericana distinta a la de Estados Unidos. Todas pasaban, eso sí, por la salida de Noriega que era parte indispensable para cualquier solución", señaló Ritter.

En esos momentos ya se había conocido que el primer esfuerzo por abrir una puerta que permitiera salir de la crisis, el Plan Blandón, había fracasado meses antes.

La intervención del líder español y de los latinoamericanos tuvo lugar luego de un contacto directo sostenido semanas atrás entre Noriega y funcionarios del Departamento de Estado de Estados Unidos.

En efecto, el 19 de marzo de 1988, tres días después del golpe fallido de Macías, llegó a Panamá una delegación de estadounidenses que incluía al embajador Michael Kozak y a William Walker, el asistente del secretario de Estado, George Shultz.

Noriega aceptó recibirlos y puso como condición que se reuniría con ellos solo si los abogados que él había contratado en la Florida para defenderlo de los casos de narcotráfico estaban presentes en la cita. Así que el avión oficial de Estados Unidos hizo una escala en Miami para recogerlos. La reunión tuvo lugar en una de las casas de la calzada de Amador. Del lado panameño estuvo presente el abogado y exrector de la Universidad de Panamá Rómulo Escobar Bethancourt, junto a los juristas americanos. Kozak había sido parte del equipo negociador de los tratados del Canal, así que Noriega lo conocía y le agradeció su visita.[3]

Al general se le ofreció que, a cambio de su retiro como comandante de las Fuerzas de Defensa, recibiría asilo en España donde podría irse a vivir tranquilo y disfrutar de su patrimonio. En cuanto a los cargos penales que apuntaban en su contra y que estaban en manos de los fiscales estadounidenses, el gobierno de Estados Unidos no podía intervenir en ellos, pero sí tenía un recurso en su poder: podía no tramitar el pedido de extradición que seguramente solicitarían los fiscales, un trámite en el cual el Departamento de Estado tiene injerencia.

Manuel Antonio Noriega moriría sin dejar una autobiografía o algún recuento personal sobre sus actuaciones. Existe una obra, sin embargo, que se publicó como *quasi* memorias y ha terminado siendo lo más próximo que se tiene acerca de su posición en estos temas. Se trata de una serie de entrevistas concedidas al periodista americano Peter Eisner cuando cumplía su condena en una cárcel de Miami. Eisner dice haberlo entrevistado durante tres años en su celda. Según el autor de *America's Prisoner: The Memoirs of Manuel Antonio Noriega*, el general le habló de su vida, de las decisiones tomadas y de las razones que llevaron a la invasión. El libro se escribió en inglés y en primera persona, es decir, el que habla es Noriega, y el autor asegura que fue revisado por las hijas del general antes de su publicación.

En dicha obra, Noriega reconoce que, en efecto, se sostuvieron conversaciones tendientes a lograr su retiro del cargo en varias ocasiones antes de la invasión militar. Las tilda de haber sido parte del juego americano para continuar controlando la política panameña y que al final, lo que buscaban, era que los intereses oligárquicos volvieran al poder. Una y otra vez vio la sombra de Gabriel Lewis Galindo, su némesis en Washington, y del resto de los exiliados panameños, detrás de cada iniciativa por encontrar una salida negociada a la crisis política.

Noriega recuerda, por ejemplo, que en aquella primera reunión con Kozak y Walker, los americanos le dijeron: "Aquí tenemos un avión con gasolina y listo para partir a España. Puede irse con todas las personas que usted quiera que le acompañen. Si necesita dinero, se lo proveeremos. Y si tiene amigos que piensa que también deben irse con usted, en eso también estamos de acuerdo".[4]

Pero Noriega no se dejaría convencer tan fácilmente. Según el periodista Kempe, el general les contestó a los funcionarios americanos: "Yo soy un hombre de los servicios de inteligencia y por eso sé que la CIA ha preparado muchos secuestros de personas en el pasado y que ustedes se están alistando para hacer lo mismo conmigo, pues su gobierno carece de escrúpulos".[5]

Kozak y Walker volvieron a Washington, D. C. convencidos de que Noriega, habiendo sobrevivido al intento de golpe unos días antes, se sentía más confiado y en mayor control de las Fuerzas de Defensa. Además, y así lo repetiría una y otra vez, estaba seguro de que Estados Unidos nunca iniciaría una acción militar en su contra. Mientras la oposición no tuviera armas, él se sentía invencible.

El comandante también se refiere a las gestiones de Carlos Andrés Pérez. Al expresidente venezolano lo recibió por primera vez en la base de Río Hato, solo, sin que estuvieran presentes otros miembros del Estado Mayor o asesores.

Los esfuerzos de Carlos Andrés llegaron como una agradable sorpresa, ya que él fue nuestro amigo y aliado durante las negociaciones del

Canal. Pero mis amigos dentro de la CIA me dijeron que el mandatario venezolano no era más que una fachada de los gringos.[6]

Pérez regresaría para una segunda reunión a finales de marzo, la antes descrita por el excanciller Ritter, acompañado de Alfonso López Michelsen y del diplomático Carlos Pérez Norzagaray. En dicha reunión se propondría que con su salida se celebrarían elecciones y que dicho acuerdo —y la transición a un gobierno civil— tendría como garantes al arzobispo McGrath y a la Iglesia católica.

"Quizás por ignorancia, lo que Carlos Andrés no sabía era que McGrath estaba muy lejos de ser una persona neutral", declararía Noriega —quien desconfiaba profundamente del arzobispo—, para justificar el fracaso de la iniciativa hispanoamericana.

Un mes después de producidos los encuentros con los expresidentes latinoamericanos, los diplomáticos estadounidenses volverían a Panamá. Para entonces, los efectos de las sanciones americanas empezaban a causar una mella importante en la economía panameña. Las protestas callejeras no cesaban. Así, los estadounidenses pensaron que sería buen momento para volver a visitar al general.

En esta nueva negociación, que tuvo lugar a mediados de abril de 1988, hubo una novedad importante. El general aceptó por primera vez la posibilidad de renunciar. Incluso se puso sobre la mesa una fecha, el 12 de agosto, día que coincidiría con su quinto aniversario como comandante en jefe de las Fuerzas de Defensa. Noriega, que en público decía que los cargos criminales contra él eran falsos, que eran un invento de los yanquis para presionarlo, en privado puso como condición fundamental que las acusaciones en su contra fueran eliminadas, que los casos penales se cerraran por completo. Además, exigió que Estados Unidos suspendiera las sanciones económicas contra Panamá y liberara los fondos congelados.

Kozak, que era consciente de que él no podía comprometerse a negociar el cierre de un caso que manejaba el sistema de justicia (de allí que, la vez anterior, solo había prometido no darles curso a los trámites que involucrarían el pedido de extradición), se le ocurrió una fórmula para conseguir un acuerdo. Toda vez que Noriega no se cansaba de decir que él era inocente y que tenía las pruebas para refutar los cargos en su contra, Kozak ofreció un mecanismo innovador mediante el cual un jurista independiente, escogido de mutuo acuerdo, revisaría las acusaciones. Luego pasaría a estudiar las pruebas que tenía Noriega y los argumentos que respaldaban su inocencia. Ese jurista terminaría emitiendo un dictamen que, de ser cierto lo que alegaba Noriega, concluiría con una recomendación formal al Departamento de Justicia para que los fiscales retiraran los cargos.

Pero Noriega no era tonto. "Mientras esas acusaciones sigan activas —le dijo el general a Kozak, manoteando enérgicamente sobre la mesa—, no habrá acuerdo. Ustedes no pueden extraditar a un panameño porque lo prohíbe la Constitución, pero en la realidad eso ocurre todo el tiempo. Su Departamento de Justicia todo el tiempo me lo hace, pidiéndome la entrega de panameños acusados de cometer delitos y yo los capturo y se los mando en un avión para Miami. El Departamento de Estado podrá llegar a un acuerdo conmigo, pero yo sé que el Departamento de Justicia siempre encontrará a un tipo como yo para que me agarre y me mande allá. Así que mientras existan los *indictments*, no habrá trato".[7]

Noriega, además, le aclaró que él no aceptaría irse al exilio. Podía considerar retirarse de su cargo como jefe de las fuerzas armadas, pero no permitiría la humillación de verse como si estuviera huyendo de su país. Kozak le explicó que, mientras él siguiera en Panamá, no habría confianza de la oposición ni de la comunidad internacional de que se pudiera celebrar un torneo electoral limpio, que esa era la meta que todas estas negociaciones buscaban. Tanto los americanos como los otros interlocutores tenían como fin la celebración en mayo de 1989 de elecciones libres en las que los panameños escogieran a sus gobernantes sin la injerencia de las fuerzas armadas.

El siguiente mensaje de Noriega sería que él podría considerar su renuncia, que le dieran un mes para poner sus cosas en orden, y que entonces viajaría al exterior hasta después de las elecciones, pudiendo, eso sí, pasar las navidades en Panamá con su familia. Todo ello sujeto a que las acusaciones criminales en su contra, los *indictments* de Florida, fueran cerrados y archivados.

En resumen, le dijo a Kozak al concluir la última de las reuniones: "Mi disyuntiva es la siguiente: o sigo en uniforme y en el poder con todas las presiones y riesgos que ahora tengo, o existe la certeza de que seré enviado a una prisión en Miami".[8]

¿Qué negoció y acordó Noriega con el Departamento de Estado?

Los detalles de las tediosas negociaciones llevadas a cabo por el embajador Michael Kozak y el general Noriega incluían que el presidente Reagan levantara las sanciones económicas contra Panamá. Una hora después de que se hiciera ese anuncio en Washington, Noriega declararía en Panamá que se aprobaría una ley estableciendo que el período máximo en el que el comandante jefe de las Fuerzas de Defensa podía permanecer en el cargo sería de cinco años. Por lo tanto, Noriega renunciaría al cargo el 12 de agosto de 1988, el quinto aniversario de su mandato. Se anunciaría también que los derechos fundamentales y las libertades ciudadanas serían restablecidas, que se aprobaría una amnistía por los supuestos delitos que pesaban sobre los presos políticos y los exiliados. El general abandonaría el país y se mantendría fuera hasta pasadas las elecciones del 7 de mayo de 1989. Tendría la libertad de anunciar públicamente que su salida temporal era voluntaria para tomarse una larga vacación. Y, para poder alegar que no salía por presión de los gringos, volvería unos días al país a pasar las navidades de 1988 con su familia.

Los partidos políticos, por su parte, negociarían un gobierno de conciliación nacional que prepararía las elecciones del siguiente año e iniciarían la recuperación económica del país luego del levantamiento de las sanciones económicas. Aunque el documento no establecía expresamente quién sería el sucesor de Noriega a la cabeza de las Fuerzas de Defensa, se entendía que sería el coronel Marcos Justine.

La conclusión del acuerdo solo dependería del retiro de los cargos criminales por narcotráfico contra Noriega.[9]

Kozak sabía que el tema vital para cerrar un acuerdo era el de los *indictments*. "Él insistió siempre en que se le eliminaran los *indictments*, esa era su principal condición", subrayó el diplomático americano. Y en ello trabajó arduamente.

El tercer encuentro entre Noriega y los americanos ese año sería crucial. Estaba supuesto a ser el último, el acuerdo final. Tuvo lugar en el mes de mayo, en un momento histórico para la administración estadounidense, la del presidente Reagan, quien en menos de siete meses finalizaría su presidencia. Noriega, en principio, había conseguido lo que pedía.

Ronald Reagan estaba por concluir el último año de sus dos períodos presidenciales. Se preparaba para dejar su gran legado en política exterior. Ese mes de mayo tendría lugar la reunión más trascendental de su mandato, la Cumbre de Moscú, el encuentro cara a cara con el líder de la Unión Soviética, Mijaíl Gorbachov. La Unión Soviética estaba a unos pasos de desmoronarse, de colapsar el comunismo soviético y del desmembramiento de la URSS con la inimaginable caída del muro de Berlín del año siguiente.[10]

Sería la primera vez en 16 años que un presidente norteamericano pisaría suelo ruso (la visita de Nixon fue en 1972). El último día de la cumbre el presidente Reagan declararía aquella famosa frase: "La guerra fría ha terminado".

En este encuentro, además de los asuntos relativos al control de las armas nucleares, Reagan pensaba presionar duramente a Gorbachov con el tema del respeto a los derechos humanos. El americano quería mostrarle cómo la crisis política panameña había encontrado una salida democrática y pacífica. Era un buen ejemplo a seguir en ese mundo bipolar que controlaban ambos gigantes.

En el ámbito interno, en Estados Unidos estaban en marcha las elecciones para suceder a Reagan. Era un año electoral en el que serían candidatos su propio vicepresidente, George Bush, por el Partido Republicano, y el gobernador del estado de Massachusetts, Michael Dukakis, por el Partido Demócrata.

Mientras la plana mayor de la diplomacia y las fuerzas armadas estadounidenses se enfocaban en la preparación de la Cumbre de Moscú, un equipo del Departamento de Estado apuraba una solución con el dictador panameño.

El presidente Reagan no había prestado gran atención a los detalles de la crisis panameña hasta ese momento. En las semanas preparatorias a la cumbre tomó un interés especial. Fue puesto al corriente, tanto por el secretario de Estado George Shultz, como por el de Defensa y el jefe del Estado Mayor Conjunto, Frank Carlucci y William Crowe. En las reuniones participaron otra media docena de funcionarios incluyendo uno de los asesores más cercanos y conspicuos de Reagan, su jefe de Gabinete, Howard Baker.

El último escollo para lograr que Noriega se retirara del cargo y se estableciera un calendario de transición que culminaría con las elecciones de mayo de 1989 era el tema de los *indictments*, según les informaría el embajador Kozak.

Luego de meditarlo y escuchar las opiniones a favor y en contra, Reagan tomó la decisión: estaba dispuesto a lograr el retiro de los cargos contra Noriega si esa era la llave para solucionar el problema panameño. Estaba seguro de poderle explicar la situación al pueblo americano: que perdonar los cargos de narcotráfico se sustentaba con el fin de una dictadura y el regreso a la democracia de un país amigo. Eso sí, aclaró a los presentes, la negociación debía concluir ya, sin más demoras y excusas. Él quería anunciar el fin de la crisis panameña antes de su viaje a Moscú.

Baker, quien lo respaldaría en su decisión, lo explicaría así: "Si los *indictments* logran que [Noriega] se vaya de Panamá y quede la vía libre para un gobierno democrático en ese atormentado país, ese sería el más productivo y exitoso acuerdo judicial que yo haya visto en mucho tiempo".[11]

Los fiscales federales, sin embargo, no estarían conformes con lo que se proponía. Era cierto que en el sistema americano estaban contemplados los acuerdos de colaboración con personas bajo investigación o testigos de crímenes. Pero dichos acuerdos tenían una finalidad: la de obtener información y asistencia para condenar a otros acusados, a peces mayores. Este no era el caso. Aquí se negociaba con el fin de lograr objetivos de política exterior.

La decisión generaría la primera y única confrontación pública entre el presidente Reagan y su vicepresidente George Bush durante los ocho años que trabajaron juntos.

Bush y su campaña se opusieron públicamente a cualquier acuerdo que dejara impune al dictador panameño. En medio del proceso electoral en el que estaba inmerso el vicepresidente, su equipo consideraba que esa transacción no solo afectaría su imagen (que ya era dibujada por sus contrincantes como la de un *wimp*), sino que vendría a validar la leyenda de su vieja complicidad con el dictador panameño. Noriega, pensarían los votantes, guardaba información sobre Bush que, de hacerse pública, infligiría un daño enorme a su candidatura. Es decir, para evitar un chantaje, se le garantizaría a Noriega su impunidad.

La Casa Blanca mantuvo su decisión incólume. Kozak enviaría finalmente el mensaje a Noriega: hay humo blanco sobre el problema judicial. El presidente encargaría a Edwin Meese, el procurador general, que encontrara una solución al tema jurídico junto con sus fiscales.

Pero la buena noticia a Noriega le llegaría con una advertencia: el acuerdo habría que cerrarlo ya, antes del inicio del encuentro en Moscú. Nada de seguir dando largas a las negociaciones.

Se empezaron a afinar los borradores, incluyendo los pormenores del retiro del general. Se acordó quién sería el garante del acuerdo: monseñor José Sebastián Laboa, el nuncio apostólico en Panamá.

Mientras se trabajaba en el borrador final, se produjeron algunas filtraciones en medios de comunicación que daban cuenta de una negociación en curso. La información terminó levantando críticas de los líderes civilistas panameños que no aceptaban la impunidad del dictador y de algunos senadores que acusaron al gobierno de politizar la administración de justicia para favorecer a un narcotraficante.

Michael Kozak, que estaba en Panamá, fue citado de urgencia a la Casa Blanca el viernes 20 de mayo de 1988. El mismo Reagan le informó que, a pesar de las reservas del vicepresidente Bush, él estaba dispuesto a conseguir retirar los cargos a cambio de que Noriega renunciara y se fuera de Panamá. Reagan quería el *deal* terminado antes del miércoles 25 de mayo, fecha en que despegaría de Washington rumbo a la Cumbre de Moscú. Kozak retornó inmediatamente a Panamá para cerrar el trato.

Cuando Noriega supo de las condiciones de Reagan, y a pesar de que había logrado lo que quería, titubeó de inmediato. Dijo que necesitaba más tiempo para explicar con calma el contenido del acuerdo a los altos mandos militares y políticos que le apoyaban. Sin embargo, empezó a dar los primeros pasos que conducirían a cumplir lo pactado.

Se dirigió a la nunciatura, muy temprano, a hablar con monseñor Laboa. Llegó incluso a pedir que le mostraran la caja fuerte donde se guardaría el documento que ambas partes firmarían y que quedaría custodiado por la sede diplomática vaticana.

Entrevista al excanciller Ritter:

"Cuando se llegó al final de la negociación, el general Noriega nos convocó en la presidencia y, estando en el despacho del presidente Solís Palma, nos llevó a Rómulo Escobar y a mí a un aparte, al patio morisco del segundo piso. Allí me preguntó si yo estaba al tanto del acuerdo. Le contesté que sí. Me pidió mi opinión. Él le puso un 'pero' al trato, diciendo que iba a quedar como que 'me están bajando'. Yo le dije que sí, que eso era así. '¿Aun así estás de acuerdo?', me preguntó, y yo le contesté que sí. 'No quisiera ver a un amigo como fugitivo el resto de la vida. Creo que esta es la oportunidad de salir. Lo podemos considerar injusto o no, pero creo que es una magnífica solución'. Entonces Noriega le dijo categóricamente a Rómulo que le transmitiera a Kozak que él aceptaba, que le diera esa noche para hablarles a los oficiales y a su familia. Rómulo bajó la escalera muy satisfecho con lo logrado en la negociación y con que Noriega hubiera aceptado."

—¿Esta hubiera sido la salida que nos hubiera ahorrado la invasión?

—Definitivamente —contestó Ritter—. Era la solución para Noriega, era la solución para el país, era la solución a las sanciones económicas que sufríamos en ese momento y la garantía de un nuevo Tribunal Electoral, de elecciones supervisadas y el compromiso de las Fuerzas de Defensa de entregar el poder a quien ganara. Para mí, era una salida democrática dentro de las limitaciones democráticas que había entonces.[12]

Ese martes 24 de mayo de 1988 hubo todo tipo de acciones y mensajes contradictorios. Noriega no estaba listo para firmar, no todos sus oficiales estaban conformes y, mucho menos, los dirigentes del PRD. "El general se irá a su exilio dorado, y nosotros ¿qué? ¿Terminaremos presos por el nuevo gobierno?". Y a otros les preocupaba la gobernabilidad del país, por lo que exigían garantías mayores de que llegarían los fondos prometidos a las arcas estatales de manera instantánea, pues las bóvedas estaban literalmente vacías.

Al concluir la noche, Kozak recibió dos llamadas que le tranquilizaron. Una, proveniente de Guillermo *Billy* St. Malo, un amigo de Noriega que a su vez mantenía muy buenos vínculos con la clase política y empresarial panameña. Él le aseguró que el acuerdo se firmaría al día siguiente. Y la otra, de Laboa, que le confirmaba que el general le había llamado para hablarle del discurso que ya tenía preparado y que leería mañana, y también para decirle que estuviera listo para recibir y custodiar los documentos que se firmarían con los americanos.

"Noriega visitó esa noche a su amante, Vicky Amado, y a la madre, Norma Amado, quienes se habían convertido en unas consejeras importantes para él, y les dijo que empacaran sus maletas".[13]

Como en una montaña rusa, hubo un cambio absoluto la mañana siguiente. "Todo había quedado listo la noche anterior y, de repente, Noriega desapareció", recuerda Kozak. En la mañana, Rómulo Escobar llamó a Kozak y le pidió más tiempo. Pero no había más tiempo que dar. El presidente Reagan estaba por abordar el *Air Force One* dando inicio al viaje a Moscú.

En Washington, muy molestos con la demora, se tomó la decisión de que el presidente despegaría como estaba programado, pero que el secretario de Estado Shultz le seguiría en otro vuelo para esperar la firma de Noriega y hacer el anuncio del acuerdo desde la Casa Blanca mientras Reagan volaba.

Cuando finalmente Noriega recibió a Kozak, ya Reagan estaba en el aire. Recuerda Kozak:

> Me llevaron a la casa de la calle 50, la que habían convertido en una especie de museo de Omar Torrijos. Allí, en la que había sido su recámara, donde mantenían las prendas de Torrijos y su cama como el último día que estuvo vivo. En ese escenario tan raro para reunirse, Noriega me recibió y, sentado en la cama, me dijo: "Necesito más tiempo. Mis oficiales no están conmigo. Yo tengo un problema que su presidente no tiene. Con un trato así, los militares gringos jamás prepararían un golpe contra el presidente Reagan. Mis oficiales me están diciendo que si nosotros seguimos adelante con este acuerdo, ellos no se sentirán obligados por las reglas de la disciplina militar, se sienten abandonados y me pueden dar un golpe". Yo le contesté que mi presidente también enfrentaría muchas críticas por este acuerdo, pues hay mucha gente contraria a que le den a usted [a Noriega] una inmunidad. Me pidió más tiempo y yo le dije que el tiempo ya se había agotado.[14]

Los americanos conocían las mañas y tácticas dilatorias de Noriega, sus trucos psicológicos y su interminable obsesión por manipular. En Washington, el secretario Shultz estaba muy molesto, harto de los juegos del dictadorcito.

Luego de dos horas y media, Kozak le dio el verdadero ultimátum a Noriega. O firmaba el acuerdo que tanto había costado concluir o era el fin de las negociaciones.

En ese momento Noriega solicitó concesiones adicionales a los americanos.

Según el relato de Noriega, el tema político no estaba resuelto.

> Yo estaba indeciso y tenía dudas sobre si mi salida de la escena política realmente serviría para resolver algo. Muchos amigos y colegas militares coincidían conmigo… yo tenía la libertad de decidir por mí, pero los mandos militares argumentaban que si yo me iba el país sufriría de inestabilidad y quedaría la impresión de que Panamá se había rendido al imperialismo americano.[15]

En este punto, Kozak recibió una orden fulminante de Washington. *Get out of there!* (¡Sal de allí!). Las negociaciones habían fracasado y los americanos estaban furiosos.

El presidente estadounidense, al hacer escala en Helsinki en ruta a Moscú, fue abordado sobre el tema por los periodistas que a esa hora ya conocían el fracaso de su intento por negociar la salida del dictador. Tratando de poner la mejor cara posible, Ronald Reagan se limitó a decir: "No me siento debilitado ni que me hayan tomado el pelo". No volvió a hablar del asunto.

El exgeneral Rubén Darío Paredes recuerda el desenlace de aquellos intentos fallidos. "Felipe González y otros expresidentes, como el de Venezuela, Costa Rica y Colombia, trataron de llevárselo a España, de ofrecerle una salida. Hubo toda clase de posibles acuerdos, así como ocurrió con Ferdinand Marcos por aquella época". Tuvo varias oportunidades, se le dieron opciones, se le abrieron las puertas y se le ofrecieron varios lugares en el mundo. "Pero ya él era prisionero del poder".

Paredes, quien no estuvo presente en esa última negociación con los americanos recibió, sin embargo, un testimonio de primera mano, el del coronel Marcos Justine, su buen amigo y subalterno. Justine sí estuvo presente y sería quien reemplazaría a Noriega. Él le contó los detalles de la negociación, esa en la que participó el propio George Shultz, el secretario de Estado de Estados Unidos, el artífice de la que resultó ser la última oferta:

> Llega Noriega a la comandancia y entra a su oficina y le dice a Justine: "Voy a tener que retirarme". Enseguida Noriega le pregunta: "¿Quiénes me siguen aquí en el escalafón?". Justine lo busca y le dice que en el escalafón está Sieiro. No seguía de inmediato, pero estaba como de cuarto o quinto. Era el cuñado de Noriega, el hermano de su esposa Felicidad, el teniente coronel Aquilino Sieiro, él era uno de los punteros. Entonces le dice Justine: "General, te tienes que ir, pero no hay problema pues aquí está tu cuñado y él se queda cuidándote las espaldas".[16]

En eso, le cuenta Justine a Paredes, mientras estaban arreglando ese asunto entra al salón la secretaria de Noriega, la señora Marcela Tasón, su mano derecha de toda la vida: "Ella respira el ambiente de lo que está ocurriendo y se pone a llorar. Noriega era como el león que va a morir en el circo, al que se le van pegando las garrapatas... Ella se emocionó, empezó a llorar, a decirle llorando que él no se podía entregar. Y afuera estaban los otros oficiales, los del 'verdadero' Estado Mayor, los *Papo* Córdoba, los Trujillo, esos... Cuando entran los demás al salón el propio Justine creyó que a él lo iban a matar pues consideraban que Noriega, con el apoyo de Justine, los iba a traicionar".

Esos oficiales ingresaron con la mano en el cinto, alterados. Todos pensando que su comandante se iría, dejaría el poder y ellos quedarían desprotegidos. ¿A merced de quién? Todos miraron a Noriega y le dijeron: "Usted no se puede ir, mi general, ni un paso atrás. Acá usted es el líder de América y nosotros estamos para respaldarle".

"Y Noriega se lo fue creyendo —dice Paredes—. Tras que él no estaba muy convencido de irse, allí, en ese momento, reculó. Justine me lo dijo: 'Rubén, ahí es donde él recula'. La invasión vino después de esa oportunidad, cuando él cierra la puerta otra vez".

A la pregunta de cuánto habrán podido influir en su decisión las posibles reacciones de amigos y enemigos en el mundo del narcotráfico que socavarían su seguridad personal estando ya fuera del poder, Paredes responde que quizás eso haya podido influir también, pero que, en su opinión, lo que más pesaba era el tema del enriquecimiento. "Él pensó en la riqueza de esos negocios porque ya estaba muy metido en ellos".

Daniel Alonso, el exvocero de las Fuerzas de Defensa, recuerda bien que llegó un punto en el que estaba todo listo para su salida, tanto así que a él lo convocaron al acto donde se haría el anuncio:

Hasta la familia del general estaba recogiendo sus cosas personales porque se iban. Yo no sabía detalles, pero se hablaba de que se iría, quizás a Francia, España o a República Dominicana, pues una de las hijas de Noriega estaba casada con el hijo de un general dominicano. Era casi un hecho. Y en eso vi llegar a un grupo de políticos del PRD con unas camisetas que decían "Con Noriega hasta el 2025. ¡Ni un paso atrás!". Y no sé qué pasó, pero convencieron al hombre y el hombre se quedó. Yo pienso que la vinculación del comandante Noriega con el narcotráfico y con grupos delincuenciales internacionales lo convencieron de que el único escudo protector que él podía tener era ser el comandante de la institución.

César Tribaldos, un dirigente de la Cruzada Civilista que estuvo varias veces refugiado en la nunciatura apostólica, recuerda también una conversación entre monseñor Laboa y Felipe González:

Fue unos meses antes de la invasión. Yo estaba en el despacho del nuncio, junto a su secretario, y recibe una llamada de Felipe González, con quien el diplomático había hablado el día anterior. González le dijo: "Dile a Noriega que le tengo un 747 de Iberia listo para traerlo a España, que puede meter dentro todo lo que quiera y traer a todas las personas que él quiera, que le daremos asilo y protección en España". El nuncio llamó a Noriega enfrente mío y le comunicó el ofrecimiento.

Noriega le pidió tiempo para meditar y hablar con su gente. Unas horas después, Noriega devolvió la llamada y dijo que "los muchachos", refiriéndose a su grupo del Estado Mayor, no estaban de acuerdo con su salida. Le habían dicho que si él se iba no iba a tener ninguna seguridad fuera de Panamá, que "le iba a pasar lo mismo que a Somoza", el exdictador nicaragüense que fue asesinado mientras vivía asilado en Paraguay luego de su salida del poder.[17]

Preguntado sobre las razones que tuvo Manuel Antonio Noriega para terminar dando marcha atrás en cada una de las negociaciones que se sostuvieron, Laboa respondió que "él se encontraba amenazado de muerte por parte de la mafia y por grupos con los que había hecho contactos muy comprometedores. Así se puede explicar que no dejara el poder".

Noriega justifica el fracaso de las negociaciones con los americanos así:

> En tres ocasiones ellos trataron de obligarme a llegar a un acuerdo mediante el cual yo recibiría todo tipo de seguridades personales, dinero, protección y la tranquilidad de no ser arrestado a cambio de aceptar el exilio... y de dejarles la vía libre para que controlaran el país. Yo me rehusé.[18]

"Si Noriega estuvo dispuesto a retirarse nunca se sabrá porque solo él lo sabe", escribió el excanciller Ritter, pues asegura que el exgeneral terminó dando versiones contradictorias sobre este episodio. Bien por decisión propia, por inercia o porque los demás lo convencieron, para Ritter fue una equivocación no aceptar una salida negociada. "Si fue así [que los demás la tomaron por él], la decisión más importante en la vida de Noriega fue precisamente la que no tomó. Y si, por el contrario, fue él quien tomó la decisión de no aceptar, entonces cometió su peor error".[19]

Al llegar George Bush a la Casa Blanca, el 20 de enero de 1989, se mantuvo el bloqueo a las negociaciones. Con su administración se iniciaría una línea más dura. La apuesta de la política americana para resolver la crisis panameña fueron las elecciones de mayo. Así, tendrían prioridad en su administración el respaldo al proceso electoral, el rol de la OEA como observador oficial y la búsqueda del apoyo de los gobiernos de la región. Pero su apuesta falló. Las elecciones se llevaron a cabo y las perdió el régimen militar abrumadoramente. La anulación dejó un enorme vacío y obligaría a Bush a replantearse su estrategia política.

Aun así, entre junio y agosto de ese año, con una economía devastada por las sanciones americanas, con un gobierno de hecho, con cientos de presos políticos y protestas que no desaparecían, la OEA hizo un último intento. Las gestiones estuvieron encabezadas por el canciller ecuatoriano Diego Cordovez y se buscaba mediar entre la oposición, el gobierno y los militares. No se llegó a ningún acuerdo, y el 27 de agosto, en la sede de Washington, el pleno de la OEA dio por terminada su mediación pues sus gestiones habían fracasado.

La puerta que hubiera permitido una salida pacífica había sido cerrada por ambos lados.

10

El disparo que definió la invasión

> Le digo a los americanos que no me sigan amenazando,
> que no le tengo miedo a la muerte.
>
> —General Manuel Antonio Noriega,
> Líder Máximo de la Lucha de Liberación Nacional

El último capítulo del drama de la invasión vino precedido por el más alucinante frenesí despótico de Manuel Antonio Noriega. Había llegado el mes de diciembre y el general, secundado por su más cercano círculo de oficiales y de dirigentes del PRD, decide finalmente que se le proclame dictador. Además, ordena declarar a Panamá en estado de guerra con Estados Unidos.

¿Cómo lo hizo? El 31 de agosto de 1989, tal y como se narró anteriormente, había concluido el último período presidencial. La anulación de las elecciones impedía la renovación de los poderes del Estado creando un vacío constitucional. No había presidente ni vicepresidentes, ni legisladores, ni alcaldes (que entonces debían ser designados por el Ejecutivo), ni representantes de corregimientos.

Así que esa noche, Noriega, en compañía del Estado Mayor, del presidente saliente y sus ministros, de los directores de todas las entidades autónomas (nombrados por él o con su consentimiento), del presidente de la Corte Suprema y de la alta dirigencia del PRD, en lo que denominarían un Consejo General de Estado, salieron del Palacio de Las Garzas a informarle al país que, de ahora en adelante, su amigo y compañero de infancia, Francisco Rodríguez, ocuparía la presidencia, y que la labor legislativa la ejercería (tal y como se había hecho luego del golpe militar de 1968) un Consejo de Legislación, cuyos miembros se darían a conocer más adelante.

En noviembre, Noriega decidió resucitar la tristemente recordada Asamblea Nacional de Representantes de Corregimientos, no como Órgano Legislativo, sino como el "Poder Popular". Se trataba de otro engendro, pues la elección de los representantes de Corregimientos había quedado anulada. Los integrantes del muy *sui generis* Poder Popular serían escogidos y nombrados por decreto entre personas afines al gobierno.

Ese mismo día, 22 de noviembre de 1989, se anunciaría una amenaza formal contra el presidente de los Estados Unidos y contra los civilistas y las fuerzas opositoras al régimen. En otro Consejo General de Estado se emitiría una declaración oficial mediante la cual se hacía responsables "de cualquier atentado criminal contra el comandante Manuel Antonio Noriega a la administración del presidente Bush y a los dirigentes de la oposición".

Noriega seguía obsesionado con la posibilidad de que se diera otro golpe castrense. Estaba convencido de que los americanos conspiraban en su contra azuzando a sus oficiales en coordinación con los partidos políticos opositores y con miembros de la Cruzada Civilista, y que las protestas callejeras eran parte de dicho complot.

La declaración dejaba clara la amenaza contra los panameños: la ira popular y los clamores de venganza que se producirían en caso de un atentado contra la vida de Noriega serían de tal magnitud que el gobierno nacional anunciaba que no podría responder por la vida de los opositores, según advertía el documento.

Las ciudades y principales carreteras se fueron llenando de propaganda antimperialista o de repudio a los traidores. "La sedición no pasará" y "Fuera vendepatrias" se repetían por doquier. Un enorme cartelón sobre la caseta de peajes de la autopista Panamá-La Chorrera decía: "Panameño: faltan 10 años para que el canal sea nuestro. ¡Resiste!". Y otro, colgado en la plaza Cinco de Mayo, en el que aparecían los rostros del embajador americano, Arthur Davis, su hija Susan y el segundo de la embajada, John Maisto, rezaba: "¡El pueblo los repudia! Estos gringos son non gratos". La proclama la firmaban los batallones de la dignidad.

El delirio de persecución iría acompañado de una amenaza bélica. Ocurrió dos semanas después, el 15 de diciembre de 1989. En el hemiciclo del Palacio Justo Arosemena (sede de la hasta entonces Asamblea Legislativa) se congregaron el nuevo presidente y su vicepresidente, los ministros de Estado, los magistrados de la Corte Suprema y del Tribunal Electoral, todo el Estado Mayor y la dirigencia del partido oficial. Además, apretujados en curules y en la galería, estaban los más de 500 representantes de Corregimientos, listos para seguir el libreto que se les tenía preparado.

Ninguno de los presentes lo sospechaba, pero Panamá estaba a cinco días del inicio de un verdadero conflicto armado.

Entre vítores y arengas, dieron espacio para la lectura del documento que iban a aprobar. En él, en primer lugar, había una resolución de guerra contra Estados Unidos. La cámara escuchó la lectura y aprobó unánimemente la "Resolución No. 10 de 15 de diciembre de 1989 por la cual se declara al país en estado de guerra y se adoptan medidas para hacer frente a la agresión extranjera".

En ese momento los presentes y el resto de los ciudadanos, que seguían el acto por televisión, se enteraron de que estaban en guerra con Estados Unidos, país que, durante los dos últimos años, según el texto, había sostenido un cruel y constante hostigamiento contra Panamá y cuyo presidente había hecho uso de los poderes "que jamás su nación ejerció contra ninguno de sus más encarnecidos enemigos en las guerras que ha sostenido en distintos continentes".

El documento enumeraba las causas que sustentaban la declaratoria. Para la Asamblea Nacional de Representantes de Corregimientos, más allá del estado de hostigamiento permanente y de los actos de agresión, lo que perseguía Estados Unidos era lograr la perpetuación de la presencia militar norteamericana en Panamá mediante la modificación de los tratados sobre el Canal.

Acto seguido, la Asamblea Nacional de Representantes de Corregimientos adoptó una segunda disposición. Ya que estábamos en guerra, era necesario designar al líder que estaría al frente de la defensa del país. Se creó el cargo de "jefe de Gobierno", designándose en él al general Manuel Antonio Noriega como "Líder Máximo de la Lucha de Liberación Nacional".

Se procedió entonces a otorgarle todos los poderes del Estado, que incluían desde la designación de los ministros de Estado y de todos los directores y gerentes de todas las instituciones públicas, autónomas, semiautónomas y empresas estatales, hasta la escogencia de los miembros de la Comisión de Legislación y de todos los oficiales de la fuerza pública.

Noriega tendría, además, sin limitación alguna, la facultad de autorizar la firma de cualquier contrato, la negociación de empréstitos, la negociación de los tratados internacionales, la autoridad para coordinar toda la administración pública, tanto civil como militar, y la coordinación de las relaciones exteriores. También podría ordenar las acciones que deberían llevar adelante las entidades oficiales y los ciudadanos para hacer frente a la agresión.

Por último, por si quedara alguna duda del carácter omnímodo de su autoridad, se le confería la potestad de tomar "cualquier decisión sobre cualquier materia o circunstancia" que no estuviera prevista en dicha resolución. En otras palabras, quedó investido del poder absoluto.

Acto seguido, en medio de los vítores de "viva el general", "ni un paso atrás" y "fuera el yanqui agresor", hizo su entrada triunfal Manuel Antonio Noriega. "Constituimos un puño y juntos enfrentaremos este reto", manifestó desafiante quien, pocos días después, se vería enfrentado al gigante militar, del que ni en sus peores pesadillas pensó que respondería al desafío lanzado esa mañana.

A pesar de la gravedad de lo que se había aprobado, lo cierto es que el detonante de la invasión no fue la bravuconería de que se hizo gala ese día. De hecho, los funcionarios en Washington y los mandos militares estadounidenses interpretaron que la declaración y el aguerrido discurso de Noriega constituían el siguiente capítulo de esa retórica antiyanqui que se había instalado en el gobierno panameño dos años atrás.

Comenzaba en Panamá el último fin de semana antes de la Navidad. A pesar de las tensiones políticas entre ambos países y de la crisis económica, el ambiente navideño estaba presente y ya había planificadas reuniones familiares o fiestas de oficina. En especial el viernes y el sábado.

Lo mismo ocurría del lado estadounidense. En las bases se celebrarían los tradicionales encuentros de fin de año del personal militar. Algunos oficiales aprovecharían un día franco ese fin de semana para salir de compras o en busca de entretenimiento fuera de las instalaciones militares.

En el Comando Sur, quienes siguieron el discurso transmitido por televisión ese viernes 15 no lo tomaron muy en serio, según han publicado posteriormente los estudiosos de la invasión. El acto, sin embargo, influyó en los seguidores de Noriega. "Pudo haber tenido el efecto de estimular en los militares panameños, varios de los cuales estaban aún bajo sospecha por su posible participación en la última intentona golpista, una actitud mucho más combativa en contra del personal militar estadounidense para poder reafirmar así su lealtad o resaltar su patriotismo. Independientemente de las motivaciones que tuviera cada uno, la siguiente noche, la del sábado 16 de diciembre, terminó en una confrontación mortal".[1]

Cuatro oficiales americanos, dos del Ejército y dos del Cuerpo de Infantes de Marina, dos capitanes y dos tenientes, habían salido esa noche a cenar desde su base con destino a la Ciudad de Panamá. Se dirigían al hotel Marriott ubicado en San Francisco, al lado del Centro de

Convenciones Atlapa (hoy hotel Sheraton). Los oficiales vestían de civil y habían decidido ir a un sitio frecuentado por extranjeros y considerado seguro. Mientras se desplazaban, alrededor de las nueve de la noche, dieron un giro equivocado y quedaron atrapados en un retén cerca de la comandancia de las Fuerzas de Defensa.

En el retén había militares y miembros de los batallones de la dignidad que estaban requisando todos los autos que pasaban por el lugar. Al notar que en la fila había un Chevrolet Impala con placa no panameña y con pasajeros que tenían el corte militar, se dieron cuenta de que se trataba de militares gringos. Los que dirigían el retén dejaron pasar los dos automóviles que estaban delante del de los americanos y a este le ordenaron detenerse.

El capitán Richard Haddad era el conductor. A su lado estaba el capitán Barry Rainwater y atrás iban los dos tenientes. El conductor decidió pisar el acelerador para no ser detenidos en el momento en que escuchó que los panameños cargaron sus AK-47 y les ordenaban bajar del auto mientras eran rodeados por los batalloneros.

"Al ver que el carro se apartó de la vía para evitar enfrentamientos, les abrieron fuego".[2] El carro recibió ocho impactos de bala. Uno de ellos hirió al capitán en una pierna. Pero sería otro disparo el que se convertiría en la bala final. El teniente Robert Paz Fisher, que estaba sentado en el asiento trasero, recibió el mortal proyectil en la nuca.

Mientras uno de sus compañeros trataba de revivir a Paz, el conductor hizo otro giro y finalmente logró tomar la avenida de los Mártires para llegar al hospital Gorgas, el centro militar más cercano, en las faldas del cerro Ancón. El teniente Paz murió a los pocos minutos de ser admitido en urgencias.[3]

En el Comando Sur, el general Marc Cisneros, el oficial de mayor rango en ese momento, era el anfitrión de la fiesta de fin de año en el club de oficiales del fuerte Amador. Mientras un coro de niños cantaba canciones navideñas, le susurraron al oído la noticia: militares panameños habían disparado a dos oficiales americanos, uno de los cuales estaba muy grave. A los pocos minutos le comunicaron que el teniente del Cuerpo de Infantes de Marina, Robert Paz, había fallecido. Cisneros tomó la palabra e interrumpió la celebración. Pidió a los oficiales que fueran a sus puestos y a sus esposas que volvieran a casa y no salieran. Él se dirigió de inmediato al fuerte Clayton.

El general Maxwell Thurman no estaba en Panamá. Ese día había volado a Washington, D. C. con el fin de, primero, sostener reuniones con los jefes militares encargados de los países latinoamericanos bajo su responsabilidad y, después, tomarse cinco días libres. Estuvo reunido con ellos toda la tarde y luego se retiró a la residencia de su hermano, otro general, en los suburbios de la capital, del lado de Virginia. A las nueve y media de la noche recibió una llamada. "Tengo que volver al Pentágono", le dijo a su hermano.

A esa misma hora el general Colin Powell recibió la comunicación en Quarter Six, la residencia oficial del jefe del Estado Mayor Conjunto en Arlington Heights. Luego de escuchar el reporte con los detalles que hasta esa hora se conocían, procedió a poner al tanto a Richard Cheney, el secretario de Defensa.

El general Thurman, por su parte, estuvo reunido en el Pentágono hasta la medianoche. Ordenó que le prepararan un avión y a la 1:00 a.m. despegó de regreso a Panamá.

A pesar de la gravedad de lo sucedido —se trataba de la primera muerte de un ciudadano estadounidense a manos de un militar panameño—, fue la segunda noticia de lo ocurrido esa noche la gota que derramó el vaso: otro oficial americano y su esposa habían sido detenidos y maltratados.

El teniente de la Marina Adam Curtis había llevado a cenar esa noche a su esposa Connie a un restaurante ubicado en la avenida Balboa. Acababa de llegar ese día a Panamá a pasar las fiestas con su esposo. Luego de cenar en La Cascada, un sitio muy frecuentado entonces por los americanos, manejaron con dirección al Puente de las Américas. Iban camino a la base naval de Rodman cuando fueron detenidos, en el mismo retén que los otros oficiales, pero media hora antes de que ocurriera el fatídico incidente.

A los esposos Curtis les ordenaron primero que esperaran en el auto mientras verificaban su documentación. Esperando la respuesta, vieron en vivo lo ocurrido a los otros cuatro oficiales americanos y los disparos hechos contra el automóvil. La pareja, que no opuso resistencia alguna, fue entonces esposada, les vendaron los ojos y, sin recibir explicación alguna, fueron llevados a unas oficinas que terminaron siendo las de la comandancia. Allí fueron sometidos a un interrogatorio durante cuatro horas. La sesión se tornó violenta desde el principio. El teniente fue golpeado en los genitales, en la boca y en el estómago mientras su esposa, obligada a tener las manos en alto todo el tiempo, presenciaba la golpiza. Luego ella fue manoseada al tiempo que le susurraban al oído que su esposo no volvería a poder tener relaciones sexuales con ella. "Me golpearon unas quince o veinte veces en los genitales", contaría Adam Curtis.[4] En algún momento Connie se desmayó. Cuando volvió en sí, fue interrogada sobre el trabajo de su esposo, al cual acusaban de ser un espía. Fueron liberados pasadas las 2:30 a.m.

Estando aún detenidos, las Fuerzas de Defensa emitieron un comunicado diciendo que el incidente con los cuatro oficiales, en el que murió Paz, había sido un acto de provocación y un ataque contra Noriega, pues los militares habían incursionado de manera premeditada en el perímetro de seguridad del Cuartel Central y habían hecho disparos, hiriendo a algunas personas.

Estados Unidos refutó de inmediato dicho comunicado, desmintiendo su contenido y enfatizando que los cuatro oficiales iban de civiles y estaban desarmados. Luego contarían con la versión de los esposos Curtis, quienes habían presenciado el incidente y confirmaron lo ocurrido.

Los tres oficiales que viajaban con Paz fueron interrogados. El comunicado de Noriega era *total bullshit* (pura mierda), diría el general Thomas Kelly años después. Nuestros agentes de inteligencia militar habían interceptado las comunicaciones en las que el mismo Noriega por teléfono y por radio daba instrucciones a su gente para crear falsas noticias con el fin de inculpar a los americanos por el incidente.[5]

Los altos mandos americanos llegaron a la conclusión de que, si bien durante el primer incidente podía alegarse algo de confusión sobre los hechos, por aquello de que los cuatro oficiales se habían dado a la fuga y de que la muerte de Robert Paz había podido no ser intencionada, el segundo incidente no dejaba lugar a dudas: la relación con las Fuerzas de Defensa había alcanzado un punto crítico.

La vida de los americanos que vivían en Panamá, coincidieron los altos mandos estadounidenses, correría verdadero peligro en esta nueva escalada de violencia. La amenaza se cernía tanto sobre el componente militar como sobre el civil, que estaría siendo acosado y maltratado aleatoriamente por militares o paramilitares acatando las directrices de Noriega.

La declaratoria de guerra y la consagración formal de Noriega como dictador, hecha por la asamblea el viernes, sumado a los dos incidentes del sábado, confirmaban a los estadounidenses que la "guerra psicológica" de los últimos dos años, con la retórica inflamatoria, las amenazas constantes y las tácticas intimidatorias, habían alcanzado un nuevo nivel. Ya no eran incidentes aislados sino una realidad mucho más peligrosa. En la calle estarían esperándoles los elementos más radicales de las Fuerzas de Defensa y de los batallones de la dignidad, que habían asimilado el discurso radical y violento de su jefe, listos para complacer a su comandante.

El exgeneral Rubén D. Paredes recuerda bien esos días:

Ya era mucha la insolencia que mostraba Panamá con los norteamericanos, los desmanes, los desafíos, eso de que "vengan, vengan cuando quieran", era ya demasiado. Se daban también patrullajes agresivos de la otra parte, de las tropas norteamericanas. Recuerdo que ellos hacían ejercicios militares. Me viene a la mente uno por Chilibre y otro por el Puente de las Américas. La situación era muy tensa. Yo por ese entonces tenía una casa en El Valle y camino a ella mi señora y yo nos enteramos de que había muerto un norteamericano, allí en El Chorrillo. Al regreso del interior ese fin de semana vi la bandera de los Estados Unidos que estaba a media asta. Le dije a Elvira, mi señora, vamos a parar en el supermercado porque los gringos nos van a invadir. Y es que, además del muerto, ya venían los desmanes. Los gringos estaban esperando una cosa así, una excusa, un incidente. Y allí me dije, ya tienen la justificación.

El domingo 17 de diciembre el presidente Bush, que había sido alertado de la muerte de un teniente la noche anterior, recibiría un informe completo de lo sucedido. La cadena entera de mando estuvo ocupada preparándole al presidente las opciones a tomar, que iban desde una protesta y reclamo a Panamá hasta una movilización militar total.

En una reunión de coordinación de los mandos militares del Comando Sur llevada a cabo ese domingo al mediodía, el general Cisneros les dijo a los presentes que él no podía predecir cuál sería la reacción y decisión que tomaría el presidente Bush sobre lo ocurrido. Lo importante en ese momento era tranquilizar a las fuerzas armadas panameñas para que bajaran la guardia en caso de que Bush tomara la decisión de una respuesta militar. Cisneros ordenó entonces que todas las unidades que habían sido puestas en alerta máxima la noche del sábado bajaran el perfil. "Ya para el lunes, cuando vieron que no pasaba nada, ellos creyeron que Estados Unidos no iba a atacar".[6]

El alto comando militar estaba citado a las 2:00 p.m. del domingo en la Casa Blanca. El presidente Bush, que estaba en un almuerzo navideño, subiría a esa hora a la residencia de la mansión presidencial a escuchar a sus asesores y tomar una decisión.

Los comandantes llegaron a la conclusión de que había tres posibles respuestas a la crisis panameña después de lo acontecido. La primera de ellas era dejar pasar el incidente limitándose a una protesta diplomática y declaraciones públicas de condena.

La segunda consistía en una respuesta militar enfocada en la captura de Manuel Antonio Noriega ejecutando parcialmente el plan Cuchara azul. Se pondrían en acción las partes del plan que incluían la protección del Canal y de los ciudadanos americanos ante la posible represalia de parte de los grupos leales al dictador. Se trataba de una operación "quirúrgica" ejecutada con participación de una fuerza Delta. La estructura de las Fuerzas de Defensa quedaría intacta y se trataría de, una vez removido Noriega, influenciar en sus sucesores para que llegaran a un acuerdo con la oposición en la formación de un nuevo gobierno civil.

La tercera opción la constituía una incursión armada total, el plan Cuchara azul completo, cuyos objetivos políticos y militares contemplaban la neutralización y decapitación de las Fuerzas de Defensa, la defensa del Canal, la captura, detención y envío de Noriega a enfrentar los juicios por narcotráfico y el restablecimiento de la democracia en Panamá.

Tanto el secretario Cheney como el general Powell (luego de haber discutido en el Pentágono con los comandantes de las cuatro ramas de las fuerzas armadas y con el general Thurman, que estaba ya en Panamá) llegaron a la reunión con una recomendación final al presidente.

No hacer nada, razonaron ambos, no era una opción a estas alturas. La situación seguiría deteriorándose y las vidas de los americanos en Panamá estarían realmente amenazadas. Los últimos hechos lo confirmaban. La presencia americana en Panamá, con sus bases militares y sus trabajadores civiles, estaba pactada hasta el 31 de diciembre de 1999 de acuerdo con los tratados Torrijos-Carter. Eso significaba que durante la próxima década sus vidas correrían peligro.

Una incursión limitada a la captura de Noriega tenía riesgos, siendo los dos más importantes la eventualidad de que no pudieran dar con el general por sus constantes movimientos ("conocemos de su ubicación en un 80%… pero ese 20% que desconocemos es un margen muy alto para asegurar el éxito", señalaban los militares) y que no habría garantía alguna de un retorno a la democracia en Panamá. La inmensa mayoría de los oficiales de las Fuerzas de Defensa carecían de una vocación democrática y no tenían la intención de subordinarse al poder civil.[7]

El exgeneral Paredes razona, analizando en retrospectiva el deterioro al que había llegado la institución en esa época:

La invasión era inminente. Lo importante era borrar lo que estaba ocurriendo en Panamá. Eso de una operación rápida, de coger a Noriega y llevárselo, es mentira. Ya la malignidad estaba permeando a la oficialidad, tenían casas, fincas, negocios... Había mayores que eran jefes de sus jefes, el Estado Mayor era subalterno de los allegados a Noriega. Había que hacer cirugía mayor, radical, porque la institución estaba en metástasis.

Los diferentes comandantes estadounidenses llegarían a la conclusión de que Noriega y su grupo habían sobrepasado el límite de lo tolerable. Además, estaban convencidos de que la abrumadora mayoría de los panameños quería deshacerse de él.

"No podemos permitir que esta situación continúe. Debemos actuar", le dijo Powell a Cheney. "Es cierto", contestó este. "Y no solo contra Noriega. Contra las Fuerzas de Defensa".[8]

En la Casa Blanca Bush recibió una explicación detallada del plan Cuchara azul. La reunión duró una hora y cuarenta y cinco minutos. Todos sus asesores militares coincidieron en la recomendación de *a full military incursion* (una incursión militar completa) con el objetivo de neutralizar totalmente a las Fuerzas de Defensa panameñas.

En la mente de Bush había una consideración adicional relacionada con los tratados del Canal de Panamá. Según el texto, a partir del 1 de enero de 1990, le correspondería al gobierno panameño el nombramiento del Administrador del Canal. Hasta ese momento, el administrador era estadounidense y el subadministrador era panameño. El puesto lo había ocupado durante la última década el panameño Fernando Manfredo, un profesional que, aunque afín al proceso revolucionario, gozaba del respeto de los ciudadanos y había trabajado impecablemente con los americanos en el proceso de transición de la operación. Se daba por descontado que sería el candidato panameño para ocupar el cargo. Sin embargo, el gobierno decidió que el primer administrador panameño debía ser Tomás Gabriel Altamirano Duque, un cercano colaborador del régimen sin la menor preparación ni experiencia en la materia.

"¿En cuánto tiempo podríamos estar listos para comenzar?", preguntó Bush, consciente de que el factor sorpresa sería crucial para el éxito de la operación militar. "En 48 horas", respondió Powell.

A Bush también se le informó de que la hora ideal para iniciar el ataque, la "Hora-H",[9] sería la 1:00 a.m., tomando en cuenta que la acción debía empezar de noche (representaba una ventaja para los Estados Unidos sobre las fuerzas armadas panameñas, pues contaban con armas y equipos mucho más sofisticados y con visión nocturna) y que el último vuelo comercial que aterrizaba en el aeropuerto de Tocumen los martes en la noche llegaba procedente de Brasil a las 11:00 p.m., por lo que la terminal estaría ya despejada de civiles a la hora del ataque. Con este último detalle se recordaba que el aeropuerto era uno de los 27 objetivos militares incluidos en Cuchara azul.

Antes de concluir la reunión, Powell fue muy claro con Bush:

Señor presidente: habrá muertos, militares y civiles, nuestros y de ellos. Haremos todo lo posible por minimizar estas bajas. Pero mucha gente saldrá lastimada. Habrá pérdidas humanas y habrá caos, pues estaremos derrumbando la estructura de poder del país.

Cuando se le preguntó sobre cuánto tiempo estimaba que duraría la misión, Powell contestó:

Puede ocurrir que las Fuerzas de Defensa se rindan de una vez y que salgamos de allí con letreros que digan "bienvenidos yanquis" o podemos encontrar un combate muy duro que nos mantenga allí por varias semanas.[10]

This guy is not going to lay off. It will only get worse! (Este tipo no va a parar. ¡Esto solo se pondrá peor!), dijo Bush. Así, aprobó el plan Cuchara azul, cuyo nombre fue cambiado al día siguiente por el de Operación Causa Justa, mediante la cual se ordenaba la invasión militar a Panamá.

A partir de ese momento, se necesitarían 48 horas para estar listos. El lunes 18 y el martes 19 de diciembre se transportarían cerca de

7 000 soldados, los que se unirían a las 12 000 unidades que ya estaban en Panamá. Durante el curso de la invasión se movilizarían otros 13 000, totalizando en 26 000 el número de combatientes americanos que tomaron parte. Y se trasladaría mucho equipo de combate.[11]

Así, la Hora-H quedó fijada para la 1:00 a.m. del miércoles 20 de diciembre de 1989.

Buscando asegurar el factor sorpresa, se tomaron una serie de medidas para minimizar el número de generales que conocerían la decisión final esas primeras 48 horas. Al resto de los mandos y de las demás ramas del gobierno se les haría creer que el movimiento de tropas era parte de los ejercicios militares que ya, en el pasado, se venían realizando en el Comando Sur. Y, un último elemento clave: se decidió tajantemente mantener a la CIA y a la DEA ignorantes de la decisión, así como a las demás agencias que pudieran soplarle a Noriega lo que se avecinaba.

La tarde del domingo, desde la Casa Blanca, el vocero presidencial Marlin Fitzwater dio la respuesta oficial sobre la muerte del teniente Robert Paz y el incidente con los esposos Curtis. La denuncia de lo ocurrido fue enérgica pero el vocero fue deliberadamente ambiguo ante las preguntas relativas a una respuesta militar por la muerte de un ciudadano americano. Calificó como "muy peligrosa" la declaratoria de guerra hecha unos días antes por Panamá y sugirió que pudo haber sido el detonante de los incidentes del día siguiente. "Hay un evidente clima de agresión en Panamá", dijo, resaltando otro hecho hasta ese entonces desconocido. Además de la declaratoria de guerra, las autoridades panameñas habían emitido unas órdenes de arresto contra los generales Thurman y Cisneros.

El propio presidente Bush dio una entrevista esa tarde a cuatro agencias internacionales de prensa en la Casa Blanca. En ella reconoció que sentía "enorme frustración" frente a la situación panameña y la imposibilidad de encontrar una solución pacífica. Preguntado sobre la muerte del oficial, el presidente mostró su indignación y mencionó que estaba estudiando las opciones para dar una respuesta adecuada. No dijo más.

11

La Hora-H

Estados Unidos ha depuesto a muchos jefes de Estado,
pero nunca había secuestrado a ninguno.

—JORGE EDUARDO RITTER, *Los secretos de la nunciatura*

Manuel Antonio Noriega inauguró unas obras en el colegio Abel Bravo de Colón y luego, en un acto frente a los estudiantes, fue elogiado por las autoridades educativas y aplaudido por la concurrencia la tarde del martes 19 de diciembre de 1989. Después se fue andando por el centro de la ciudad hasta el cuartel de las Fuerzas de Defensa. "Recuerdo los rostros brillantes, las aclamaciones, las jovencitas morenas sonriendo bajo el sol, las madres cargando sus recién nacidos, la fiesta callejera espontánea que había ese día mientras yo caminaba", contaría el general años después.[1]

La gente lo saludaba desde los balcones mientras se escuchaba la música por todos lados. Colón era la ciudad donde había pasado sus primeros años como oficial, donde había conocido a Torrijos y se había ganado su confianza, un pueblo al que conocía bien. Esa tarde, sin embargo, estaba ansioso. Algo le decía que debía salir de allí, pero el jefe de la zona lo persuadió de que visitara el cuartel y a la tropa al concluir el acto escolar.

Siendo las 5:00 p.m. uno de sus asistentes le susurró al oído que había reportes de que estaba aterrizando un número importante de aviones en los aeropuertos de la Zona del Canal y que de ellos descendían tropas. Por más de veinte años, este tipo de cosas ocurrían periódicamente —maniobras, movimiento de soldados, la llegada de bombarderos a la base de Howard—, sin tener un patrón fijo. "Era un procedimiento normal. Los americanos tampoco nos avisaban a nosotros, ya que podían hacerlo al amparo de los tratados del Canal firmados por Jimmy Carter y Torrijos en 1977", recuerda el propio Noriega.[2] A pesar de sus corazonadas, el comandante no imaginaba una invasión estadounidense. Lo que le atormentaba era la posibilidad de otra traición cuartelaria.

Al caer la noche, cuando se iba a empezar a servir comida y él ya planeaba irse, fue nuevamente retenido. Esta vez era un grupo de empresarios de la Zona Libre de Colón que le querían hablar de negocios. A esa hora su asistente le puso al tanto de las últimas novedades. Desde el fuerte Bragg, la base militar más grande de Estados Unidos, ubicada en Carolina del Norte, se reportaba que despegaban aviones con destino a Panamá. De nuevo desestimó la posibilidad de un ataque bélico, pues sus fuentes en Washington le tranquilizaron informándole que los movimientos eran parte de las maniobras militares que llevarían a cabo los gringos como respuesta a los incidentes del sábado anterior.

"El único cambio que decidí hacer ante la noticia de esos ejercicios fue que, en vez de volver a Panamá en helicóptero, lo haría por tierra", diría Noriega. De hecho, el comandante citó al Estado Mayor a una reunión a las 8:00 a.m. del día siguiente para analizar la situación.

En el trayecto a la capital, eso sí, dividió en dos su convoy. La mitad se dirigió a El Chorrillo, a la comandancia. La otra tomó rumbo al aeropuerto de Tocumen. Noriega acostumbraba a hacer estos movimientos a menudo como el consumado oficial de inteligencia que era. Cambiaba de planes intempestivamente, trataba de despistar a quien lo pudiera estar siguiendo, o a su propio equipo, con decisiones de última hora o enviando señuelos, como hizo esa noche con la parte del convoy que llegó al Cuartel Central. Del auto blindado que entró al patio, y escoltado por varios guardaespaldas, bajó rápidamente una persona uniformada que subió a su despacho haciendo creer que el general estaba allí.

Los dos grupos de vehículos llegaron a la ciudad cerca de las 7:00 p.m. El que Noriega ocupaba se dirigió al Centro de Recreación Militar (CEREMI), un complejo que las fuerzas armadas tenían cerca del aeropuerto y en el que antiguamente había funcionado uno de los mejores hoteles del país, La Siesta.

Miles de soldados estadounidenses y toneladas de equipo bélico fueron transportados desde varias bases de Estados Unidos a las del Comando Sur durante las últimas 36 horas. Ya habían llegado a Panamá cerca de 7 000 soldados.[3] En esta ocasión, el "viene el lobo" resultó ser cierto, tal como gritaría por última vez el pastorcito de la fábula de Esopo sin que nadie le creyera.

El inicio del combate, la Hora-H, había quedado fijada 48 horas antes para esa noche, la del martes al miércoles, exactamente a la 1:00 a.m. del 20 de diciembre.

A los soldados acantonados en Panamá se les había ordenado descansar obligatoriamente el lunes. Toda la movilización de tropas se hacía camuflada como si fueran ejercicios militares que tendrían lugar esa semana.

A las 10:00 p.m. del lunes, por boca de un general llegado del Pentágono, los primeros treinta oficiales de alto grado que estarían al mando directo de las acciones fueron informados de la puesta en marcha de la operación Cuchara azul, ahora renombrada Causa Justa.

Para seguir preservando la confidencialidad, se acordó que el resto de los oficiales serían informados al día siguiente, el martes, a las 8:00 p.m., H-5, y que la tropa se enteraría de que se trataba de un real conflicto armado, y no de un ejercicio, a las 10:00 p.m., H-3, o sea, cinco y tres horas antes del inicio de las hostilidades, respectivamente. A partir de ese momento, a ningún soldado se le permitiría hacer llamadas.

En Washington, ese martes, tanto el secretario de Defensa, Richard Cheney, como el jefe del Estado Mayor Conjunto, Colin Powell, ordenaron mantener su agenda oficial tal y como estaba pautada desde antes, con reuniones rutinarias y actos protocolares, para enviar el mensaje de absoluta normalidad tanto a la prensa como a cualquier soplón. Los noticieros de la tarde, supo el Pentágono, sí iban a reportar ciertos movimientos, por lo que les hicieron llegar la información de que se trataba de ejercicios militares.

Dan Rather, el presentador del noticiero de CBS, informó esa noche sobre el desplazamiento aerotransportado de tropas que despegaban del fuerte Bragg. "El Pentágono declinó confirmar si su destino era o no Panamá. Se limitó a decir que los cuerpos de unidades aerotransportadas del fuerte Bragg han estado llevando a cabo 'ejercicios de alerta' por un tiempo".[4] La otra cadena, NBC, también reportó movimientos importantes de soldados en arreos de combate y el despegue de aviones militares.

En el último momento tuvo que ser adelantada la Hora-H por temor a perder el efecto sorpresa, pues ya era casi imposible mantener el secreto.

La inteligencia militar estadounidense en Panamá había captado el martes en la tarde y noche comunicaciones de oficiales y civiles allegados al gobierno panameño que reportaban sobre la gran movilización. El alto comando militar decidió entonces anticipar el inicio del ataque. Primero consideraron adelantarlo media hora, pero algunos aviones no habían aterrizado aún y mucha tropa no había tomado sus posiciones y no se pudo. Sin embargo, decidieron adelantarlo 15 minutos. Así, la Hora-H quedó fijada a las 12:45 a.m. del 20 de diciembre.

Sesenta minutos antes, se empezaron a colocar subrepticiamente diferentes pelotones en lugares clave como el fuerte Amador, la avenida de los Mártires, las cercanías del Puente de las Américas, los aeropuertos de Tocumen y Paitilla, la represa del lago Alajuela y a lo largo del Canal y sus esclusas, ya que estaban cerca de los que serían los primeros objetivos militares.

Los pocos televidentes que la noche de ese martes aún estuvieran viendo el Canal 8 (la televisora del Comando Sur), pudieron haber observado que el cintillo en la parte inferior de su pantalla cambió a las 11:00 p.m. En ese momento pasó del nivel PML Delta, que significaba que el movimiento del personal militar fuera de las bases estaba limitado (*Personnel Movement Limitation*), a PML Eco, que en la jerga militar significa *guerra*.

El ataque contra el Cuartel Central en El Chorrillo comenzó a las 12:45 a.m. Sería, sin duda, el ataque más violento, encarnizado y prolongado de la invasión. Hubo fuego cruzado durante varias horas entre las fuerzas atacantes y las leales al general. Un helicóptero americano fue derribado y cayó dentro del patio del cuartel.

En la defensa de la comandancia, además del fuego de los militares que estaban dentro de las instalaciones, las tropas americanas recibieron el de los batalloneros en las calles. También se reportaron disparos provenientes de los edificios altos circundantes al cuartel, los multifamiliares de Barraza, donde se habían apostado francotiradores leales a Noriega.

Minutos antes, una fuerza Delta ejecutó el rescate del americano Kurt Muse, quien permanecía detenido en la cárcel Modelo, ubicada a pocos metros. El americano llevaba ocho meses recluido en solitario, en una pequeña celda con un guardia vigilándolo las 24 horas y con órdenes de matarlo en caso de que vinieran a llevárselo. En cuestión de minutos, el comando de operaciones especiales aterrizó en la azotea del centro, localizó a Muse y lo sacó del lugar en uno de los helicópteros *MH-Little Birds* que le esperaban. La operación de rescate del "rehén espía" había sido ensayada una y otra vez por las fuerzas Delta en uno de los cayos de la Florida utilizando una estructura que reproducía la cárcel Modelo, en una operación bautizada como *Acid Gambit*. Al alzar vuelo, el helicóptero en el que llevaban a Muse se enganchó con uno de los bordes de la azotea y se desplomó a tierra. Al ver la caída del aparato, un centinela de la cárcel ayudó a los accidentados a salir de la aeronave. A los pocos minutos serían rescatados por un vehículo armado de la división de infantería, con Muse y uno de los oficiales ilesos, pero con cuatro miembros del comando heridos.

Al amanecer se desencadenó un enorme incendio en El Chorrillo, un barrio compuesto mayormente por casas de madera construidas casi un siglo antes para los obreros que participaron en la construcción del Canal y habitadas por gente humilde y ajena al conflicto. El incendio, que se fue propagando por todo el barrio, más las detonaciones crearon un escenario dantesco jamás visto en Panamá.

En El Chorrillo murieron esa noche decenas de militares, de paramilitares y de simples civiles, víctimas inocentes tanto del fuego cruzado como de las llamas.

El gran incendio de El Chorrillo

El padre Javier Arteta era el párroco de la iglesia Nuestra Señora de Fátima y director de los centros juveniles y para ancianos que operaba la Orden de los Mercedarios en El Chorrillo, a escasos metros del Cuartel Central. Fue testigo de primera mano de lo ocurrido.[5] Un sonido atronador, que jamás había escuchado, lo despertó a la medianoche. Sintió helicópteros sobrevolando y, al asomarse a la ventana, vio luces trazadoras [*tracers*] que salían directo del cerro Ancón con dirección a la comandancia. "Pensé que eran luces de bengala, pero luego supe que el ruido era de las bombas que venían detrás". Bajó las escaleras y se reunió con los otros religiosos y religiosas del centro. Luego escuchó las voces de los americanos dirigidas a la comandancia. "Están ustedes rodeados por las fuerzas de Estados Unidos, salgan y ríndanse". Pasaban unos minutos y se reiniciaba el combate, así, intermitentemente, durante toda la noche. Una inmensa cantidad de vecinos despavoridos buscaron refugio en el centro. Al inicio serían cien personas, luego quinientas y terminaron siendo cerca de diez mil, hombres, mujeres, ancianos y niños. "La gente llegaba huyendo, sorteando las balas, se desmayaban de pánico". Así sería hasta el amanecer. A las siete de la mañana empezó el que sería el incendio en una casa a 50 metros de la iglesia. "Vi que en aquella casa prendían fuego. La gente vio cómo la prendían personas que con plena seguridad eran batallones de la dignidad. Le prendieron fuego a la casa, eso es clarísimo. Podemos pensar que la incendiaron para hacer maldad, para que ardiera El Chorrillo, esa puede ser una versión. Si ellos tenían órdenes de Noriega, eso no lo sé. Ese porqué no lo podemos dilucidar y es la clave, pero de que lo prendieron ellos y no el bombardeo, de eso estoy seguro. Yo soy testigo de que en ese momento no había nada, ni tiroteo ni bombardeo ni los americanos tiraban lanzallamas". Hubo unos incendios aislados en la noche producto de algunos disparos, señala el sacerdote, pero eran incendios aislados que no se propagaron. "El gran incendio de El Chorrillo vino a las siete de la mañana del día 20. Eso lo vi yo. Yo salí de la iglesia a las seis y media de la mañana y El Chorrillo estaba intacto. Carros abaleados, casas con impactos de bala, balas y no bombas, y las casas estaban todas enteras, salvo algunos incendios aislados. El incendio de las siete fue cogiendo todo, casa por casa, nuestros esfuerzos por detenerlo fueron inútiles". Recuerda escuchar a las diez de la mañana los altavoces de los americanos que daban la orden terminante a toda la población de alejarse, de abandonar el área. "El éxodo fue difícil y, para mí, el momento más tenso". La gente que había estado luchando por su familia, por su casa, y que habían traído lo poco que pudieron sacar esa noche de su hogar a la parroquia, lo perdería todo. "Es el momento donde más lágrimas vimos porque no sabían a dónde iban a ir. Había que dejar lo poco que tiene el pobre, que le duele tanto perder, como lo mucho que tiene el rico". Fue horrible. Y aclara el cura: "Aquí los batallones eran dueños de todo, la gente vivía aterrorizada. Cuando sucedió esto, la invasión, Dios mío, habían deseado que sucediera y que acabara esta pesadilla". Y justo cuando se creían liberados, el incendio arrasó con todo.

Para la mayor parte de la población de la capital, aquellas vistas de la ciudad vieja en las que se alzaba una columna de fuego y humo donde quedaba el Cuartel Central, quedarían grabadas en su memoria como uno de los recuerdos icónicos de la invasión.

La captura y rendición final de la comandancia, planeada por los americanos para tomar ocho horas, duraría bastante más tiempo. Una porción inicial de la tropa y oficiales abandonó el cuartel o se rindió al inicio del ataque. La comandancia fue finalmente sitiada y los disparos desde dentro terminaron al amanecer. En horas de la tarde del 20 de diciembre, luego de la rendición de las últimas unidades que quedaban dentro, el complejo fue tomado por completo.[6]

El número total de objetivos militares contemplados en la Operación Causa Justa era de veintisiete. La mitad de ellos se ejecutarían simultáneamente apenas se inició la invasión; el resto, unas horas después. "De ser ejecutada exitosamente, las tropas deberían haber neutralizado a las fuerzas de Noriega y lograr así el control de facto del pequeño país durante las primeras 24 horas con una cantidad limitada de combate".[7]

Concurrentes en tiempo y área geográfica con el ataque a la comandancia y el rescate de Muse, tuvieron lugar el asalto al cuartel que albergaba entonces a la policía de tránsito en Albrook, hoy sede de la Policía Nacional (los siete oficiales panameños que lo defendieron terminaron rindiéndose a las siete de la mañana), el sitio a los cuarteles ubicados en la península y calzada de Amador (que, tras las ráfagas iniciales, se fueron rindiendo también durante las primeras horas de la mañana) y el control del Puente de las Américas, cortando el paso de vehículos militares hacia la comandancia.

Después del fiasco del golpe liderado por Giroldi, los americanos sabían que era imprescindible controlar a las fuerzas más letales y leales a Noriega. Por ello, entre los primeros objetivos estuvo la neutralización de los Machos de Monte, ubicados en Río Hato, así como el Batallón 2000, Los Tigres y la UESAT en los fuertes de Panamá Viejo, Cimarrón y Tinajitas en la capital.

Los paracaidistas que estaban supuestos a neutralizar a la UESAT —que Noriega había decidido trasladar desde Flamenco (Amador) al cuartel de Panamá Viejo luego del golpe de Giroldi— llegaron más tarde de lo previsto debido al mal tiempo que ese martes 19 de diciembre afectó al fuerte Bragg. Sus aviones debían aterrizar en el aeropuerto de Tocumen y de allí ser transportados en helicóptero al sector de Panamá Viejo. Otra de las imágenes más recordadas de aquella mañana fue la de los paracaidistas que, al tocar tierra a las 7:00 a.m., se vieron atrapados en la lama que queda al descubierto a un costado de las ruinas cuando baja la marea y que fueron socorridos por los residentes del sector.

En San Miguelito, en el cuartel de Tinajitas, la compañía de infantería Los Tigres presentó fuerte resistencia. Unidades del Batallón 2000, por su parte, salieron del fuerte Cimarrón con destino a la ciudad, pero fueron interceptadas en el puente sobre el río Pacora por soldados apostados allí antes de la Hora-H. La batalla en el cuartel con las tropas invasoras fue intensa pero corta. El temido batallón no tardaría en rendirse.

Las dos terminales del aeropuerto de Tocumen, la utilizada para vuelos comerciales y la antigua terminal que se había convertido en una base aérea, fueron tomadas con muy poca resistencia.

El aeropuerto de Paitilla, donde había algunas aeronaves al servicio de las fuerzas armadas y el jet privado de Noriega, cayó esa misma noche en manos de un escuadrón de las fuerzas especiales que logró deshabilitar todos los aviones. Cuatro militares americanos murieron y otros siete resultaron heridos en una emboscada.

Ante la fortaleza de los atacantes, y la evidente desventaja de las fuerzas panameñas, varios de los jefes de las zonas militares del país decidieron rendirse o simplemente ordenaron a sus tropas que abandonaran los cuarteles.[8]

La primera rendición ocurrió una vez iniciado el combate. Fue el cuartel de Santiago a cargo de la 3ª zona militar que comprendía la provincia de Veraguas. En Penonomé, esa madrugada fue abandonado el cuartel, por lo que la 6ª zona militar tampoco presentó combate.

El capitán Amadís Jiménez estaba a cargo de la unidad de la infantería de Marina en la costa atlántica, en la base de Coco Solo, en Colón. Jiménez, uno de los oficiales panameños que se defendió del ataque de los americanos, tenía menos de 48 horas de haber sido asignado al mando de su cuartel.

Antes de ser trasladado a Colón estuvo en el Batallón Paz, en Chiriquí, como teniente. En eso vino el alzamiento de Giroldi en octubre y, luego de la extensa purga de oficiales y la Masacre de Albrook, se dieron ascensos dentro de la institución. El 13 de diciembre se anunciarían los últimos ascensos y rotaciones de las Fuerzas de Defensa. Él había sido ascendido y se le ordenó trasladarse a Colón. Llegó a su nuevo destino la tarde del domingo 17 de diciembre sin sospechar que ya la invasión estaba en curso.

El ataque a Coco Solo, que además de la infantería contaba con una base naval, comenzó cuarenta minutos antes de la Hora-H, ya que se dio un cruce de disparos en una escaramuza accidental entre unidades panameñas y americanas cuando estas apenas estaban tomando sus posiciones antes de abrir fuego.

"Comenzaron con fuego de ametralladoras, fuego de un vehículo de combate con un cañón de 120 mm, ataque aéreo de helicópteros artillados y de un avión C-130", contaría Jiménez.[9] Estuvieron combatiendo toda la noche.

Apenas empezó el ataque, que venía por el frente del cuartel y por la parte aérea, Jiménez dio órdenes de defenderse. "Nosotros estábamos siendo atacados, cuando eres atacado tú te tienes que defender, no te puedes quedar tranquilo ni tirar flores".

Ante la avasalladora superioridad del enemigo, reúne a la tropa para organizar una maniobra de evasión y escape. "La idea era salir del cuartel en dos grupos, camuflarse y reagruparnos en Fort River, en Colón, caminando por el pantano, pues yo no conocía las órdenes de batalla que tenía la compañía, ya que acababa de llegar. Es triste porque no teníamos cascos ni chalecos blindados, no teníamos granadas ni explosivos... no teníamos nada", dice. Cuando empezaron a salir por la parte posterior, fueron sorprendidos por fuego enemigo. Había un nido de ametralladoras esperándolos por donde querían escapar. Resultaron heridos tres hombres. Decidieron abortar la maniobra, quedarse en el cuartel y defenderse, pues los americanos los tenían sitiados tanto por el frente como por detrás del edificio. Jiménez recuerda:

> La fuerza americana era abrumadora. Nosotros tampoco teníamos equipo para ataques nocturnos. Estábamos muy mal equipados. Era difícil, pues muchos de los soldados jóvenes estaban muertos de miedo y no seguían mis instrucciones, todos se venían conmigo sin mantener su posición. Tuvimos que hacer consciencia. Con la ayuda de un sargento los calmamos y pude colocarlos en posiciones defensivas dentro del cuartel.

Al lado había dos edificios donde operaban unas empresas maquiladoras que estaban incendiadas. El calor era sofocante, así que tuvieron que meterse en unos sótanos, *bunkers*, en el edificio contiguo.

Los americanos hicieron un fuego de ablandamiento muy pesado, incluyendo disparos desde el aire provenientes del C-130. Luego quedó todo tranquilo mientras estuvieron bajo tierra, en los *bunkers*.

> Ya en ese momento, pienso yo, ellos pensaban venir a rematar o a recoger heridos luego de semejante descarga. Al salir del *bunker* y retomar nuestras posiciones sentimos voces y pasos en el segundo piso, que eran de los americanos, quienes arrojaron una granada al piso inferior, donde estábamos nosotros. Al escuchar que cayó, nos protegimos detrás de unas columnas. En mis brazos murió un sargento cuya cabeza quedó parcialmente descubierta y sangraba por las esquirlas de la granada.

En la madrugada se hizo un alto al fuego. Hasta entonces hubo disparos en la oscuridad (pues se había cortado el fluido eléctrico), muchos, a lo loco, de ambas partes.

> Ni nosotros ni ellos queríamos morir porque, incluso con su superioridad, habría bajas de ambos lados. Nos podían matar a todos, pero ellos

también iban a tener muertos y tampoco querían eso. Llegó el momento en que empezamos a negociar la rendición.

En la unidad de infantería hubo cinco muertos. Del lado de la base naval murieron un oficial y un soldado. A las 4:30 a.m. del 20 de diciembre concluyó el proceso de rendición.

"No peleamos por defender a Noriega, nosotros peleamos por defender la vida, el honor y el uniforme de cada uno de los que estábamos allí", enfatizó el capitán.

Sobre Noriega dice:

Por mi formación militar, y porque no sé otras cosas que ocurrieron, no quisiera decir que Noriega fue un mal comandante. Lo que sí puedo decir es que sé perfectamente que no dio una sola orden a ninguna unidad de combate desde el momento que comenzó la invasión. No hubo comando, no hubo control, no hubo ejemplo, no hubo reagrupación. Ni hubo, al menos, la hidalguía ante la superioridad del enemigo de decir "yo soy el comandante de estos hombres y vamos a rendirnos de una forma digna". Ni siquiera eso, él que decía que era nuestro comandante, ni siquiera la hidalguía de hacer eso.

¿Por qué los militares panameños apoyaron hasta ese extremo a Noriega?, se preguntaría el excanciller Ritter:

Ciertamente no por lealtad ni por disposición de combatir al lado de su comandante, prueba de lo cual es que en la invasión no murió un solo militar de alta graduación y la mayor parte de ellos fueron detenidos en sus casas. La razón pudo ser más bien que creyeron que si Estados Unidos intervenía era solo para apresar a Noriega, lo cual resolvía el problema norteamericano, y de paso el de ellos. Discípulos de Noriega, todos desconfiaban de todos […]; los coroneles decidieron esperar a que les hicieran el favor de llevarse al comandante. Lo que nunca imaginaron es que ellos también estaban en la mira.[10]

Al capitán Jiménez lo llevaron al fuerte Davis donde los estadounidenses habían preparado un campo de detenidos para los oficiales
y la tropa capturados de las Fuerzas de Defensa en el lado Atlántico.

Los americanos no habían atacado aún la ciudad de Colón. Estaban por iniciar una segunda etapa de la invasión. Pasadas las primeras
24 horas en ese campo de detenidos, Jiménez sería llamado por el general Marc Cisneros.

"Hoy a las 22 horas van a bombardear el cuartel de Colón. Con
todas esas casas de madera que hay allí, yo quisiera convencer a los generales que han venido de Estados Unidos de que no hay necesidad de
más derramamiento de sangre. Quiero prevenir otra tragedia como la
de El Chorrillo", le dijo Cisneros, y le pidió que le ayudara a convencer a los jefes de esos cuarteles de que su rendición evitaría el riesgo de
que perdieran la vida y la muerte de víctimas inocentes.

Jiménez inicialmente se rehusó a cooperar, pero los argumentos
de Cisneros, de impedir una catástrofe mayor, le hicieron reflexionar.
También lo hizo un encuentro fortuito que tuvo luego de su reunión
con el americano:

> Allí me encontré, en el patio, con varios de los oficiales que habían
> participado en el fallido golpe del coronel Macías y que habían pasado
> presos un año y medio. Verlos me hizo recapacitar. Nunca estuve de
> acuerdo con la invasión americana, pero mi convicción de panameño
> me hizo tomar la decisión de prevenir más derramamiento de sangre,
> de evitar la muerte a poblaciones enteras por razón de una invasión.

Después de la rendición de Colón, precedida de las de Santiago
y Penonomé, lo harían los cuarteles del resto de las zonas militares del
país, uno a uno, incluyendo la zona de Chiriquí, comandada por uno
de los lugartenientes más leales a Noriega, el temido Luis del Cid, el
único militar incluido junto a Noriega en los *indictments* de Florida.

En Washington, a las 7:20 a.m. del 20 de diciembre, el presidente George Bush se dirigió por televisión a sus conciudadanos desde la

Casa Blanca. Anunció que la noche anterior había resuelto enviar tropas a Panamá, una decisión que no le había sido fácil.

"Esta mañana", dijo, "les explicaré las razones por las que tomé esa decisión". Así, recordó que durante los dos años y medio anteriores, junto con otros gobiernos y con la OEA, se había tratado de buscar una salida pacífica a la crisis panameña.

"Los objetivos de los Estados Unidos han sido defender la vida de los ciudadanos americanos, apoyar la democracia en Panamá, luchar contra el narcotráfico y respetar la integridad de los tratados del Canal de Panamá". Según Bush, todos los esfuerzos por encontrar una salida diplomática "fueron rechazados por el dictador".

El presidente recordó que el viernes anterior Noriega había declarado el estado de guerra contra Estados Unidos e inmediatamente lanzó una amenaza contra la vida de los americanos que residían en Panamá. Contó que, justo al día siguiente de esa declaratoria, ocurrió el asesinato de un oficial americano que viajaba desarmado y de civil, que otro más resultó herido, un tercero arrestado y golpeado brutalmente y que su esposa fue ultrajada y acosada sexualmente. "¡Esto ya ha ido demasiado lejos!", concluyó el mandatario.

Anunció que las fuerzas armadas de Estados Unidos se retirarían del país lo antes posible, a la vez que lamentó la muerte de soldados americanos y de los panameños inocentes víctimas de este conflicto.

Recordó a su audiencia que los panameños valientemente habían celebrado elecciones en el mes de mayo escogiendo a Endara, Arias Calderón y Ford como sus líderes, pero que Noriega impidió que los representantes legítimamente escogidos por el pueblo gobernaran. "Ustedes recordarán las imágenes horribles del recién elegido vicepresidente Ford cubierto de sangre de la cabeza a los pies luego de recibir una paliza inmisericorde de los autollamados batallones de la dignidad".

Anunció que Estados Unidos los reconocería como los legítimos gobernantes de Panamá, procedería a enviar a su embajador inmediatamente y a liberar los fondos que pertenecían al país y que estaban congelados a consecuencia de las sanciones económicas.

"Hasta ayer, Panamá era gobernado por un dictador. A partir de hoy, lo será por líderes democráticamente elegidos por los panameños", dijo.

Anunció también el compromiso de Estados Unidos de respetar los tratados del Canal de Panamá, asegurando que pasaría a manos panameñas de acuerdo con lo dispuesto en ellos. Se comprometió, igualmente, a que apenas el nuevo gobierno estuviera en capacidad de escoger el nombre de quien se convertiría en el nuevo administrador, que debía ser un panameño a partir del año 1990, él lo enviaría al Senado de su país para ser ratificado en el cargo.

Acto seguido, desde el Pentágono, el secretario Cheney y el general Powell ofrecieron una conferencia de prensa informando de lo acontecido en la escena de guerra hasta esa hora. Hablaron de objetivos ya alcanzados, mencionando que habían asegurado Gamboa y esa sección del Canal y que habían tomado la prisión del Renacer, donde permanecían varios presos políticos, así como un grupo de 48 de los oficiales que participaron en el fallido golpe del 3 de octubre. "El centro de distribución eléctrica del país, así como la represa de Madden han sido asegurados. También han quedado asegurados a esta hora el Puente de las Américas, el área alrededor de la base aérea de Howard, así como la de Río Hato, la comandancia y el aeropuerto de Tocumen, y se ha neutralizado toda la fuerza aérea y naval".

—¿Y Noriega? —preguntó el primer periodista.

—Aún no hemos capturado al general —contestó Powell—. Pero, para efectos prácticos, hemos decapitado su dictadura y él es ahora un fugitivo. Y será tratado como tal.

Pero ¿dónde estaba el comandante en jefe de las Fuerzas de Defensa, el recién nombrado "Líder Máximo de la Lucha de Liberación Nacional"?

12

Un gobierno nacido entre bombazos

Panameño: ¡Sal a la calle y enfrenta a los agresores!
Prepárate para morir por tu patria.

—Mensaje repetido por los locutores de Radio Nacional
el 20 diciembre de 1989

Guillermo Endara pasó algunas semanas como "huésped" de la nunciatura en una habitación que quedaba en el segundo piso, al subir la escalera. El nuncio apostólico, José Sebastián Laboa, le había dado refugio para protegerlo después de la paliza recibida días después de la anulación de las elecciones de mayo.

Los servicios de inteligencia de Noriega, junto con los batallones de la dignidad, armaron una estrategia de vigilancia y acoso contra él y los otros dos compañeros de nómina, Arias Calderón y Ford. Ellos eran la cabeza visible de la oposición a la dictadura y, por tanto, eran señalados por el régimen como los mayores vendepatrias del país. Por eso, tomaron medidas de precaución, tales como estar siempre acompañados, moverse de sus residencias con frecuencia y cambiar rutas y rutinas.

Fuera de sus casas y oficinas, unidades del G-2 los controlaban día y noche. Los batallones de la dignidad tampoco cesaban en sus amenazas. Habían jurado públicamente ir por los "sediciosos" si se diera alguna agresión yanqui y hacerles pagar por su traición al país.

La residencia del primer vicepresidente, Ricardo Arias Calderón, era permanentemente vigilada por un grupo del G-2. "Acordamos que si en algún momento decidían allanar nuestro hogar", recuerda su viuda, Teresita de Arias, "escaparíamos a través de un muro que daba al patio del vecino, escondido entre los árboles, pues nos negábamos a tener armas en casa o que nuestros acompañantes las llevaran".[1]

Guillermo Ford, el segundo vicepresidente, también vivía acosado. Su hijo, Guillermo Ford Sosa, que trabajaba con su padre, recuerda que tenían perennemente a los "sapos" (soplones) del G-2 acechándolos. También los batalloneros, armados muchas veces con AK-47, se apostaban en los alrededores del edificio donde estaba ubicada su oficina.

El martes 19 de diciembre, cerca del mediodía, los tres recibieron, cada uno por separado, una llamada de la embajada de Estados Unidos. Los invitaban a una cena. Era importante, les dijeron. Pasarían a buscarlos en vehículos de la sede diplomática y los llevarían a la cita que terminó siendo en el club de oficiales del fuerte Clayton.

Teresita de Arias cuenta que pasadas las 9:00 p.m., estando en la residencia de su cuñado junto a sus hijos, tocaron al timbre de la casa. Era un funcionario estadounidense vestido de civil, quien preguntó por ella y le entregó un sobre de parte de su esposo. "Tere, acompaña al portador de esta tarjeta para encontrarte conmigo", decía el mensaje escrito de su puño y letra.

"Afuera nos esperaba un auto negro con vidrios oscuros y en su interior estaba Dorita Díaz, esposa de Guillermo Ford. Ignorábamos a dónde íbamos".[2] Las condujeron a la base de Clayton, a una casa llena de militares, entre los cuales reconoció a un visiblemente ansioso general Marc Cisneros conversando con un tono de voz extrañamente bajo.

"Ricardo debió de haberse dado cuenta de mi desconcierto, pues enseguida me llevó a un aparte y me puso al tanto de la situación. El presidente George Bush había dado la orden de invadir Panamá". La invitación a la cena era para comunicarles la decisión de la Casa Blanca de atacar Panamá y que la acción bélica comenzaría en unas horas. "La noticia les había caído como un auténtico mazazo", recuerda.

Los testimonios dejados por los tres políticos aseguran que nunca fueron consultados sobre una invasión armada, ni ellos la pidieron. Les informaron esa misma noche cuando el traslado de las tropas y la toma de las posiciones ya estaba en curso, como asegura también el hijo mayor del segundo vicepresidente.

—¿Es cierto que ninguno de los tres sabía que esa noche comenzaría el conflicto armado?

—Mi padre desconocía los planes de una invasión ni mucho menos que empezaba esa noche. Por esos días los batalloneros habían amenazado con que iban a ir a las casas de los que ellos llamaban sediciosos a buscarlos, secuestrarlos y matarlos. Yo estaba recién casado, vivía con mi esposa, que esperaba nuestro primer hijo. No teníamos la más remota idea de lo que venía, al punto de que estábamos completamente dormidos cuando nos despertaron los bombazos. Si mi papá hubiera sabido que venía la invasión, ¿tú no crees que lo habría advertido a sus hijos?[3]

Esa noche, no solo se enteraron de que la invasión estaba en curso, sino que los americanos les pidieron que la avalaran. El encargado de Negocios de la embajada de Estados Unidos, John Bushnell, les puso por delante una declaración para que firmaran.

Así lo cuenta Manuel Cambra, biógrafo de Endara:

Bushnell se apresuró a colocar por delante de los tres panameños un documento que debían firmar, en el cual pedían al gobierno de los Estados Unidos que invadiera Panamá. Los tres se negaron a firmar semejante abominación porque no era cierto lo que en ese documento se afirmaba.[4]

Teresita de Arias ratifica el hecho:

> La respuesta de los tres fue inmediata y unánime: en ninguna circunstancia firmarían ni avalarían esa acción decidida unilateralmente desde Washington, D. C.[5]

Aunque nunca se haya hecho público el contenido de dicha declaración, el periodista Bob Woodward, en su recuento de lo ocurrido las primeras horas de la invasión en la Casa Blanca y en el Pentágono, sí recoge el hecho en su obra *The Commanders*. Según él, Bush ordenó a los comandantes militares que si Endara se rehusaba a pedir la intervención o se negaba a ser juramentado, debía ser informado inmediatamente.[6]

La siguiente decisión que debieron afrontar fue la de formar un gobierno en esas circunstancias. Estados Unidos los reconocía como los indiscutibles triunfadores en las elecciones de mayo y consideraba que debían dirigir el país. De no hacerlo, sin embargo, el país invasor tenía dos opciones: la primera, seguir con el gobierno actual, sin Noriega, obligándolo a restablecer la democracia. La segunda, designar un nuevo gobernante o una junta que se encargaría de reconstruir el país, así como el eventual llamado a nuevas elecciones. Ambas pasarían por la tutela directa de Estados Unidos, lo que transformaba la invasión en una ocupación militar por un tiempo indefinido.

Endara, Arias Calderón y Ford reconocieron públicamente, en varias ocasiones, que su decisión impidió que la invasión terminara siendo una ocupación. En otras palabras, habían ganado las elecciones y tenían el derecho y el deber de asumir de inmediato el gobierno. La invasión había sido lo suficientemente dramática y dolorosa para que el país, además, tuviera que sufrir una ocupación indefinida, como ocurriría años después en Irak, cuando Estados Unidos atacó ese país para terminar con el mandato del también dictador Saddam Hussein.

El hecho de que los tres juramentaran el cargo dentro de una base americana, sin embargo, no pasaría a la historia exento de críticas. Lo hicieron ante dos testigos, el doctor Osvaldo Velásquez y el abogado José Manuel Faúndes, ambos miembros del Comité Panameño de

Derechos Humanos que fueron convocados cuando ya empezaban las acciones bélicas. Siguieron las formalidades que establece la Constitución que dice que, cuando el presidente y vicepresidentes no puedan tomar posesión del cargo ante la Asamblea Nacional, lo harán ante la Corte Suprema de Justicia y, de no ser posible, ante dos testigos hábiles.

El nuevo Ejecutivo permanecería en un edificio de Clayton durante los primeros dos días de la acción militar. El 21 de diciembre de 1989 el presidente Endara dictó el "Estatuto de retorno inmediato al orden constitucional", mediante el cual se establecieron las directrices para el nombramiento de distintos funcionarios de los poderes públicos de Panamá. En el marco de estos primeros pasos fueron disueltas las Fuerzas de Defensa. De igual forma, se ordenó la reapertura inmediata de los medios de comunicación clausurados y la puesta en libertad de los militares involucrados en los dos golpes fallidos, así como de todos los civiles que habían sido detenidos por "sediciosos o traidores", es decir, condenados por un supuesto atentado contra la seguridad del Estado.

Durante las 48 horas iniciales hubo combates en la ciudad capital y en otros puntos del país. Paulatinamente, controlados los objetivos militares y con el paradero de Noriega aún incierto, la acción militar pasaría a otra modalidad. Hubo escaramuzas puntuales con células leales a Noriega y, a su vez, bandas de batalloneros recorrerían la ciudad en busca de sediciosos, de americanos o de cualquier blanco que les pareciera vulnerable.

También se dieron ataques indiscriminados desde San Miguelito hasta el Casco Viejo, incluyendo uno contra la embajada de Francia. Otros se registrarían en los alrededores del edificio de la Lotería Nacional en Calidonia y de la plaza Cinco de Mayo. El día que el triunvirato se dirigía al Palacio Justo Arosemena, sede de la Asamblea Nacional, fueron atacados por unas unidades de los Machos de Monte. Una ráfaga de balas alcanzó el vehículo en el que se trasladaba el vicepresidente Arias Calderón.

La única noticia que se tendría de Manuel Antonio Noriega llegaría a través de un mensaje grabado transmitido por Radio Nacional la noche del 20 de diciembre y que fue repetido varias veces. Llamaba a la insurrección frente a las fuerzas invasoras y terminaba con un cínico "¡Vencer o morir!". Al atardecer, un helicóptero sobrevoló el edificio de la Contraloría General y destruyó la emisora a punta de metralla.

El hospital Santo Tomás, que recibió a la gran mayoría de las víctimas de los combates y del incendio de El Chorrillo, ofrecía escenas dantescas. Los heridos llegaban sin parar. También los muertos. Casi no había médicos ni personal sanitario. Escasez de suministros, bancos de sangre agotados y personas tiradas por doquier, en camillas y hasta en el suelo.

Dos doctores que esa noche estuvieron en la sala de urgencias, Jorge Puertas y Rubén Rivera, describirían lo acontecido tres décadas después. Se seleccionaba a los heridos a medida que iban llegando: los menos graves fueron colocados en la parte de afuera y a los más delicados se les metía, ya que llegaban con tiros en el pecho, la cabeza y otras partes del cuerpo. "Me impresionó que los heridos de bala no tenían orificios, que era lo que uno veía con regularidad, sino que las heridas con balas expansivas causaban más daño de lo normal", recordaría Puertas. Los primeros pacientes llegaron de El Chorrillo. "Haría la salvedad de que los más graves "fueron llevados primero al hospital Gorgas, regentado por los americanos, y tres días después los soldados los traían al Santo Tomás ya curados".[7]

La noche de la invasión, el hotel Marriott, que se había convertido en un punto de encuentro de los americanos y de la prensa extranjera, fue sitiado por unidades militares y batalloneros. Se había activado la maniobra de tomar rehenes. Además, la empresa Petroterminales de Panamá, cuyo accionista principal era una multinacional americana, celebraba allí su fiesta de fin de año. Los disparos causaron pánico. Los huéspedes buscaron refugio cuando vieron entrar a personas armadas leales a Noriega. Por la mañana llegó una veintena de soldados americanos y helicópteros para desalojar a los secuestradores y liberar a los cautivos.

Noriega reconocería que uno de sus comandos asaltó el hotel Marriott, tomando a periodistas americanos como rehenes. Diría años después que, "afortunadamente no fueron lastimados", subrayando que la única baja que ocurrió fue a manos de los americanos.[8]

En efecto, el primer periodista muerto sería el reportero gráfico del diario español *El País*, Juantxu Rodríguez, en los accesos al hotel. Murió de un disparo hecho por un soldado americano mientras tomaba fotografías, a pesar de estar desarmado y haberse identificado como periodista.

"Fue una de las víctimas de la actuación indiscriminada de los invasores, que, con sus caras pintadas, parecían considerar a cualquier transeúnte miembro de los batallones de la dignidad de Noriega, aunque portasen bandera blanca, carné de periodista o cámaras", narró la corresponsal Maruja Torres, quien cubría junto a Rodríguez los eventos de Panamá.

El 22 de diciembre el Canal de Panamá reinició operaciones. Salvo por derrumbes ocurridos en el Corte Culebra a principios del siglo XX, nunca se había detenido el tránsito de buques, pero se hizo durante las primeras 48 horas de la invasión.

Mientras tanto, en la ciudad capital empezó otro de los trágicos episodios de la invasión: el saqueo. Conforme las tropas americanas neutralizaban sus objetivos militares, se fueron retirando. En el país no había una fuerza de policía que controlara la seguridad y el orden, y las Fuerzas de Defensa habían sido brutalmente desmanteladas. Cientos de personas empezaron a destruir las puertas de los comercios, que estaban cerradas. El pillaje no se limitó a alimentos y medicinas: tiendas, almacenes, comercios y hasta fábricas terminarían saqueadas. Los establecimientos de la avenida Central, desde Santa Ana hasta Calidonia y Bella Vista, fueron vandalizados uno detrás de otro. Y es que la anarquía se había tomado el control del país.

Los saqueadores que destrozaron todo lo que hallaron a su paso fueron inicialmente "ayudados y protegidos por los miembros de los batallones de la dignidad, quienes utilizaron sus armas para derribar puertas y cerraduras".[9]

La periodista Maruja Torres lo reportó a sus lectores así:

227

Una locura colectiva se ha apoderado de todos. Parece que a nadie le importa lo que va a ocurrir en este país. Grupos milicianos con metralletas rompen a culatazos los cristales de los comercios o saltan a balazos los cierres metálicos. Entran, revientan las cajas fuertes, se llevan el efectivo y, a continuación, permiten que la turba, que ha estado esperando que hicieran el primer trabajo, se arroje dentro para llevarse hasta la última mota de polvo.[10]

Testigos confirmaron ver, a lo largo de la vía España, camiones volquetes de Acción Cívica de las Fuerzas de Defensa con gente armada que iban rompiendo las puertas metálicas de los negocios cerrados para, así, incrementar el vandalismo.

No solo robaron los pobres y necesitados. Como diría el excanciller Jorge Ritter: "El pillaje fue una vergüenza nacional". Fueron robadas bicicletas y artículos de decoración junto a televisores y automóviles de lujo. El daño fue enorme. Cifras que en su momento preparó el Centro de Estudios Económicos de la Cámara de Comercio estimaron que el total de mercancías saqueadas, instalaciones físicas destruidas y materia prima perdida fue de 432 millones de dólares.

En relación con los saqueos, el general Cisneros, 20 años después de la invasión, reconoció como un grave error haber permitido ese vacío de autoridad:

Hubo un cambio de planes de una brigada que debía patrullar la Ciudad de Panamá y que fue enviada a última hora a otro destino, al aeropuerto de Tocumen. A diferencia de muchos países, en Panamá la policía era parte del ejército y este quedó descabezado. Allí empezó el saqueo. Son válidas las críticas. Debimos haber desplegado tropas en la ciudad desde el inicio de la operación y eso no ocurrió.

A la par del enorme saqueo, las turbas se empezaron a dirigir a áreas residenciales. Pero los barrios correrían otra suerte. Los vecinos se organizaron para defender sus hogares y lo hicieron con las armas que algunos tenían guardadas. Se dispusieron barricadas y se distribuyeron turnos entre los voluntarios para cuidar sus calles. Las incursiones a los vecindarios, tanto de batalloneros como de vándalos, fueron recibidas a tiros. Hubo decenas de heridos y varios muertos en esos enfrentamientos.

Pasados los primeros días, los americanos anunciaron un programa de compra de armas. Fusiles, pistolas, granadas y morteros dejados en los cuarteles abandonados, así como los depósitos de armas que Noriega había ordenado tener en varios puntos del país para la eventual defensa de la nación, y que habían terminado en manos de civiles, permitieron la tenencia indiscriminada de equipo bélico.

El país se encontró inundado por armas de fuego. El propio general Noriega reconoció haber dejado depósitos clandestinos por distintos puntos del país que serían entregados a sus tropas leales, a los batalloneros y a los codepadis de acuerdo con los planes de contingencia. Había armas en escuelas y despachos oficiales, así como en depósitos cerca de cuarteles o en puntos estratégicos. Se encontraron arsenales en lugares como el Instituto Nacional o el edificio que albergaba la Corte Suprema de Justicia en el Casco Antiguo.

El plan se llamó "Armas por efectivo". A quien entregara un arma de fuego o municiones se le pagaría una pequeña recompensa. Para el 23 de diciembre ya se habían recibido 300 fusiles AK-47, 3000 pistolas 9 mm y 3 ametralladoras calibre 50. Tres días después, el total de AK-47 ascendía a 3000, más decenas de ametralladoras y granadas.[11]

Afirma Noriega:

> Chiriquí, Río Hato y Batallón 2000, por ejemplo, nuestras mejores unidades de combate, contaban con un arsenal de 60000 fusiles, 80 toneladas de municiones, lanzacohetes y morteros. Los invasores no lograron encontrarlas… el general Thurman quedó sin palabras cuando descubrió el arsenal de armas cuando los jefes de los cuarteles se rindieron y le contaron sobre su existencia.[12]

Años después de la invasión, el general Max Thurman confirmaría haber quedado sorprendido por la inmensa cantidad de armamento encontrado. Dijo que al concluir los 45 días que duraría el operativo militar en Panamá se habían encontrado más de 20 000 AK-47 nuevas, de paquete.

El tercer día de la invasión, el nuevo gobierno se mudaría al edificio que entonces ocupaba el Ministerio de Relaciones Exteriores, en el barrio de La Exposición, frente a la plaza Porras. Los primeros nombramientos hechos por el presidente Endara fueron la designación de Arias Calderón como ministro de Gobierno y Justicia (Interior), la institución encargada de la fuerza pública; de Ford como ministro de Planificación y Política Económica; y de Julio Linares como ministro de Relaciones Exteriores. Salvo Estados Unidos, ningún otro gobierno reconocía aún al nuevo dirigente panameño.

La crítica internacional a la acción bélica americana fue dura:

> Con la invasión de Panamá por 26 000 soldados norteamericanos, el presidente Bush ha creado una versión "Fin de Siglo" de la vieja doctrina Monroe, según la cual Estados Unidos se reserva el derecho de intervenir en otros países del hemisferio no solo para preservar sus intereses, sino también para cazar narcotraficantes y establecer o restaurar la democracia.[13]

El 21 de diciembre se llevaría a cabo una reunión del Consejo de Seguridad de las Naciones Unidas. En ella, China y la Unión Soviética, junto a Nicaragua, Cuba, Nepal, Etiopía, Argelia, Malasia y Yugoslavia manifestarían su rechazo a la operación militar implementada por las fuerzas militares estadounidenses en Panamá. Finlandia, por su parte, denunciaría la acción por considerarla desproporcionada.

Se presentó un proyecto de resolución por parte de Colombia, Etiopía, Malasia, Nepal, Senegal y Yugoslavia con una fuerte condena a la intervención militar por tratarse de una flagrante violación al derecho internacional. Recibió el voto favorable de diez de los quince miembros del Consejo, incluyendo los de China y la Unión Soviética. Sin embargo, la resolución no fue adoptada al ser vetada por los otros tres miembros permanentes, Estados Unidos, Francia y Reino Unido, además de contar con el voto en contra de Canadá. Los representantes de Francia y Reino Unido explicaron que su voto negativo se debía al lenguaje desbalanceado de la resolución, ya que no mencionaba las circunstancias inaceptables en las que se encontraba Panamá bajo el régimen de Noriega.[14]

Por su parte, el Consejo Permanente de la OEA lamentó la intervención militar el 22 de diciembre. En la resolución, solicitó el inmediato cese de hostilidades y el retiro de las tropas extranjeras. La moción fue respaldada por todos los Estados miembros salvo Estados Unidos.

Es importante notar también el pronunciamiento que hizo posteriormente Human Rights Watch sobre los hechos acaecidos en el barrio de El Chorrillo. La organización determinaría que las fuerzas estadounidenses habían violado la regla de la proporcionalidad, que ordena que el riesgo de daño a la población civil se sopese contra la necesidad militar. Consideró que el ataque a El Chorrillo se llevó a cabo sin previo aviso a la población, a pesar de que la ausencia del elemento sorpresa no habría afectado el resultado. Las fuerzas atacantes, dijo, tenían el deber de minimizar el daño a los civiles.

En el ámbito interno, mientras tanto, el Tribunal Electoral, ese mismo que había decidido anular las elecciones de mayo por el "clima de violencia" en el que se encontraba el país, decidió ordenar un recuento de los votos según las copias certificadas que custodiaba la Iglesia católica. El resultado final arrojó que la coalición ADO Civilista había obtenido el 62.5% de los votos, la coalición COLINA el 24.9%, el Partido Panameñista el 0.4% y que hubo un 12% de votos nulos o en blanco.[15] En un acto de cinismo difícil de superar, los magistrados que meses antes habían arrebatado el triunfo a los ganadores procedieron a proclamar a Guillermo Endara como presidente de la República, y a Ricardo Arias Calderón y Guillermo Ford Boyd como vicepresidentes.

En una iniciativa que terminaría siendo providencial, la madrugada de la invasión el secretario de la nunciatura apostólica, el padre Joseph Spiteri, intentó desesperadamente ubicar al nuncio para informarle que había comenzado la guerra. El padre Spiteri se encontraba al frente de la sede diplomática, ya que el nuncio había viajado los primeros días de diciembre a España a pasar las fiestas navideñas con su familia.

No hay duda de que monseñor Laboa transformó durante aquellos años de crisis el apacible y anónimo rol de la nunciatura apostólica por el de una activa y comprometida labor mediadora. Con una pericia envidiable logró mantener los puentes abiertos con todas las fuerzas políticas del país, siempre buscando que las partes encontraran una solución pacífica a sus problemas. Sin minar su labor de acogida y su vocación de proteger a las personas en momentos de peligro, lograba plantarse ante los abusos del poder cuando los ciudadanos eran perseguidos.

Así, la nunciatura fue el sitio donde convergieron, en diferentes momentos, militares y miembros del gobierno, los enviados estadounidenses y los líderes civilistas.

Llegado diciembre, tal y como bien conocía Laboa, Panamá quedaba envuelto en las festividades del día de la Madre, en las fiestas de fin de año y, sobre todo, del espíritu navideño. Llegaría a la conclusión de que era improbable que hubiera una nueva crisis política por esas fechas y partió al País Vasco. Allá lo aguardaba cada año su familia y una serie de compromisos como bautizos, bodas y comuniones de quienes le esperaban todo el año para que oficiara estos ritos religiosos.

Antes de su partida, eso sí, les aseguró a todos los que le buscaban, a los civilistas, a los americanos y en especial a su secretario, que si algo urgente ocurría él interrumpiría sus vacaciones y volvería de inmediato. También se lo prometió a Guillermo Endara, que se reunió con Laboa antes de que partiera para el aeropuerto.

Un embajador fuera del molde

José Sebastián Laboa llegó a Panamá de apuro. Juan Pablo II había anunciado que visitaría el país y la nunciatura llevaba meses sin un jefe de Misión. Corría el año de 1983 y Centroamérica era el último polvorín activo del continente en el ocaso de aquella pugna ideológica entre EE.UU. y la URSS. Nicaragua era gobernada por unos sandinistas abiertamente de izquierda, El Salvador estaba inmersa en una lucha interna que acumularía 75 000 muertos, Guatemala vivía sometida a la dictadura del general Ríos Montt que sin contemplaciones arrasaba a los grupos de izquierda. El sur de México veía el renacer de movimientos guerrilleros. Se trataba de la primera visita papal, en "una misión de paz", que incluiría ocho países, Panamá entre ellos. Laboa llegó veinte días antes de que aterrizara el Papa, a una nación que a lo lejos proyectaba estabilidad en un proceso de "repliegue militar" que daría paso a un gobierno civil y democrático. Sus primeros contactos oficiales fueron el presidente Ricardo de la Espriella, el general Rubén D. Paredes y el encargado de coordinar la seguridad del pontífice, nada menos que el coronel Manuel Antonio Noriega. El obispo vasco, que había escalado cargos dentro del Vaticano, no era un diplomático de carrera, pero tampoco era en ello un advenedizo. Por el contrario, era un bien curtido y experimentado actor dentro del engranaje vaticano. Panamá sería su primer destino como diplomático.

Juan Mari Laboa, su hermano menor (se llevaban 17 años), también sacerdote, teólogo e historiador de la Iglesia, recuerda en entrevista con el autor su designación en Panamá:

–¿Cómo queda su hermano, un sacerdote que nunca fue parte de la muy estricta y celosa carrera diplomática vaticana, como nuncio en Panamá?

–Mi hermano había sido estudiante de Derecho Canónico en la Universidad Gregoriana de Roma e hizo amistades allá. Fue muy amigo del cardenal Gaetano Cicognani, quien había sido nuncio en España, en una época muy difícil. Cuando Cicognani va a Roma (porque lo hacen cardenal), va en busca de un secretario y pide alguno con las cualidades para el puesto pero que además hablara español. Le recomiendan a mi hermano. En Roma también termina conociendo a Angelo Giuseppe Roncalli, entonces cardenal de Venecia y futuro Juan XXIII.

–Y termina siendo muy amigo del futuro Papa, ¿no?

—Juan XXIII vivió una semana en nuestra casa de San Sebastián cuatro años antes de ser elegido Papa. Mi hermano le había dicho al cardenal Roncalli: ¿por qué no viene a España y yo le organizo el Camino de Santiago y lo hacemos juntos? Así, Roncalli vino a San Sebastián, estuvo una semana en casa con nosotros, terminó bautizando a una sobrina mía que nació por esos días y luego se fueron los dos de viaje a Santiago de Compostela. Él también trabajó mucho tiempo, directamente, con el cardenal Rossi, que era un brasileño que dirigía Propaganda Fide. Con él viajó y conoció toda América Latina, y en los viajes siempre se hospedaban en las distintas nunciaturas. Entonces, quiero decir que, a la pregunta de por qué le nombraron nuncio, pues por muchos motivos, y es que le conocía mucha gente dentro de la Secretaría de Estado.

Laboa era bajo de estatura, con una energía inagotable y una capacidad instantánea para conectar con la gente. El joven sacerdote vasco fue ascendiendo dentro de la cerrada y competitiva Curia Romana, ocupando múltiples cargos hasta que la Secretaría de Estado lo reclutó como diplomático. Un capítulo importante en su trayectoria vaticana ocurrió cuando Juan XXIII le encargó el oficio de "abogado del diablo", aquel mítico puesto en el que la Iglesia designa al funcionario encargado de fiscalizar, exigir pruebas y buscar errores en los procesos de canonización de los candidatos a la santidad. También le competía investigar los supuestos milagros logrados por los beatos, requisito indispensable para poder ser declarados santos de la Iglesia católica.

De su labor, *El País* de España editorializaría: "Ha sido considerado siempre en Panamá un hombre clave, el mejor puente entre el gobierno de Noriega y la oposición, por lo que ha sido acusado en numerosas ocasiones por ambos bandos de trabajar para el oponente. Pero por ello mismo todos acudían a él. Todos le pedían consejo y colaboración".[16]

El nuncio no estaba en la residencia familiar de los Laboa en San Sebastián cuando el padre Spiteri logró hablar con sus hermanas. Visitaba a otros obispos en Salamanca. Conseguirlo al teléfono, en llamadas de larga distancia por líneas fijas en una época en la que no existían móviles y en medio de las actividades religiosas por las celebraciones navideñas, no sería tarea fácil.

Allá le llegó la noticia de la invasión y decidió, de inmediato, regresar a la casa de San Sebastián, empacar un par de cosas, volar a Madrid y emprender el retorno a Panamá. "En el aeropuerto", diría su sobrino Miguel Kutz Laboa, "no podía ocultar su preocupación por todo lo que se le venía encima, y porque, además, no tenía información de primera mano".

Panamá estuvo cerrado a vuelos comerciales durante los primeros diez días siguientes a la invasión. Spiteri contactó en Miami con Aurelio Barría, el líder de la Cruzada Civilista que había tenido que salir del país unos meses antes a causa de la persecución que en su contra mantenía el gobierno. Entre ambos lograron que el nuncio pudiera tomar en Madrid un avión de Iberia que lo trasladaría a Miami. De allí, los exiliados conseguirían que el Departamento de Estado le permitiera abordar uno de los aviones militares que llevaban tropa de Fort Bragg con destino a Panamá e hizo una escala en la base de Homestead, al sur de Miami, para recogerle. Abordó la aeronave junto a un pelotón de infantes de marina. Le dieron un casco y le recomendaron que, cuando estuvieran descendiendo, se sentara sobre el maletín de tapa dura que había traído por si acaso el avión recibía disparos de bala desde tierra al aproximarse a la pista. Llegaría a Panamá el tercer día de la invasión, al amanecer del 23 de diciembre.

El paradero de Manuel Antonio Noriega seguía siendo desconocido. Pasadas las primeras 24 horas, el gobierno de Estados Unidos ofreció una recompensa de un millón de dólares por su captura.

13

El general en fuga

Yo veo al general Noriega huyendo en el minuto
en que suene el primer disparo.

—General MARC CISNEROS,
declaraciones hechas tres años antes de la invasión

Al general Noriega el bombardeo lo tomó con los pantalones abajo. Tanto literal como figurativamente hablando. Cuando su convoy se dividió en dos la tarde del martes 19 de diciembre al salir de Colón con destino a Panamá era porque en el antiguo hotel La Siesta le esperaban. Se trataba de una cita amorosa. Su jefe de escoltas le había confirmado que la dama, recién llegada al país, estaría esperándole en el Centro de Recreación Militar (CEREMI).

El sobresalto con el que salió disparado de la habitación cuando a la una de la mañana estallaron las primeras detonaciones en el aeropuerto de Tocumen fue tal que se montó despavorido con lo poco que tenía a mano en el automóvil que sus escoltas habían puesto en marcha. Ni siquiera tuvo tiempo de ponerse el uniforme de vuelta.

El estruendo de los bombazos le confirmó que tenía a los americanos al lado. Luego de las detonaciones, 700 *Army Rangers* lanzados en paracaídas asaltarían las dos terminales del aeropuerto de Tocumen, la de la base aérea y la de uso comercial, y tomarían posiciones para cerrar todo el perímetro, incluido el CEREMI. Él no esperaba la invasión y ellos no tenían la menor idea de que su principal objetivo lo tenían en el punto de mira.

Maritza Atencio, una vecina del área, escuchó a la 1:15 a.m. ruidos extraños en su residencia. Al asomarse vio a un soldado que le metía un tiro a un perro que intentaba morderlo:

> Estaban cayendo paracaidistas. Muchos cayeron en el área donde vivíamos y también en la carretera. Iban pintados y tenían bastantes hojas en los cascos. ¡Toda la noche fue bombardeo! Los aviones estaban prácticamente parados arriba de la casa y bombardeaban con rayos. Se oían bombazos en todo el aeropuerto y a la gente, gritar y correr desesperada.[1]

Durante las semanas previas, el Comando Sur había conformado un grupo especial de inteligencia integrado por equipos de seis hombres que, las 24 horas del día y apoyados por la Agencia de Seguridad Nacional, tenían la tarea de darle seguimiento y reportar al general Thurman cada actividad y movimiento de Noriega. Sus comunicaciones por radio y teléfono, así como sus desplazamientos, eran parte de la red de vigilancia que habían montado.[2]

No era una tarea fácil. Su objetivo era un hábil oficial de inteligencia que lograría despistarlos a menudo, y ellos lo sabían. El mapa de seguimiento de ese día mostraba que, hasta las 6:00 p.m., el general había estado en Colón. En el trayecto a Panamá lo habían perdido, justo al anochecer, en los albores del conflicto. Los confundió su habilidad al dividir el convoy en un punto ciego del trayecto por la carretera Boyd-Roosevelt y enviar los autos blindados al Cuartel Central, sin haberse percatado de que él se movía desde el inicio dentro de un simple Hyundai.

Noriega se entretenía con una prostituta en La Siesta según los testimonios brindados por oficiales panameños que le acompañaron esa noche. Así consta en los informes a los que tuvo acceso el periodista Kempe. "Se subió los pantalones, se trepó en el Hyundai y se escapó". Al abandonar precipitadamente el sitio tropezó con los *Rangers* que aseguraban el CEREMI y que, al ver un auto que salía, le dieron la señal de alto. Dispararon al vehículo que se evadía sin imaginarse que dentro estaba el hombre más buscado de esa guerra. Se la pasó moviéndose en círculos toda la noche, narrarían sus acompañantes.[3]

En efecto, luego del incidente en las proximidades del aeropuerto, el general no descansaría en toda la noche en su búsqueda por una guarida segura. Llegaría primero al multifamiliar de Los Andes No. 2, donde lo recibiría el dirigente del PRD *Lucho* Gómez. Luego cruzaría a San Miguelito, a la casa de otra de sus más leales seguidoras, la alcaldesa Balbina Herrera (entonces señora de Periñán), que no estaba esos días en el país sino en Ecuador. Lo recibiría su esposo y allí haría unas llamadas.

Desde lo alto de ambas viviendas lograría ver el combate que estaba teniendo lugar en el cuartel de Tinajitas, donde se habían dado cita varios miembros del Estado Mayor, entre ellos el coronel Justine, el segundo oficial en rango de las Fuerzas de Defensa, según lo acordado en uno de los planes de contingencia preparados con anterioridad. Cerca de la 1:30 a.m. el cuartel recibió impactos de mortero y los altos oficiales se desplazaron. Noriega pudo divisar el fuego aéreo lanzado desde helicópteros y sentir el vibrar de las detonaciones.

En su momento declararía que esa noche también vio y escuchó, a lo lejos, los destellos de las explosiones en el centro de la ciudad. Dijo que logró contactar a varios de sus oficiales, a los capitanes Gonzalo González, Heráclides Sucre y Porfirio Caballero, así como al jefe de sus escoltas, Asunción Gaitán, para poner a andar los planes de contingencia que habían diseñado.

Fue desde una de esas residencias donde también se comunicó con Mario Rognoni y Rubén Murgas, dos leales dirigentes del PRD, para grabar el mensaje que se transmitiría por Radio Nacional esa noche y en el cual se pudo escuchar la voz del general llamando a un levantamiento armado contra los gringos.

Ambos luego insistirían al general sobre la importancia de que hablara en directo por la radio para que sus seguidores supieran que estaba vivo y al comando de todo, pero en eso los americanos atacaron la radio y la dejaron inoperativa.

El general confesaría a Eisner que jamás imaginó que los americanos se atreverían a invadir a pesar de que durante los dos años anteriores no había parado de denunciar la inminencia de la agresión estadounidense y asegurar que estaban listos para enfrentar al "yanqui invasor". El otro aspecto que reconocería es que nunca previeron en sus planes de defensa que habría un ataque aéreo.

En otras palabras, el ataque desde el aire lo tomó también con los pantalones abajo. "Sin ningún tipo de equipamiento antiaéreo, un sentido de impotencia invadió a los panameños", diría Noriega años después. Estaban preparados para un combate por tierra, pero no desde el aire:

> Con nuestra estructura de comando cortada, y jamás esperando un ataque aéreo, Panamá no pudo hacer nada contra la mayor potencia militar del mundo. La invasión fue el equivalente para los panameños de Pearl Harbor: un muy fuerte y devastador ataque aéreo. Si hubiera sido terrestre, hubiéramos tenido la capacidad de defendernos mucho mejor.[4]

A punto de amanecer, tres helicópteros aterrizarían en San Miguelito, muy cerca de donde estaba el comandante. Era momento de moverse y de hacerlo rápido. Cambiaron de vehículo y, ahora utilizando uno identificado como taxi, un Noriega con camiseta y gorra, terminó dirigiéndose a la casa de otra familia de su confianza en San Francisco, la de su socio en el negocio de venta de armas, Jorge Krupnik. "Moví mi operación a una residencia cerca de la iglesia de San Francisco. Allí traté de replantear mi estrategia", contaría Noriega. Uno de sus escoltas le sugirió pedir asilo en la embajada de Cuba. Los cubanos estaban ya por recibir a la esposa de Noriega, Felicidad, y a sus tres hijas. Noriega habló con el embajador cubano, quien le dijo que estaba dispuesto a recibirlo. También surgiría la idea de dirigirse a la embajada de Libia, en la avenida Balboa. Ambas ideas fueron descartadas en ese momento.

Noriega asegura que su estrategia era lograr salir de la ciudad sin ser atrapado por los americanos e irse a las montañas. Su objetivo final pasaba por llegar a Chiriquí, donde estaba uno de sus más fieles aliados, el teniente coronel Luis del Cid, y el robusto Batallón Paz, y perderse por las tierras altas para reagrupar a las tropas leales. Conocía bien el área, ya que había sido el jefe de esa zona militar en la década de 1970 y, además, le había tocado perseguir a los grupos guerrilleros arnulfistas que se habían formado para enfrentar a la naciente dictadura militar. "Yo estaba tratando de llegar a Chiriquí", aseguraría. "La acción guerrillera era la única alternativa posible en ese momento".

El plan de irse a la provincia fronteriza con Costa Rica se desvanecería cuando se enteró de que la zona militar de Chiriquí, y su leal teniente coronel Del Cid, se habían rendido luego de alguna resistencia. Del Cid, que se quedó esperando una orden o señal del general Noriega durante las primeras horas de la invasión, había decidido poner en marcha el plan de contingencia que tenían preparado. Colocaron minas alrededor del aeropuerto de David y se movilizó con un puñado de unidades a las montañas.

Ante la inminencia de la llegada de las tropas americanas por tierra, y de un bombardeo aéreo que destrozaría todo, sin equipamiento antiaéreo, como ya había ocurrido en Río Hato, el segundo en mando del cuartel decidió la rendición. A Noriega le llegaría la noticia de la bandera blanca primero. Poco después se enteraría de que el teniente coronel Del Cid había terminado negociando su entrega a los americanos.

Un reporte de la CIA del 25 de diciembre de 1989, además de actualizar el proceso de rendición de las tropas de Chiriquí, dejaría constancia "de la detención del ministro de finanzas de Noriega, Orville Goodin, en posesión de 4 millones [de dólares] en efectivo y del hallazgo en varias de las casas de Noriega de sumas que, hasta ese momento, alcanzaban 4.7 millones".

Benjamín Colamarco,
comandante de los batallones de la dignidad

"El esfuerzo para enfrentar la invasión fue acorde con las posibilidades y circunstancias. Se hizo lo que se pudo. Faltó un plan de operaciones, un plan para enfrentar las contingencias y un comando unificado de las Fuerzas de Defensa, desarticuladas por el sorpresivo ataque.

"La entrega de armas se llevó a cabo de forma bastante desordenada. A mí me tocó el caso de compañeros que tenían un determinado tipo de fusil y municiones de otro, para otro tipo de arma. Tampoco se pudo establecer un frente de combate debido al tipo de ataque del ejército norteamericano, simultáneo y en diferentes áreas.

"La operación norteamericana se basó en ataques aéreos masivos, con helicópteros Cobra y Apache artillados y el apoyo de aviones de guerra. Se usó el avión HC-130A, especialmente adaptado, aviones espías que coordinaban las operaciones de la Fuerza Aérea para ablandar las posiciones panameñas. Luego vino el apoyo de la artillería. La operación también contaba con espías, muchos de origen latino, incluso panameños, que se desplazaban según las circunstancias y mantenían debidamente informado al Comando Sur [...].

"Realmente, la falta de apoyo y respaldo, no solamente en términos de pertrechos y municiones sino de simpatía popular, fue algo muy duro. La guerra psicológica y la presión del Comando Sur tuvo efectos desfavorables en quienes defendían la integridad nacional.

"El golpe más contundente fue la rendición, el día 21 de diciembre, de los 4000 miembros de las Fuerzas de Defensa de la provincia de Chiriquí, debidamente pertrechados, sin protagonizar ninguna confrontación.[5]

La cacería de la presa sería intensa. Los gringos detuvieron e interrogaron a muchas de las personas que, de acuerdo con sus labores de seguimiento e inteligencia, sabían que eran leales a Noriega y capaces de darle refugio.

Llevaba tres noches sin dormir. Ya había saltado de guarida en guarida, en pequeños apartamentos regados por los más insospechados barrios de la ciudad. Moviéndose en un taxi, luego en una van, después en una camioneta. Fue descubriendo que hasta los más cercanos le daban la espalda o lo traicionaban.

El propio Noriega reconocería que el círculo se le había ido cerrando de tal manera que la última noche la pasó escondido en un cementerio. Consideró que el camposanto de Río Abajo sería el lugar más insospechado de todos. "Yo estaba seguro de que los americanos estarían muy asustados para irme a buscar a un cementerio de noche", afirmó. "Los americanos le tienen miedo a la muerte durante el día, más aún en las noches. ¡El mejor seguro es esconderse en un cementerio!".[6]

Solo seguían a su lado el capitán Iván Castillo, jefe de su custodia, y Ulises Rodríguez, esposo de su secretaria, Marcela Tasón. Eran dos personas muy diferentes. Castillo, con el paso de las horas, se fue refugiando en sí mismo y casi no hablaba. Rodríguez demostraba una naturaleza mucho más optimista. Canturreaba en voz baja y desarrollaba planes de fuga insólitos. El encierro y la incertidumbre alimentaban su imaginación. Consultó a Noriega sobre una posibilidad concreta de fuga. El general escuchó.

—Tengo un amigo travesti que es un mago con los disfraces. Puedo llamarlo para que venga hacia aquí y lo vista de mujer. Así podríamos intentar romper el cerco americano —dijo.
—Claro, avísale, así nos denuncia… —lo calló de una vez.

Solo Marcela Tasón tenía línea directa con el general. Ella triangulaba los contactos con sus hombres, les pedía un número de teléfono y recién entonces Noriega llamaba. Pero cada vez eran menos los que estaban dispuestos a ayudarle.

Noriega llamó a Mario Rognoni, que seguía en su oficina en Obarrio. Rognoni le comunicó que en la casa de Tomás Gabriel *Fito* Altamirano-Duque los jerarcas del PRD evaluaban emitir un comunicado llamando a los panameños a deponer las armas. Querían evitar un mayor derramamiento de sangre. Era el anuncio de la rendición.

—No, nada de eso, hay que esperar la resolución de la ONU. Vete para la casa de *Fito* y diles que esperen —lo increpó Noriega. Rognoni cumplió la orden y el PRD se quedó quieto.[7]

El anuncio de la recompensa de un millón de dólares a quien diera información que permitiera la captura del comandante en fuga generó una avalancha de información, alguna muy acertada.

De acuerdo con los reportes de inteligencia estadounidense, que citaban a oficiales que estuvieron a su lado durante los tres días y medio que duró su evasión, Noriega estaba en un estado de paranoia constante y rehusaba contactar a muchos de los mandos medios y altos de las Fuerzas de Defensa por miedo a ser traicionado. Y con razón.

El general Cisneros confirmaría que le seguían la pista de cerca, que el círculo era cada vez más pequeño.

Siempre llegábamos tarde, donde él ya había estado. En eso, uno de los guardaespaldas de Noriega decidió traicionarlo. Le dijo: "Voy a buscar el próximo escondite, vuelvo en una hora". Se volteó y buscó al primer soldado americano que pudo y le dijo: "Quiero hablar con el general Cisneros". Esa tropa era recién llegada y no tenía idea ni siquiera de quién era yo. Finalmente, como a las once de la mañana, me contactaron. Si me hubieran contactado antes, yo hubiera llegado donde estaba Noriega. Ya la recompensa era conocida por todos, incluyendo a su gente. Le pregunté: "Dónde piensas que está ahora". Me dijo que no sabía, que él se estaba moviendo. "Pero sí sé dónde están sus cosas, sus maletas". Y fuimos a la casa donde nos había indicado. En esa casa estaba la hija de la secretaria de Noriega. En eso sonó el teléfono de la casa. Una de mis unidades tomó la llamada. Quien llamaba preguntó por su hija. Le dijeron a la señora que volviera a llamar pues no estaba cerca, que volviera a llamar en cinco minutos. Cuando volvió a llamar, la hija le dijo: "Mamá, los gringos están aquí". Creo que en ese momento Noriega se dio cuenta de que los gringos estábamos ya delante suyo, esperándole. Y así fue cuando creo que tomó la decisión de refugiarse en una embajada.[8]

Se había quedado sin opciones para esconderse. Con los americanos pisándole los talones, Noriega se comunica nuevamente con Mario Rognoni. Era ya la mañana del 24 de diciembre. Las posibilidades de ir a las embajadas de Cuba, Nicaragua y Perú se habían esfumado A todas ellas habían llegado altos oficiales pidiendo asilo, como también familiares y excolaboradores civiles suyos. Tropas norteamericanas rodeaban las sedes diplomáticas.

Entonces el comandante se enteró de que monseñor Laboa había vuelto a Panamá. Le pidió a Rognoni que contactara al nuncio. Era la última carta de la baraja que le quedaba por jugar.

14

La última guarida

Laboa me dio una Biblia y me colgó un rosario del cuello. "Nuestra única certeza es que Dios nunca nos abandonará", me dijo al despedirnos. Luego, me empujaron dentro de un helicóptero en el que sería el inicio de mi viaje a Miami.

—Manuel Antonio Noriega

Monseñor José Sebastián Laboa llegó a Panamá la madrugada del 23 de diciembre de 1989. Luego de aterrizar, fue trasladado hasta el barrio de Punta Paitilla, al final de la avenida Balboa, donde quedaba la nunciatura. Apenas alcanzó a dormir un par de horas. Al bajar de su recámara a desayunar enfrentó la realidad que su secretario, el padre Joseph Spiteri, le había prevenido al recibirlo: la sede diplomática estaba atiborrada de gente.

A los primeros que encontró fue a cuatro vascos, antiguos miembros de la banda terrorista ETA, que vivían en Panamá. Los etarras estaban en el país por una solicitud especial hecha años antes por España. Se trataba específicamente de un favor que el presidente del gobierno, Felipe González, le había pedido a Panamá como parte de las discretas negociaciones que por entonces se llevaban a cabo para lograr que la organización depusiera la lucha armada. En virtud de un acuerdo secreto entre ambos países, vivían anónimamente en una residencia provista por el Estado en las afueras de la ciudad.

Laboa, vasco también y crítico acérrimo de las acciones de ETA, supo de ellos y del refugio que el gobierno les había brindado cuando llegó por vez primera a Panamá. La noche de la invasión, los cuatro etarras, desconcertados con lo que ocurría y temiendo por su suerte, no tuvieron otra idea que correr hacia la sede diplomática del Vaticano. Su coterráneo era una de las pocas personas que conocían de su estatus. Jamás imaginarían que se dirigían hacia el mero ojo de la tormenta. Les abrió la puerta una de las cuatro monjas que atendían la nunciatura. El nuncio no estaba, pero los recibiría Spiteri. Además del secretario y las religiosas, en ese momento solo estaba en la residencia de la Santa Sede el arzobispo de Panamá, Marcos McGrath, quien se albergaba en la habitación de huéspedes del segundo piso.

El flujo de los refugiados de la embajada cambiaría drásticamente con el inicio de la guerra. Después de los etarras, tocaría la puerta rogando ser acogida una de las personas más cercanas a Noriega, su directora de Migración, Bélgica Castillo, acompañada por su esposo. Luego lo haría el gerente general de la Caja de Ahorros, Jaime Simons, también muy próximo al dictador.

No solo harían sonar el timbre miembros civiles del PRD. También suplicarían ser recibidos militares de muy alto rango, como los tenientes coroneles Arnulfo Castrejón, Daniel Delgado y Nivaldo Madriñán, uno de los personajes más cuestionados de la época, miembro del Estado Mayor y director del tan temido Departamento Nacional de Investigaciones.

El primer día del nuncio en Panamá sería interminable. Le tocó saludar a los etarras y al resto de los refugiados que ya estaban dentro, escucharlos y tomar decisiones sobre sus acomodos e informar a la Secretaría de Estado. Aun así, no perdió ni un minuto para ponerse al día de la situación política. Recibió decenas de llamadas de sus colegas embajadores, de los integrantes del nuevo gobierno, de los obispos y de sus amistades.

"He convocado al cuerpo diplomático a una reunión en la nunciatura y necesito que me echen una mano", les dijo a sus amigos panameños más cercanos al final de la tarde, cuando logró un espacio para hablarles por teléfono. Ninguna nación había aún reconocido al nuevo gobierno, salvo Estados Unidos. Les explicó que al día siguiente esperaba a más de una docena de embajadores. También asistiría al encuentro Julio Linares, el nuevo ministro de Relaciones Exteriores de Panamá. Necesitaba que le ayudaran con la organización del encuentro. "Será el primer contacto que tendrá el recién formado gobierno con los demás países. Yo como decano del cuerpo diplomático puedo convocarlos e invitar al canciller para que hablen cara a cara, para que se comuniquen", les comentó al pedirles que vinieran a media mañana. A los embajadores los citó a las 11:00 a.m.; al canciller Linares media hora después.

Uno de los amigos le hizo una broma y el nuncio no la tomó del todo bien. "Bueno, monseñor, quizás le llega el Niño Dios con su regalo", le dijo, haciendo referencia al hecho de que, con tantas personas que habían terminado refugiándose en la nunciatura esos últimos años, solo faltaba que ahora llegara Noriega. "Lo único bueno es que, si él se aparece, ¡bingo!, porque el Vaticano recibirá un millón de dólares, pues le corresponderá la recompensa que ofrecen los gringos".

"¡Cómo se te ocurre!", contestó Laboa alterado. "Este es el último lugar al que va a venir ese hombre. Con lo mal que andábamos, aquí no vendrá". Y es que durante las semanas anteriores a la invasión las relaciones entre la Iglesia católica y el gobierno eran pésimas, estaban en un muy bajo nivel. Se habían intensificado los ataques directos y campañas de difamación contra algunos sacerdotes, en particular, contra el arzobispo McGrath. De hecho, era esa la razón por la cual monseñor McGrath fue, hasta el 20 de diciembre, huésped de la casa.

La nunciatura era un caos y la ciudad era otro caos. Dentro, gente que llegaba, mientras se veía cómo recibirlos, dónde ponerlos a dormir y procurarles comida. El teléfono no paraba de sonar. No se daban abasto. Fuera, los retenes de los americanos para controlar los movimientos cortaban las calles. Además, estaban las barricadas erigidas en cada barrio por los grupos de defensa de vecinos. Cada tanto se escuchaban disparos y otras detonaciones. Había enfrentamientos esporádicos de algunas unidades militares leales a Noriega y de los batalloneros con los gringos o con los grupos de barrio.

La mañana siguiente llegó a desayunar César *Tribi* Tribaldos. Era 24 de diciembre y trajo churros al nuncio y a las monjitas. Él era uno de los primeros y más cercanos amigos de monseñor. Su relación se hizo mucho más estrecha luego de que *Tribi*, como dirigente de la Cruzada Civilista y prominente opositor a la dictadura, buscó protección en la embajada. "Estuve en la nunciatura refugiado tres veces, la primera vez con el nacimiento mismo de la Cruzada", contaría años después.

Al desayuno se unió también el padre Javier Villanueva, el párroco de la iglesia de Cristo Rey de La Exposición, otro visitante habitual y crítico de la dictadura militar. Recuerda Tribaldos:

> Luego del desayuno subimos a la oficina del nuncio. Estábamos reunidos y organizando cosas con él, el padre Villanueva, Joseph y yo. Ya serían como las diez de la mañana. En eso sonó el teléfono y lo tomé. "Quién habla", me dijo la voz al otro lado, y le contesté: "Quién habla allá". "Quiero hablar con el nuncio", respondió él y en ese momento reconocí la voz al otro lado del auricular. "¿*Maito*, eres tú?", Mario Rognoni y yo habíamos ido a la escuela juntos, al Colegio Javier, nos sentábamos uno atrás del otro. "Sí. ¿Quién habla?, ¿es Tribi?". Entonces le pregunté que qué quería del nuncio, que estaba ocupado. "Necesito hablar con él". Laboa me hizo un gesto para que le pasara la llamada.

Noriega pedía que se le recibiera en la nunciatura. El general pensaba en la embajada del Vaticano como su siguiente guarida.

Laboa le dijo que lo enviaría a buscar en el carro de la embajada al escondite en el que se encontraba. Al nuncio no le indicaron el sitio por teléfono. Una persona iría a la nunciatura y los conduciría hasta el lugar del encuentro. Tribi seguiría narrando sobre ese día:

"Quítate tu camisa y ponte una camisa clerc", me dijo Laboa refiriéndose a esas de cuello clerical que usan los curas. A Joseph le dijo que se pusiera sotana. En eso volvió a sonar el teléfono y lo tomó él. "Ok, eso lo resolvemos", contestó monseñor a Rognoni. Noriega no aceptaba que yo fuera en el auto. Entonces le preguntó a Villanueva si él estaría dispuesto a ir a buscarlo. "Irás con Joseph en el carro de la nunciatura", y el padre Villanueva le contestó que él haría lo que el nuncio le pidiera.

Unos minutos después se escuchó afuera, en los alrededores de Punta Paitilla, una ráfaga de ametralladora. Mientras la atención estaba distraída por los disparos, treparía por la parte posterior del muro perimetral que rodeaba a la embajada el mayor Asunción Gaitán. Los disparos serían parte de la estrategia del mayor para despistar a la gente mientras escalaba el muro.

"Gaitán, que era el jefe de seguridad del general, llegó justo antes de que Noriega esa misma mañana, luego de aquella conversación con el nuncio", recordaría Joseph Spiteri.[1]

Poco antes de que los embajadores arribaran a la reunión, el coche con la bandera de la Santa Sede abandonó la nunciatura. Iban tres personas dentro: adelante, Asunción Gaitán y el padre Villanueva, ambos con camisa clerical. Atrás, Spiteri.

La mayoría de los embajadores condujeron ellos mismos sus coches para llegar a la cita. En aquellas circunstancias era imposible que los choferes pudieran salir de sus barrios. Se estacionaron en la calle fuera de los predios de la embajada. Dentro no había espacio. Al llegar, eran recibidos en la puerta exterior y conducidos por el jardín frontal hasta la residencia.

La reunión estaba a punto de empezar y ninguno se dio cuenta de que la mente del anfitrión estaba en dos lugares: allí, con ellos, intercambiando cortesías, y controlando la operación que tenía como objetivo dar con el que en ese momento era el hombre más buscado del mundo.

"Gaitán era quien sabía dónde teníamos que ir. Adelante iba él conduciendo. Yo estaba atrás. Monseñor me dijo que ocupara su lugar, con la sotana blanca, para que pareciera ser el nuncio", narró el secretario.

Cuando pasaban por Panamá Viejo se percataron de que el indicador de gasolina estaba bajo, que quizás no tendrían combustible suficiente para ir hasta el destino y volver. El padre Villanueva les dijo que conocía a los curas de la parroquia de San Gerardo de Mayela que estaba en el trayecto. "¡Abran la puerta, carajo, soy el padre Villanueva, es una emergencia!", gritaba golpeando fuerte, pues los dos sacerdotes no se atrevían a abrir.

Una vez trasvasado el combustible del carro de los curas al suyo, llegaron hasta el Dairy Queen que quedaba por el hipódromo y esperaron diez minutos. No aparecía nadie. La parada los había demorado. Villanueva pidió que lo acercaran a un teléfono público y llamó al nuncio. "No hay nadie por aquí", le dijo.

Laboa les indicó que esperaran.

Una unidad de soldados gringos se había acercado al lugar antes de que ellos llegaran y Noriega se asustó pensando que había sido traicionado. Cuando pasaron de largo, volvió a su punto de observación y vio llegar el auto con la bandera.

Una camioneta se estacionó justo a su lado, se abrió la puerta trasera, ellos abrieron la de su auto y saltó un sujeto en pantalones cortos, camiseta, chancletas de goma y una gorrita hasta las cejas, con una manta envuelta en las manos.

"Quedó algo sorprendido cuando me vio porque él pensaba que encontraría al nuncio. Gaitán lo tranquilizó y seguimos de una vez, salimos rápido", según Spiteri.

Noriega le contaría a Eisner:

Justo cuando me monté en el automóvil pudimos ver pasar un convoy fuertemente armado con cañón, rifles y miras telescópicas. Se dirigían a la calle sin salida en la que había estado. Los americanos asaltaron el chalé en el que yo estaba, pero encontraron muy pocas trazas de mi presencia, solo una gorra roja que decía "Comandante" y un par de botas mías.[2]

Camino a la nunciatura tropezaron con toda clase de barricadas, pero cuando veían el carro con la bandera papal los dejaban pasar. Recuerda Tribaldos:

> Al llegar finalmente a la nunciatura, monseñor lo recibió en la puerta, lo metió en una pequeña sala de recibo que había cerca de la entrada y le ofreció una cerveza. A mí, Joseph me pidió que pusiera el carro atrás, en el estacionamiento. Al ir a cerrar la puerta que aún permanecía abierta, vi la manta [la que Noriega llevaba entre las manos] y la tomé. Dentro había una miniametralladora tipo Uzi y dos granadas. Las saqué y se las di a Joseph. Arriba había varias más, de los coroneles y de personas que habían llegado armadas y que él se las había quitado.

Los diplomáticos seguían reunidos en el salón principal con el canciller Linares. Noriega fue conducido a la habitación de arriba, la que quedaba al subir la escalera, que hubo que arreglar con premura para el nuevo huésped, la misma que unos días antes había albergado al arzobispo de Panamá y antes al ya presidente Endara, y antes de él a una veintena de panameños perseguidos por la dictadura.

Laboa entonces se sintió en la obligación de informar de inmediato tanto al gobierno panameño como al americano. A Linares se lo dijo al concluir la reunión, en un aparte. A los americanos fue a través del general Cisneros. "El nuncio me llamó y apenas pude escuchar un susurro: 'Noriega está aquí'", recordaría el militar.

El comando de *Special Forces* de Estados Unidos, el encargado de la búsqueda de Noriega, rodeó la sede diplomática en menos de cinco minutos. Decenas de soldados se bajaron de vehículos militares, armados hasta los dientes, y la sitiaron. Un par de helicópteros empezaron a sobrevolar el área. *Nobody comes in, nobody comes out of this place!* (¡Nadie entra y nadie sale de este lugar!), ordenó a la tropa un capitán que se paró en las puertas exteriores de la embajada.

En ese momento confluyeron en un mismo sitio el grupo más inesperado de toda la invasión. Estaban el depuesto dictador, el canciller del nuevo gobierno, el cuerpo diplomático con el nuncio y, afuera, las tropas invasoras.

Un rato después concluyó la reunión y las tropas americanas permitieron la salida de los embajadores, uno a uno.

Dentro, mientras *Tribi* digería la realidad de ver al prófugo de Noriega recibiendo santuario, le llegó otra sorpresa. Al estacionar el automóvil vio a un hombre saltando el muro para entrar en el jardín posterior. Otro más, pensó. Este venía con anteojos oscuros. Ya estaban rodeando la nunciatura, se escuchaban los camiones militares y los helicópteros. Cuenta *Tribi*:

> Me agarra por la camisa y me dice "por favor sálvame, sálvame", y yo digo atónito, "¿Madriñán?". Me quedé pensando un instante... lo volví a mirar y le dije: "Entra, desgraciado". Se fue al pasillo. Estaba temblando de miedo. ¡Este era el famoso y tan temido Madriñán!

Cuando terminaron las reuniones, Tribaldos subió a la oficina del nuncio:

> Yo estaba muy molesto, muy frustrado, furioso por dentro. ¿Todos estos delincuentes, gente que le había hecho tanto mal al país, y sobre todo Noriega, ahora tendrían refugio? "Nuncio, a ese hijo de puta hay que matarlo", le dije, refiriéndome a Noriega. "Este tipo es un asesino, ha dejado ciegos, viudas, niños sin padre". Laboa me miró y me contestó: "Esta casa es de Dios, que recibe incluso a pecadores. Y esta casa se te ofreció a ti para protegerte y salvarte la vida. ¡Caridad, César, caridad cristiana! Así como se te ofreció a ti, él también tiene derecho a que se le ayude", me contestó. Me quedé llorando de la rabia y me marché. Volvería unos días después a la nunciatura y un Noriega, insignificante y asustado, al verme entrar salió huyendo hacia su cuarto. Le dije al nuncio que ya lo había perdonado.

Monseñor Laboa contaría que, cuando Noriega llegó, lucía como un hombre agotado. Además, estaba profundamente desilusionado porque no acertó en algo que le era vital. "Él nunca creyó que la invasión se iba a dar. Sí sospechaba que lo podían matar o que lo podían raptar, pero hasta el último minuto negó que podía haber una invasión".[3]

El sentimiento de frustración de Tribaldos lo compartirían miles y miles de panameños que habían luchado por un país libre y que sufrieron la larga noche de la dictadura militar, con Noriega al frente de la era más cruel.

Apenas se supo que el fugitivo estaba en la nunciatura, rodeado por las tropas americanas, una enorme multitud salió a las calles a celebrar. Hubo júbilo por todas partes, tanto en la ciudad capital como en el resto del país. Se trataba de la rendición final del dictador que luego de cuatro días saltando de escondite en escondite pedía refugio a la Iglesia. Y, más importante aún, significaba el fin de la dictadura militar.

Con su entrega, se terminaría de desplomar la poca resistencia que aún existía y quedaría sin sustento la amenaza de la eventual formación de frentes guerrilleros en zonas montañosas.

Después de salir Linares y los embajadores, instalado en la habitación de huéspedes, Noriega hizo una primera petición. "Él le solicitó al nuncio, apenas entró, que le pidiera asilo a España", cuenta Spiteri. "España le dijo que era demasiado tarde".

En ese momento, se iniciaría un nuevo capítulo en la saga de la invasión: la suerte final del dictador. ¿Y ahora qué? Su entrada a la sede diplomática, ¿qué significado tenía? ¿La Santa Sede le concedería asilo? ¿Entrarían los americanos a llevárselo? ¿Se entregaría él a las autoridades panameñas o a las americanas? ¿Enfrentaría los *indictments* de Florida, a los que tanto miedo siempre mostró? La complicada trama diplomática tomaría los siguientes diez días para resolverse.

Spiteri declara:

Él era un huésped, nunca se le llegó a dar el estatus de asilado. Él jamás lo solicitó y, además, es un proceso largo, que toma su tiempo. Mucha gente no entendió bien el gesto de monseñor Laboa. Él se sentía moralmente obligado a salvar la vida de Noriega. Recuerda que, por una parte, cuando él intervenía en favor de los perseguidos, el general lo respetaba, acataba sus solicitudes. Por la otra, no se debe olvidar que mientras se desconocía su paradero había mucha tensión por todas partes, mucha zozobra. Apenas se supo que estaba en la nunciatura, terminó todo. Eso es un hecho, se acabó la resistencia y ese miedo que había de una insurrección, de grupos guerrilleros.

Estados Unidos, la nación invasora, sabía que no podía traspasar ciertos límites del derecho internacional, como entrar a la fuerza a una embajada para llevarse a Noriega. Panamá, por su parte, que hubiera podido solicitar al Vaticano la entrega de un individuo señalado como el autor de varios crímenes, no tenía manera de sustentar su reclamo: en ese momento no había casos judiciales en su contra y, en la práctica, el nuevo gobierno ni siquiera tenía una cárcel, mucho menos una fuerza policial para recibirlo y custodiarlo.

Funcionarios de la nueva administración declararon que el nuncio debía entregar a Noriega a los gringos y dejar de encubrir a un dictador asesino. Cuando la respuesta del Vaticano fue preguntarle al nuevo gobierno si esa era la posición oficial, salió a relucir el hecho de que Panamá, que tiene prohibido por principio constitucional extraditar a sus nacionales, quedaría aún peor pidiendo que se lo entregara a una nación invasora.

Otra opción, le dijo un día Laboa a Noriega, "es que usted se quede aquí recluido en esta embajada indefinidamente, ya que el gobierno panameño rehusará otorgarle un salvoconducto para irse al extranjero, tal como le pasó al líder peruano Raúl Haya de la Torre, que pasó cinco años y tres meses dentro de la embajada de Colombia en Lima, o al cardenal anticomunista húngaro József Mindszenty, que pasó quince años en la embajada de Estados Unidos en Budapest".

Al día siguiente de la llegada de Noriega a la nunciatura, empezaría una de las acciones de mayor recordación para la historia: las gigantescas bocinas que colocaría el ejército americano fuera de la embajada con música rock a todo volumen, día y noche. La gente lo recuerda como parte de la guerra psicológica por quebrar a Noriega y lograr su entrega.

Michael Kozak, que había regresado a Panamá, ahora como enviado especial para coordinar la reconstrucción del país, cuenta cómo y por qué surgió la idea de la música. Con la entrada de Noriega a la nunciatura, toda la prensa internacional se mudó a Punta Paitilla. Su nuevo cuartel sería un hotel muy cercano, el entonces Holiday Inn, luego Plaza Paitilla Inn. Desde ese edificio, con sus cámaras podían captar las imágenes de la embajada, lograban ver los movimientos por encima del muro de quienes entraban y salían, los jardines y, sobre todo, a la tropa circundante.

"Nos dimos cuenta por sus transmisiones de que con sus potentes micrófonos estaban captando las conversaciones entre la tropa y las órdenes que daban los oficiales", narró Kozak. De allí nace la idea de poner música para impedir que grabaran sus comunicaciones. Una vez puesto el sistema de sonido, decidieron ser más agresivos, más cabrones, y subir el volumen al máximo, con rock ácido, para mortificar a Noriega.

El efecto del ruido sobre Noriega fue insignificante, por no decir nulo, pero quedaría registrado en la narrativa noticiosa como decisivo. A quien sí le molestaba muchísimo era a Laboa, pues los altoparlantes los pusieron en la esquina de la avenida Balboa con la vía Italia, justo debajo de donde quedaba su habitación. Al tercer día del escándalo, el nuncio suspendió toda negociación hasta que le quitaran la música, la cual consideraba ofensiva contra una sede diplomática.

"Se ha dicho tanto de esto, de este tema de la música, pero no es que molestaba tanto. Sí, era una forma de presión psicológica, pero su efecto sobre Noriega ha sido muy exagerado", recordaría el padre Spiteri.

El abogado Enrique Jelenszky, que pasó esos días dentro de la nunciatura asistiendo al nuncio, lo describe así:

En esa época la cadena de noticias CNN acababa de lanzar su formato de transmitir continuamente noticias las 24 horas. Veía las imágenes de la nunciatura en la televisión, estando yo dentro de ella. Experimenté por primera vez la realidad de que los medios no siempre dicen la verdad. Supe que se decían mentiras porque estaban reportando que la música estaba volviendo loco a Noriega y eso no era cierto. A él esa música no le afectaba en lo absoluto.[4]

La verdadera presión psicológica que sufrió Noriega, en opinión de Jelenszky, vendría de la amenaza que tenía fuera de su ventana:

A la misma altura de su recámara quedaban los estacionamientos del edificio vecino. En ese lugar los americanos apostaron un francotirador que le apuntaba con su rifle las 24 horas del día. O sea, si él veía para afuera, se encontraba con un soldado apuntándole con una mira de precisión y visión nocturna. Cerraba la cortina, pero la presencia del soldado se sentía dentro. El efecto psicológico era fortísimo. Tanto así que en las noches siempre dejaría la puerta de su recámara entreabierta para no sentirse dentro solo, con esa amenaza omnipresente.

La ciudadanía jugaría un rol fundamental en el desenlace de este capítulo de la historia. A partir del segundo día de la llegada de Noriega a la embajada del Vaticano, se empezaron a agrupar en la avenida Balboa hombres y mujeres que demandaban la salida del dictador y su entrega a la justicia. Le exigían, de la misma forma, a la Santa Sede que no siguiera siendo cómplice de un asesino. Cada día iba creciendo el número de manifestantes y se irían radicalizando sus consignas.

Las negociaciones sobre qué hacer con Noriega llegaron a punto muerto en varias ocasiones. Durante los primeros días, el nuncio casi no le habló del tema. El general bajaba en las mañanas y conversaba con Gaitán, Madriñán, los esposos Castillo y los etarras. Al anochecer, subía a su habitación y quedaba completamente solo, aislado del resto. No podía hacer llamadas y, las pocas que recibía, en la oficina del secretario, estaban evidentemente intervenidas por los americanos. Narra Jelenszky:

Yo dormía en el piso de arriba, al lado de la habitación de Noriega. Cada vez que pasaba frente a su recámara veía la puerta medio abierta. Como el resto de los panameños que lo odiábamos, no le quería ni hablar. Pero la segunda noche hubo un ruido grande, ensordecedor, parecía que era un terremoto. Él se asomó aterrado fuera de su cuarto y al verme me hizo señas para que me acercara. Me rogó que fuera a ver qué producía semejante ruido. Resultó ser que los americanos, a esa hora, estaban aplanando un lote de terreno cercano para hacer un helipuerto.

Cuenta que al verlo tan solo en las noches, pues nadie le hablaba, y le daba tanta lástima, se le acercó:

Él se tomaba un par de tragos, no se emborrachaba, pero sí estaba más locuaz. La primera vez le pregunté que cómo se sentía, que qué había aprendido de todo esto. Tenía una pequeña televisión que transmitía en ese momento imágenes de los niños patinando en el hielo en Rockefeller Center de Nueva York. Me contestó que "todos somos apenas moléculas, que no somos nada". Yo, mirando a quien una semana antes había sido el hombre más poderoso de Panamá, y que ahora estaba muerto de miedo, le dije que, en efecto, el mundo continuaría, que la vida seguiría igual, que la próxima Navidad volveríamos a ver la misma imagen de los niños patinando.

Jelenszky terminaría preguntándole muchas cosas sobre lo que había ocurrido en Panamá:

Él no sabía quién era yo, habrá pensado que era un monaguillo o un seminarista. Recuerdo que le pregunté: "¿Hubo o no hubo fraude en las elecciones de 1984?". Y él me dijo que sí, que había habido fraude, que había sido en el circuito de Tolé. Otro día le pregunté sobre el asesinato del padre Gallego, que quién lo había matado, y me contestó que habían sido los Vernaza. También le pregunté a quién admiraba en Panamá y me dijo que a Ricardo Arias Calderón.

La Casa Blanca designó al general Cisneros *Chief Negotiator* de Estados Unidos en el tema del general refugiado. Al frente de la embajada del Vaticano quedaba el colegio San Agustín (donde hoy opera Multicentro) y allí estableció su cuartel general. Desde su oficina se coordinaban las negociaciones, las acciones de las tropas y se daba permiso a quien podía entrar o salir de la sede diplomática.

Unos días después Cisneros le pidió una reunión al nuncio. Fueron varias y todas eran en la puerta frontal de la embajada, a través de la verja de hierro. El nuncio y su secretario, dentro; el militar y sus acompañantes, afuera.

"Tenemos unos equipos especiales que pueden detectar muchas cosas. Hemos podido detectar que dentro de la embajada hay un arsenal", dijo Cisneros. Joseph Spiteri le contó que habían desarmado a todos los que entraron y que las tenían guardadas en una caja fuerte. Procedieron a entregárselas. Los americanos temían que, en la desesperación, o bien Noriega, o él con los oficiales que aún estaban dentro, tomaran como rehenes al personal de la nunciatura o pusieran sus vidas en peligro.

Luego de la entrega de ese arsenal, seguían detectando que había armas dentro.

"Los gringos le pidieron permiso al nuncio para que, en caso de que él o la gente de la misión fueran tomados como rehenes, les dieran autorización expresa para entrar a la embajada a rescatarlos", cuenta Jelenszky, a quien le encomendaron redactar la autorización en inglés.

Al día siguiente hubo otra reunión. Era para establecer una clave de alerta. Acordaron poner dos señales para avisar que estaban en peligro. Una fue cerrar determinadas cortinas, y la segunda, bajar unas banderitas colombianas que las monjas tenían colgadas en un lugar visible desde fuera.

Con el pasar de los días, el resto de los refugiados panameños se fueron entregando. Su salida de la embajada se coordinaba con las autoridades americanas y las panameñas. Noriega terminaría solo, salvo por la compañía de Asunción Gaitán.

"Parte de la estrategia fue irlo aislando, sacar al resto de la gente que estaba dentro de la nunciatura", declararía Cisneros. "La puesta de la música fue una estupidez y siempre estuve en contra. Nosotros de lo que estábamos preocupados era de que Noriega recibiera asilo y se quedara muchos años allí dentro".

El general llevaba una semana refugiado y no se vislumbraba una solución clara. Para entonces, se había llegado ya a la conclusión de que la salida viable —y no violenta— era la de su entrega voluntaria.

El 2 de enero el nuncio llamó a Noriega a su despacho, pues hasta entonces Laboa había preferido que él meditara solo acerca de su situación. Sería la primera conversación larga que ambos mantendrían.

Antes de empezar, Laboa le pidió a uno de sus colaboradores que, mientras él y Noriega estaban reunidos, entrara a la recámara del general y confirmara que no había un arma escondida. Encontraron una Uzi. Estaba debajo del colchón. Después se sabría que el arma la había traído consigo Gaitán y que la ocultó entre las matas del jardín trasero luego de trepar el muro. Los días siguientes a su llegada, subrepticiamente, ambos consiguieron subirla hasta la habitación.

Al iniciar la reunión con el nuncio, el general le pidió que le hablara con toda sinceridad sobre su futuro. Laboa le dijo que él no lo expulsaría de la nunciatura pero que era evidente que veía un cuadro negrísimo. Le recordó que un 95% de los panameños le odiaban visceralmente y que el propio Noriega había podido comprobar dónde habían quedado sus aliados. "¿Dónde está todo su Estado Mayor? Y, hoy mismo, como ha escuchado, Carlos Duque, el hombre que usted quería poner de presidente ha dicho que Noriega debe entregarse a la justicia", le señaló el anfitrión.

Ya Laboa había sostenido una reunión con Cisneros y con el general Wayne Downing, el comandante de las Fuerzas Especiales que rodeaban la sede. A ella también asistiría Michael Kozak.

A causa de la frustración de la población, la manifestación del día siguiente podía tornarse violenta. Laboa quiso saber cuál sería la posición de los americanos en caso de que eso ocurriera. Cuenta Kozak:

El nuncio nos dijo que Noriega estaba muy preocupado por su seguridad. Temía que esa gente pudiera entrar violentamente, agarrarlo y despedazarlo. Los generales le contestaron que, si ellos estuvieran en su posición, estarían igual de preocupados. Yo le dije a monseñor que los soldados estaban tratando de mantener el orden. "Sí, pero qué pasaría si la multitud se sobrepone a sus soldados", nos preguntó. El general Downing le contestó tajante: "Señor, nosotros no le vamos a disparar a ningún individuo para defender a Noriega", y la reunión terminó.

Así que cuando Noriega le dijo al nuncio que consideraba imposible que la muchedumbre se sobrepusiera al cordón de seguridad que tenían los americanos, Laboa le dijo la verdad. "Ellos no están allí para defenderle. Los americanos están allí afuera con todos esos carros y soldados para que usted no se escape". Le recordó que siempre existiría la posibilidad de terminar colgado por una turba, como había sido el final de Mussolini. De hecho, durante la última protesta, ya un grupo de panameños había implorado a los oficiales americanos que les dejaran entrar: ellos sacarían a Noriega a patadas de su refugio.

A la mañana siguiente, 3 de enero, Noriega le dijo a Laboa que él quería entregarse, pero "a lo jurídico". Ambos hablaron de cómo hacerlo y, sobre todo, ante quién.

"Me preguntó si yo pensaba que se debía entregar a los panameños y le respondí que mi opinión era que no". Para Laboa, Panamá no estaba en condiciones de recibirlo ni de tenerlo ni de juzgarlo.

Entonces le preguntó que si debía hacerlo a los soldados americanos, y le contestó que a él tampoco le parecía lo indicado. El nuncio le recomendó entregarse a la justicia americana, no al ejército, y prepararse para defenderse de los cargos que tenía en Florida con sus abogados y sus pruebas.

La manifestación, que comenzó al mediodía del 3 de enero de 1990, fue gigantesca tal y como se había estimado. El país quería que Noriega enfrentara a la justicia, que no se saliera con la suya.

Esa mañana se iniciarían las últimas negociaciones, las concernientes a su entrega. Noriega hizo algunas solicitudes y estableció ciertas condiciones antes de dar su aceptación final.

"Él quiere que sea de noche, sin fotografías y que no sea esposado cuando se entregue a ustedes", les dijo el nuncio a los americanos. "Otra cosa: la noche de la invasión, él salió del CEREMI con lo primero que tenía a mano, prácticamente en calzoncillos. Quiere que le consigan su uniforme. Ha pedido entregarse uniformado".

El general Cisneros ordenó buscar el uniforme que había dejado la noche de la invasión en aquella habitación del antiguo hotel La Siesta y que ellos tenían en su poder. Así se lo dijo a la periodista Betty Brannan:

> Noriega pidió que yo lo recibiera. No era una condición sino una petición y yo no quise darle la dignidad de ser recibido por un general, le mandé a un sargento. Las condiciones fueron: su uniforme, que no sería golpeado y lo de las esposas. Era curioso, los oficiales panameños, cuando se entregaban, siempre pedían no ser golpeados. Y eso era así porque estaban acostumbrados a tratar de esa forma a los que capturaban.

Se acordó que a las 8:00 p.m. se entregaría. Poco antes aterrizaría un helicóptero en aquel lote que había sido habilitado como pista unas noches atrás.

Hubo una misa en la capilla de la nunciatura una vez terminada la manifestación. Noriega bajó y se sentó en la última banca. Estaba a pocas horas de rendirse. En la homilía, el nuncio habló de la fidelidad, de cómo los hombres abandonan a los otros en los momentos más trágicos de la vida y de cómo Dios nunca abandona a nadie, que solo Dios era siempre fiel, recordaría el padre Villanueva, quien aseguró que ese último sermón conmovió al militar.

Noriega saldría de la nunciatura vestido de general a las 8:30 p.m. acompañado por monseñor Laboa, el secretario Spiteri y el padre Villanueva. Antes de abrir la puerta, el nuncio le colgaría del cuello un rosario con una cruz. También le regalaría una Biblia.

Al ser recibido por los americanos, Villanueva le dijo: "Rezaré por usted todos los días". Se produjo un gran silencio. Vieron cómo se lo llevaban arrestado.

El ejército lo pasó, a su vez, a los alguaciles del Departamento de Justicia y de la DEA. En palabras de Cisneros:

Se lo entregamos a los *marshalls*. Se le leyeron sus derechos. Así quedó en manos de la justicia. Noriega empezó a llorar cuando subió al helicóptero. Yo creo que lloraba porque pensaba que lo dejaríamos caer, como hubiera hecho él con sus enemigos.

Fue trasladado a la base de Howard. El general que había declarado al país en estado de guerra con la nación más poderosa del mundo, pero que jamás disparó un solo tiro contra el ejército al que había retado sin pausa durante los últimos tres años, descendió del helicóptero. Fue fichado, fotografiado y despojado de su uniforme de general. La DEA le entregó un overol de presidiario color verde olivo. Fue conducido esposado al C-130 de la Fuerza Aérea de Estados Unidos que lo transportaría a la base de Homestead, en el sur de Florida. Aterrizaría cerca de las 2:00 a.m. del 4 de enero de 1990. Tenía 55 años. Dejaba atrás un país desbaratado, arruinado, con cientos de muertos y miles de heridos. Partía así el último dictador de Panamá.

15

Cicatrices de una guerra

"No sabía a dónde ir. Perdí todo, menos a mi familia. Amigos murieron y otros no sabemos dónde están", me dice ese hombre del que solo recuerdo su rostro y su mirada vacía.

—CARMEN CARRASCO, periodista de *La Vanguardia*

Para vergüenza del país, le tomó al Estado 25 años contar a sus muertos. O, mejor dicho, para iniciar el esfuerzo por hacerlo de manera oficial y científica. El 26 de junio de 2016, mediante un decreto ejecutivo, la Presidencia de la República creó la "Comisión 20 de Diciembre", con el objetivo de lograr el esclarecimiento del número e identidad de las víctimas de la invasión.

Las heridas nacidas del conflicto, una intervención militar extranjera a un pueblo que, a su vez, sufría una dictadura, dejarían una nación profundamente traumada.

Invasión y fin de la dictadura, dos eventos acaecidos simultáneamente. El primero, una tragedia ignominiosa. El segundo, la recuperación de la libertad. El choque entre dolor y alegría, entre luto y júbilo, sería la causa principal del subyacente deseo por ignorar la historia.

El gobierno de Guillermo Endara, nacido entre bombazos, empeñado en levantar un país literalmente en escombros y en bancarrota, no tuvo ni el tiempo ni la distancia suficientes para darse a la tarea. Al inicio se ensayó con una comisión de reconciliación que, con la Iglesia católica al frente, ayudara a tender puentes de comunicación entre panameños y en la tarea de la reconstrucción nacional.

Seguiría el gobierno de Ernesto Pérez Balladares, en el que el PRD lograría, gracias a la democracia que antes había destruido, su primer triunfo legítimo en las urnas. Por no abrir cicatrices, o porque no resultaba oportuno revivir el recuerdo del norieguismo, el conteo de las víctimas fue ignorado.

Al asumir el poder su sucesora, Mireya Moscoso, tuvieron prioridad otros muertos, también olvidados. Unas obras civiles en los terrenos de la antigua terminal del aeropuerto de Tocumen dieron con unos esqueletos sepultados justo donde quedaba la base de la Fuerza Aérea Panameña. Los asesinados por la dictadura clamaban justicia, y la viuda de Arnulfo Arias terminó creando la Comisión de la Verdad para investigar los homicidios y desapariciones que tuvieron lugar durante el régimen militar.[1]

Los muertos y desaparecidos de la invasión estadounidense siguieron ignorados, tanto por el gobierno siguiente, el de Martín Torrijos, como por el de Ricardo Martinelli.

> El Estado eligió el olvido para enterrar la memoria. Porque las urgencias eran muchas, porque los gobernantes formaban parte de uno de los bandos, porque siempre es más rentable hacer negocios que historia.[2]

Trinidad Ayola es ingeniera civil y presidenta de la Asociación de Familiares y Amigos de los Caídos del 20 de Diciembre, una asociación fundada a los pocos meses de la invasión. Su esposo, el teniente Octavio Rodríguez Garrido, murió apenas comenzaba el conflicto. Tenía 28 años y esa noche era el oficial de turno al mando de la base aérea que operaba en Paitilla.

"A la una de la mañana vimos desde mi casa, a lo lejos, la llamarada. Yo alcancé a llamarlo por teléfono. No me dijo mucho, solo que me cuidara y que cuidara mucho a nuestra hija", contaría su viuda. El teniente se quedaría a cargo del cuartel mientras la tropa a su mando lograba escapar.

El aeropuerto de Paitilla fue uno de los primeros objetivos militares de la invasión, ya que allí, además de un par de aviones y helicópteros de las Fuerzas de Defensa, estaba el *Learjet* de Noriega. En esa escaramuza fallecerían cuatro soldados americanos. De la parte panameña, uno, el teniente Rodríguez. Luego, un empresario que tenía su negocio allí fue asesinado porque no se detuvo cuando los americanos le dieron la orden de alto.

Ayola fue a la mañana siguiente porque desconocía la suerte de su esposo:

Me pararon los gringos a cuestionarme, todos armados. Eran casi unos niños esos soldados. Mi vecino me había dicho que había escuchado sobre mi esposo, que había muerto. Yo fui a buscarlo esa mañana. Los soldados me detuvieron cuando llegué al lugar. Finalmente un sargento que hablaba español, un puertorriqueño, me entendió que yo estaba buscando a mi esposo y que me habían dicho que estaba muerto. Él dijo que me soltaran, que me podía ir a casa pero que no fuera por la vía que había venido. Supe después que ya por esa ruta había combate. Entonces me llamó la esposa de otro de los oficiales para contarme que a los heridos los llevaban al hospital Santo Tomás y me fui para allá. Cuando pregunté por él en la sala de guardia me comunicaron que había fallecido. Fue horrible. Los bomberos del aeropuerto, que conocían a mi esposo, encontraron su cuerpo y lo habían traído al hospital.

Al menos Ayola, dentro de su dolor, logró ubicar el cadáver de su esposo ese día. No correrían igual suerte la inmensa mayoría de los familiares de las víctimas de la invasión.

Sin ser consciente, Trinidad había puesto su vida en riesgo, como le pasó a muchas personas que ese primer día murieron cuando circulaban por las calles sin saber dónde eran los combates o por no hacer caso a las órdenes dadas, en inglés, por los estadounidenses. La Comisión 20 de Diciembre guarda testimonios muy crudos sobre civiles asesinados durante aquellas primeras horas por el simple hecho de haber estado en el lugar y en el momento equivocados.

Por ello, los caídos no solo serían militares muertos en combate, batalloneros o codepadis. También hubo personas atrapadas en el cruce de fuego, o víctimas colaterales de morteros, o de incendios, como los de El Chorrillo. Otras fueron asesinadas a manos de las fuerzas leales a Noriega cuando se puso en acción el plan de tomar como rehenes a los sediciosos, vendepatrias y americanos previamente identificados para ejecutarlos en caso de un ataque enemigo.

Raymond Dragseth era un profesor del Panama Canal College que vivía con su esposa y sus suegros en un apartamento en Punta Paitilla. Fernando Brathwaite, por su parte, era un panameño que trabajaba en la embajada de Estados Unidos, en el departamento de mensajería, y vivía en Río Abajo. Ambos fueron secuestrados en sus residencias a pocas horas de iniciada la invasión. Habían sido previamente identificados por el régimen.

Mientras caían las primeras bombas, Raymond y Fernando fueron capturados por unidades de la UESAT y "compartirían 48 horas encerrados en un baño, atados de manos, golpeados, y también algunas horas encerrados en el baúl de un Toyota. La sentencia de muerte se cumple en Chivo Chivo".[3] Sus cadáveres fueron encontrados posteriormente en el sector de Ojo de Agua, donde los arrojaron sus captores.

Morirían también personas durante los saqueos, quizás a manos de los dueños de los negocios, que dispararían en medio del caos, y en los barrios, donde se dieron enfrentamientos con las "autodefensas" vecinales al confrontarse con personas consideradas peligrosas. Jamás se sabría la verdad detrás de aquellas muertes.

Lo cierto es que, para muchos, se trataba de un familiar o conocido que no había vuelto a casa luego de iniciada la guerra. Encontrarlos, vivos o muertos, se convertiría en toda una odisea. Algunos aparecerían durante las primeras 24 y 48 horas. Otros no darían muestras de vida.

Poco a poco se irían identificando los primeros muertos en hospitales o morgues. Otros tardarían años en ser descubiertos. Y los últimos siguen desaparecidos.

El vacío dejado por la ausencia de un conteo de las víctimas lo llenó la especulación desde muy temprano. Bajo el telón de la ignorancia, los especuladores se dieron gusto con las cifras, manipuladas por las pasiones de los distintos bandos del conflicto armado y político.

José Luis Sosa, el director ejecutivo de la Comisión 20 de Diciembre, comenta sobre el tema:

> Cuando ocurre la invasión, y a falta de una investigación original exhaustiva, se empezaron a hacer cálculos, tanto por personas como por instituciones. Una cosa es hacer estimaciones, que con gran disparidad iban desde los cientos hasta los miles, y otra cosa es hablar de la identidad de las víctimas, con un listado, para saber quiénes fueron las personas que murieron en la invasión.

Más de 25 años se tardaría en identificar a esas víctimas, saber cómo y dónde fallecieron y, en algunos casos, devolver los restos a la familia.

"Los familiares estaban buscando los cuerpos de sus víctimas", cuenta Ayola. "Pasaban los días y no aparecían. Yo había encontrado el de mi esposo, pero me solidaricé con los demás". Así nació la asociación, para recuperar cadáveres, para identificarlos y para pedir justicia.

"La verdad es que yo tenía la impresión de que los gobernantes querían que uno olvidara", recuerda ella, quien asumió la presidencia del grupo cuando ya habían transcurrido tres lustros:

> Yo una vez escuché a un presidente, era [del] PRD, no quiero mencionar su nombre, que dijo que había que voltear la página y seguir adelante. Eso lo pueden decir las personas que no han sufrido, que no han perdido a sus familiares. Eso me dio más coraje: si un gobernante se refería así, me hizo comprometerme más con la causa.

Así, pasados 25 años, el Estado finalmente asumió su obligación de cumplir con el derecho a la verdad que tienen las personas y los pueblos. Cuenta Ayola:

El primer presidente que estuvo en una ceremonia fue Juan Carlos Varela en 2014, el mismo año que subió al gobierno. Nos llamaron de la cancillería que querían conversar con nosotros porque el presidente iba a asistir. Nosotros, desde 1990, íbamos al Jardín de Paz, todos los años, y teníamos un acto religioso de recordación por los caídos. No solo vino y caminó desde la entrada del cementerio hasta el lugar donde están enterrados, sino que fue el último en irse. Me dijo: "Yo los veo y los escucho y pareciera que el 20 de diciembre acabara de suceder. El dolor que ustedes llevan es muy grande". Sentí su empatía y aproveché el momento para reiterar que se creara una comisión oficial, una comisión de la verdad.

La excanciller Isabel Saint Malo de Alvarado recuerda el momento:

Cuando nosotros llegamos al gobierno, el primer 20 de diciembre del 2014, el presidente me pide que lo acompañe al Jardín de Paz, donde históricamente las organizaciones de los familiares iban todos los años. Era un espacio muy olvidado. Allí conocí a la presidenta de la asociación. Para ellos fue muy importante que el gobierno le diera a esa fecha una honorabilidad, un lugar, con todo el protocolo del Estado. Yo regresé todos los años. Había varios temas que se tramitaban en la cancillería, carpetas jurídicas de una serie de reclamos que llevaban años ante el sistema interamericano de derechos humanos. El obstáculo siempre fue que no había una cifra concreta del número de víctimas. ¿Cómo es que este país no iba a saber cuántos muertos fueron? Era inaceptable. Es parte importantísima de nuestra historia, saber quiénes fueron las víctimas, dónde estaban sus restos, recuperar la memoria histórica. Sí se habían hecho unos esfuerzos anteriores, pero se quedaban cortos porque había que traer antropólogos forenses y no había presupuesto. También hubo esfuerzos en el Ministerio Público, pero el punto muerto seguía siendo el presupuesto.

Se organizaron reuniones de trabajo con los familiares en la Casa Amarilla de la presidencia. "Y es que no podía haber reconciliación si no se conocía la verdad", diría la excanciller, que recuerda, además, que se le dio atención al lugar donde estaban enterrados, un sitio medio abandonado, y se ordenó hacer lápidas uniformes a cada uno como símbolo de dignidad.

LOS MUERTOS

¿Cuál es la cifra de panameños caídos en la invasión? Cumplidos 35 años del conflicto bélico, y luego de ocho años de labores de la Comisión 20 de Diciembre, la cifra ronda los 350.

La comisión reportaría que, hasta el año 2024, se habían identificado plenamente 233 víctimas. Sobre ellas se cuenta con su nombre completo, número de cédula o identificación, edad, provincia de donde provenían y las circunstancias de su fallecimiento.

Existen otros 195 casos en estudio. Muchos de ellos provienen de listas que fueron en su momento levantadas por distintas entidades. Las mismas contienen, sin embargo, nombres repetidos, inexactos, o de personas que fallecieron por aquel entonces, pero no a consecuencia de la invasión, y otras de personas que con el tiempo aparecieron vivas. De este total, se estima que entre el 40% y 50% de estos nombres terminarán siendo plenamente identificados y sumados al grupo de víctimas de la invasión.[4]

Cadáveres

—Pero ¿por qué ha terminado siendo tan ardua la labor de identificación, además de las razones presupuestarias? —se le preguntó al director ejecutivo de la Comisión.

—En la lista constan los nombres proporcionados por familiares de víctimas, organizaciones de derechos humanos y aquellos provenientes de fuentes documentales y bibliográficas. Empezamos el trabajo con las listas que existían en aquella época. Tenemos algunas del Instituto de Medicina Legal y también de organismos de derechos humanos. Por ejemplo, la lista publicada a página entera en octubre de 1992 en todos los periódicos por la Coordinadora Nacional por los Derechos Humanos. Allí aparecen 317 nombres.[5] Hubo una buena voluntad de hacer el listado. Sin embargo, se notan imprecisiones como nombres repetidos.

–¿Cómo se van depurando?

–Trabajando sobre todos esos nombres. A cada uno se le arma una carpeta que contiene las entrevistas a la familia o conocidos, certificados de nacimiento, documentos aportados por familiares, las actuaciones de la Comisión, un árbol genealógico cercano, etcétera.

–¿Y los cadáveres que quedaron desparramados por muchos lugares?

–En la mayoría de los casos, los cuerpos fueron sepultados primero, sin que la familia los pudiera ubicar. Muchos terminaron en las morgues, donde se haría un reconocimiento del médico forense, pero eso era un acto posterior y no en el lugar donde la persona había fallecido. Los cadáveres fueron sepultados principalmente en dos fosas: en el Jardín de Paz en Panamá y en el cementerio de Monte Esperanza en Colón. Los americanos enterraron cadáveres en el cementerio de Corozal.[6] Esos restos fueron luego entregados a Panamá y ubicados en el Jardín de Paz.

Una precisión: no se debe hablar de "fosas comunes" porque este término se refiere a fosas donde los restos están mezclados, ya que fueron echados sin estar individualizados. No es ese el caso aquí, pues todos los cadáveres fueron enterrados en bolsas individuales.

Hubo otros lugares, como Pacora, el Terraplén y El Chorrillo, donde no existió una fosa, sino que fueron sitios de disposición de los cuerpos. Ese fue el caso que narra el párroco de la iglesia de Fátima de El Chorrillo, que dejó testimonios en sus memorias de que tuvo que quemarlos por el grado de descomposición de los cadáveres antes de disponer cristianamente de sus restos. En San Miguelito enterraron cuerpos los vecinos cerca de una cancha, los cuales luego fueron exhumados y trasladados.

—Y además de las listas originales, ¿se conocen más víctimas?

—Sí, se han adicionado nuevos casos, cerca de diez, cuyos nombres surgieron con el tiempo.

—Del total de víctimas, ¿tenemos una segmentación para saber cuántos eran militares, cuántos civiles, cuántos murieron en combate o cuántos eran personas ajenas al conflicto, y así, clasificadas por razón de su muerte?

—No tenemos completado el trabajo aún y no sería responsable dar resultados parciales. Queremos que se hable en propiedad de la invasión.

En junio de 1990 el ejército estadounidense dio las cifras de sus bajas. Murieron 23 miembros de las fuerzas armadas y hubo 325 heridos. Dos de los muertos y 19 de los heridos fueron a causa de "fuego amigo".

El 26 de junio de 1990, el Instituto de Medicina Legal de Panamá dijo haber identificado un total de 63 militares panameños fallecidos a raíz de los combates y 157 civiles. Además, informó que otros 47 cadáveres no habían sido identificados aún. O sea, un total de 267 muertos. Hizo la salvedad de que contaban, igualmente, con una lista de otras 93 personas reportadas como desaparecidas. La suma del total de cuerpos recuperados y personas desaparecidas, seis meses después de la invasión, totalizaría 360 víctimas.

Para 2018, la Comisión Interamericana de Derechos Humanos (CIDH), por su parte, reportaba que el total de civiles muertos fue 202, así como un alto número de heridos, "aun cuando persiste una controversia en cuanto a las cifras exactas. Se constataron daños significativos y destrucción de viviendas y comercios, así como el desplazamiento de más de 15 000 civiles a campos de refugio ubicados en edificaciones públicas y privadas".[7]

¿De dónde salieron, entonces, aquellos números que afirmaban que los muertos de la invasión fueron mil, dos mil o siete mil?

La primera vez que un medio de comunicación indicó que la cifra de fallecidos era de 1 000 fue unos meses después de la invasión en un reportaje preparado por el programa *60 Minutes* que transmite la cadena de televisión americana CBS. Los productores afirmaron haber tenido acceso a información del gobierno americano que mencionaba ese número.

Una investigación hecha por el Departamento de Defensa de Estados Unidos dio con el documento citado por la televisora. Resultó que lo había preparado un oficial de seguros, del ramo de reclamos civiles, a quien se le solicitó hacer una estimación del siniestro. Lo preparó "sin contacto ni conocimiento alguno con las víctimas de la invasión". Cuando el memo fue escrito, aclararían los oficiales americanos, era el 28 de diciembre de 1989, cuando los militares del Comando Sur en Panamá "estaban aún en el proceso de contar las víctimas".

En otras palabras, pareciera que la estimación inicial del ajustador de seguros fue con base en un supuesto abstracto. A partir de ese momento, sin embargo, se harían toda clase de estimaciones sin mayor sustento, asumiendo que la cifra de los muertos debía rondar los miles.

En cuanto a los sitios donde hubo la mayor pérdida de vidas humanas, no cabe duda de que fueron cuatro, como bien establece el informe llevado a cabo por la CIDH, en concordancia con la Comisión 20 de Diciembre: El Chorrillo, Panamá Viejo, San Miguelito y Colón.

LOS HERIDOS

Jamás se hizo un conteo del total de heridos dejados por la invasión. No existe cifra alguna que, ni de manera aproximada, pueda dejarnos una idea de la cantidad de personas lesionadas en esta guerra.

Campos de detención

Además del total de muertos y heridos, durante aquellos primeros días y semanas, los americanos detuvieron y arrestaron a un número importante de panameños. Fueron confinadas centenares de personas: oficiales de las Fuerzas de Defensa, miembros de los grupos paramilitares, individuos cercanos o con vinculaciones al general Noriega y otros señalados de haber cometido delitos mientras duró la dictadura. El informe de la CIDH señalaría:

> Durante el día 20 de diciembre y los siguientes se produjo una importante cantidad de arrestos. Los prisioneros fueron originalmente ubicados en campos de detención *ad hoc* bajo la vigilancia de fuerzas norteamericanas. En estos campos llegó a recluirse a más de tres mil personas, que fueron posteriormente liberadas o trasladadas a las cárceles panameñas a disposición del Ministerio Público.[8]

Uso excesivo de la fuerza y prevención de muerte de civiles

La CIDH fue muy clara al condenar el uso desproporcionado de la fuerza durante la operación militar. Sobre ese punto, la Comisión resaltó "la previsibilidad del incendio en una zona con casas y edificios construidos de madera y, por tanto, la obligación de adaptar las tácticas y medios de guerra para prevenir daños desproporcionados a la vida, integridad y propiedad de los civiles presentes", como fue el caso evidente en El Chorrillo.

Por ello, la CIDH señaló que Estados Unidos:

> [...] violó el principio de precaución en la planificación y ejecución del operativo militar en razón del uso desproporcionado de armas explosivas en el marco de las acciones ofensivas en contra del Cuartel Militar Central ubicado en una zona altamente habitada por civiles.[9]

El organismo concluyó que el bombardeo indiscriminado de Estados Unidos en zonas donde tenía certeza de sus objetivos y una superioridad mayúscula causó daños desproporcionados en la población civil.

La guerra dejó, sin duda, profundas cicatrices e infinitas interrogantes en la psiquis nacional.

En cuanto a nuestra memoria histórica, al derecho y obligación que tienen los panameños de conocer la verdad de lo acontecido, hay una gran deuda. Como bien señalaría el director de la Comisión del 20 de Diciembre, José Luis Sosa:

> [...] hemos cometido un error, tanto con las víctimas de la dictadura militar como con los de la invasión. Y es el abordaje político, como si fuera lo principal, cuando debe ser un abordaje sobre derechos humanos. Todas las víctimas, y sus familias, tienen derechos y estos debieron ser atendidos. Y esos nos iban a dar respuestas para entonces un accionar político. Pero no ha sido así.

Para un país pequeño como Panamá, el número de muertos por razón de la invasión militar fue gigantesco. Representó un hecho sangriento sin precedentes, nada menos que la mayor tragedia de su historia republicana.

Epílogo

Manuel Antonio Noriega pasaría el resto de sus días saldando cuentas con la justicia. De hecho, la guerra más enconada que libraría el general en su vida no tendría lugar en campos de batalla ni en las junglas de su país. Sería ante los tribunales de tres países distintos.

Al llegar a la Florida la madrugada del 4 de enero de 1990, aterrizó en la base aérea de Homestead. A las autoridades del Departamento de Justicia, encargados de su custodia, les preocupaba que la vida del detenido pudiera estar en peligro durante ese primer recorrido que le aguardaba: del aeropuerto al centro carcelario. Temían que sicarios pudieran atentar contra su vida. No era para menos. Los agentes sabían muy bien cómo operaban las mafias y eran conscientes de que el hombre fuerte de Panamá conocía muchos secretos de sus antiguos socios. Los capos recelaban que el recién capturado pudiera delatarlos. Los jefes de los carteles rivales, por su parte, también tendrían ganas de saldar cuentas con aquel general que tantas veces los sacrificó para quedar bien con los gringos. Los alguaciles optaron, en el último minuto, por trasladarlo en helicóptero. Y así, de madrugada, aterrizó el reo No. 41586-004-90 al lado del complejo judicial y carcelario del *downtown* de Miami.

Al día siguiente fue presentado ante la justicia para cumplir las primeras formalidades de su arresto. En ese mismo complejo, compuesto por dos edificios unidos por un túnel subterráneo, asistiría a las audiencias y estaría recluido los siguientes meses.

Antes de que se iniciara el juicio, se especularía mucho sobre si Noriega, una vez depuesto, realmente sería juzgado. ¿El colaborador e informante estrella de la DEA, con todo lo que sabía y podía desvelar en una audiencia pública? ¿Un exagente de la CIA? ¿Siendo George Bush presidente de Estados Unidos?

La periodista Betty Brannan fue la corresponsal del diario *La Prensa* que le daría cobertura al juicio de Noriega. Brannan, quien además de periodista era abogada penalista graduada en Estados Unidos, y que incluso había sido en sus primeros años defensora pública en Nueva Jersey, sería un gran activo para los lectores por su capacidad de traducir y explicar las incidencias de un procedimiento muy distinto a los llevados en Panamá. Recuerda:

> Al principio se pensó que no habría juicio. Hubo mucha especulación al respecto porque se decía que, de llevarse a cabo, saldrían una infinidad de cosas que salpicarían al presidente George Bush, por la relación de Noriega con él y con la CIA.

El exfiscal Richard Gregorie, encargado de armar la acusación de Miami contra el general, reconocería la especial situación del caso y las delicadas vinculaciones con temas de inteligencia nacional. Relató que durante la investigación su equipo había solicitado reiteradamente a la CIA información sobre Noriega y que los funcionarios de la agencia lo que entregaron fue, luego de mucho insistir, una carpeta con recortes de periódicos. Para el exfiscal, la colaboración entre Noriega y los organismos de inteligencia de Washington había durado décadas, venía desde "principios de los años setenta" y por ella se había pagado dinero.[1]

El juicio oral comenzaría un año y medio después de haber llegado el acusado a Miami. El tiempo que transcurrió fue consumido por una lista interminable de solicitudes y recursos, *pre trial motions*, presentados por su defensa. Todos fueron ferozmente objetados por los fiscales. Se disputó la jurisdicción, se cuestionó la forma en que había sido capturado, se argumentó que era un prisionero de guerra, y se pretendió, entre tantas otras cosas, que tenía inmunidad porque era un jefe de Estado.

El caso quedaría asignado al juez William Hoeveler, un distinguido jurista graduado de la Facultad de Derecho de Harvard que, en su juventud, había sido teniente de los Cuerpos de Infantería y veterano de la Segunda Guerra Mundial.

Hoeveler rechazaría casi todas las mociones presentadas por la defensa. Admitió, sin embargo, que al general se le considerara un prisionero de guerra y, por tanto, se le reconocieran los privilegios que la Convención de Ginebra otorga a los oficiales detenidos en un conflicto armado, tales como el derecho a asistencia médica, a no ser torturado, a vestir el uniforme militar con sus insignias y a no ser mezclado con los reos comunes. El militar panameño terminaría confinado en una especie de *suite*, resultado de la unión de varias celdas, con una línea telefónica, más horas de visita, equipo para ejercitarse y una televisión.

El pequeño triunfo de la defensa, sin embargo, no lograría el objetivo que buscaba, que no era otro que el de invalidar el proceso. El juez le recordó que su condición no le otorgaba inmunidad contra la comisión de delitos comunes, recordándole que incluso los más altos oficiales son responsables por la comisión de delitos, incluidos aquellos por los que se le estaba juzgando, los de narcotráfico, lavado de dinero y gansterismo.

Entre las otras mociones decididas por Hoeveler, hubo una que limitó el ámbito de las pruebas a ser presentadas. "No salieron más detalles de la relación con la CIA porque el juez determinó que lo que se admitiría como evidencia era lo pertinente a las acusaciones por actividades relacionadas con narcotráfico del período 1981 a 1986. Que lo demás no era pertinente a las acusaciones ni al juicio", recuerda Brannan.

La audiencia comenzó el 15 de septiembre de 1991. El acusado contaría con un equipo de cinco penalistas, con Frank Rubino a la cabeza. Sus honorarios serían cubiertos por el gobierno de Estados Unidos.

Brannan recuerda unas reuniones que hubo con los periodistas de los medios que deseaban seguir el juicio. El interés de la prensa americana e internacional por cubrir las audiencias era inmenso. El tribunal, teniendo en cuenta que cientos de periodistas solicitarían ser acreditados, tuvo que adoptar medidas especiales para organizarlos, acomodarlos y rotarlos dadas las limitaciones de espacio. "Los medios americanos estaban convencidos de que saldría mucha información sensible y delicada, y que el presidente Bush terminaría salpicado por lo que allí se revelaría. Pero con el tiempo se fueron dando cuenta de que no iba a salir nada incómodo ni vergonzoso sobre Bush". Y así, la prensa americana y buena parte de la internacional fue perdiendo interés.

La tarea que los fiscales tenían por delante no era para nada sencilla. La culpabilidad de Noriega, a diferencia de muchos sistemas jurídicos, como el panameño, no estaría en manos de un juez sino de un jurado, conformado por doce personas cuyo veredicto, para ser condenatorio, tenía que ser unánime. Por ello, los fiscales deberían convencer a los doce miembros del jurado[2] que el militar sentado en el banquillo era *guilty beyond a reasonable doubt*, culpable más allá de cualquier duda razonable. En otras palabras, que la evidencia que debían presentar contra Noriega fuera tan convincente como para que una persona razonable no tuviera dudas sobre su culpabilidad.

Durante las audiencias, al acusado lo subían por un elevador especial y lo sentaban al frente de la sala, al lado de sus abogados. Del otro lado estaba el equipo de la fiscalía. "Él siempre llegaba con su camisa de oficial de las extintas Fuerzas de Defensa planchadita, con sus visibles estrellas de general. No miraba hacia atrás donde estaba el resto de las personas y periodistas", contaría Betty Brannan.

La fiscalía terminaría presentando 43 testigos. Llegado diciembre se iba a hacer un receso por las festividades de Navidad. Entonces la defensa pidió un período más largo, de 30 días, y eso causó preocupación entre los fiscales porque, alejados por tanto tiempo, ya los miembros del jurado no tendrían tan presentes los testimonios que lo incriminaban. En otras palabras, sería una ventaja táctica en favor de la defensa. El juez, sin embargo, accedió a lo pedido por los defensores.

En medio del receso, al juez Hoeveler le dio un infarto, por lo que la pausa procesal se extendió aún más, hasta el mes de febrero.

Al reanudar las audiencias, le tocaba el turno a la defensa, que terminó presentando cerca de 20 testigos. El proceso oral concluyó, luego de escuchados los alegatos de cierre de ambas partes, la primera semana de abril de 1992. Habían transcurrido ya ocho meses de audiencias y más de dos años desde la invasión y captura de Noriega.

Al general panameño el jurado lo encontró culpable de ocho de los diez delitos por los que se le acusaba. En resumen, se le declaró culpable por haber formado parte de una gran conspiración con narcotraficantes estadounidenses y colombianos para inundar de droga Estados Unidos. O, como uno de los fiscales resumiría en sus argumentos finales, "por haber vendido a su país, Panamá, al servicio del narcotráfico internacional".

El 9 de abril, cuando se anunció el veredicto, Noriega se mantuvo silencioso, mirando hacia delante y no mostró ninguna emoción. Sus hijas lloraron.

Una vez hallado culpable faltaría conocer la condena. Las penas por los delitos por los que se le había condenado sumaban 120 años de cárcel. El juez Hoeveler anunció ese mismo día, mirando su calendario, que el 10 de julio de 1992 daría a conocer el cómputo de la pena aplicable.

Brannan quien, junto a la también abogada Rainelda Mata-Kelly, cubrió íntegramente los siete años que duró el proceso, incluyendo las apelaciones, considera que las pruebas presentadas por la fiscalía fueron contundentes:

> Las evidencias eran sólidas, dejaban con la boca abierta a quienes estábamos en la sala de audiencias. Testigo tras testigo fueron declarando cómo las avionetas, y también los aviones grandes, entraban con los traficantes a Panamá, con maletines llenos de efectivo y con cargamentos de droga. Explicaron cómo aterrizaban y despegaban de los aeropuertos de Tocumen y Paitilla. Contaron con lujo de detalles cómo los agentes del G-2 tenían órdenes de no tocar nada y de colaborar en todo

con ellos, y de cómo los aviones no declaraban sus verdaderos planes de vuelo sino que, antes de aterrizar, les daban instrucciones especiales de dirigirse a lugares aislados donde unidades del G-2 los recibían y se procedía a desembarcar lo que venía dentro. Se narró que los narcotraficantes contaban con pasaportes panameños, incluso pasaportes diplomáticos. Dijeron, por ejemplo, que en ocasiones les abrían de noche las oficinas de la dirección de pasaportes para así emitirle a esa gente documentos nuevos. También narraron los testigos cómo a los bancos llegaba tanto efectivo que no podían contarlo. Recuerdo el testimonio de uno que explicó que a Felicidad de Noriega todos los meses le depositaban en su cuenta bancaria 35 000 [dólares] procedentes de Corea con fondos cuyo origen había dado la vuelta al mundo para blanquearlo. Lo que se escuchó por semanas en la sala de audiencias fue increíble. Salieron a relucir las reuniones de los capos colombianos en Panamá y las donaciones que hicieron a las campañas políticas tanto de Colombia como de Panamá, mencionando la que llegó a la campaña del candidato del PRD, Nicky Barletta. Hablaron del refugio que los colombianos recibieron en el país luego del asesinato del ministro Lara Bonilla y de cómo Noriega los recibió él mismo diciéndoles: "Bienvenidos, muchachos, aquí no hay nada que temer". Todos los días nos quedábamos con la boca abierta de la cantidad de detalles que contaban los testigos.

Las estimaciones sobre a cuánto habría llegado a ser la fortuna acumulada por Noriega iban desde los 200 millones hasta los 700 millones de dólares. La fiscalía solo logró encontrar y congelar cuentas por 23 millones, además de los 7 millones hallados en efectivo cuando, en medio de la invasión, allanaron sus residencias y sus distintas oficinas.

El abogado Rubino trató de probar que parte de esa plata venía de la CIA para justificar esos montos, recuerda Brannan. "Nunca lo pudo probar, pero lo siguieron alegando. Fue parte de su defensa".

Lawrence Barcella, un exfiscal federal que en su momento logró procesar a un exjefe operativo de la CIA, Edwin Wilson, contó a un diario español al iniciarse el juicio que, en su opinión, la CIA jamás revelaría detalles de su relación con el general Noriega "porque la agencia preserva los nombres de sus contactos del mismo modo que hace con sus operaciones". Sería la defensa del propio Noriega, sin embargo, la que revelaría que el panameño había sido un agente largamente servicial a la CIA, al tiempo que contaba públicamente sobre algunos de los favores brindados. Es más, presentaría múltiples testigos para probar su colaboración, no solo con la CIA, sino con la DEA y la Agencia de Inteligencia Militar (DIA).

Durante la audiencia en la que se anunciaría la condena, el acusado tuvo el derecho de tomar la palabra y habló por casi tres horas, expresando por última vez sus quejas y acusaciones de deslealtad contra Estados Unidos. "Como no pudieron matarme ayer [durante la invasión] me traen aquí hoy para que usted les haga el favor de matarme en vida", le dijo al juez William Hoeveler.[3]

Noriega, seguidamente, mostró a la sala una foto de él junto a George Bush tomada cuando este era el director general de la CIA y el panameño el jefe del G-2, y dijo:

> ¿Qué hacía el presidente Bush con el general Manuel Antonio Noriega? Noriega no era alguien desconocido entonces. Yo no era un criminal cuando vino a visitarme. Pero eso era entonces. Yo lo acuso, a George Herbert Walker Bush, por utilizar su poder y autoridad para influenciar al sistema judicial americano, ordenando mi condena. Lo acuso de genocidio, de haber bombardeado a civiles y causar la muerte de más de cinco mil personas. Lo acuso por destruir la soberanía de Panamá y las Fuerzas de Defensa, todo con el objetivo de mantener las bases militares del Comando Sur en mi país y para no devolverle el Canal a sus legítimos dueños, el pueblo panameño. Lo denuncio hoy ante el pueblo norteamericano y ante todo el mundo. Habiendo dicho eso, confieso al señor juez y al mundo, que estoy en paz conmigo mismo.

Concluidas sus palabras, Hoeveler procedió a leer su sentencia condenatoria. Noriega escuchó de boca del juez que había sido condenado a 40 años de cárcel.

Meses después Hoeveler, luego de recibir una moción de reducción de pena, la disminuiría a 30 años. "Para sustentar la moción, su defensa presentó tres testigos de los organismos de inteligencia americana. Agentes de la CIA, DIA y DEA hablaron de lo valiosa que había sido la colaboración siempre recibida por Estados Unidos de parte del general panameño", recuerda Brannan.

Los abogados de Noriega no descansarían y apelarían a todas las instancias posibles. Cinco años después, el tribunal de apelaciones confirmó la sentencia. Recurrirían hasta la Corte Suprema de Justicia sin éxito alguno.

El condenado no cumpliría la totalidad de su pena, como es habitual, en Estados Unidos. El cálculo realizado muy temprano por el Bureau de Prisiones, luego de incluida una rebaja por buena conducta, concluyó que el panameño podría quedar en libertad el 9 de septiembre de 2007.

En relación con el segundo *indictment* por narcotráfico contra Noriega, el de Tampa, este quedó en el olvido luego de su condena en Miami.

Su fecha de salida sería, efectivamente, la calculada por el sistema carcelario, por lo que el general terminaría cumpliendo poco más de la mitad de su condena, casi 17 años. Sin embargo, no saldría de prisión el día señalado.

Mientras Noriega libraba su batalla legal en Estados Unidos, otros procesos judiciales también avanzaban. Se trataba de delitos de los que se le acusaba haber cometido mientras fue el "hombre fuerte" de su país.

En Panamá, Noriega sería imputado y procesado por el asesinato de Hugo Spadafora después de que su familia lograra la reapertura del caso. También sería condenado por los homicidios del mayor Moisés Giroldi y del resto de los oficiales ajusticiados durante la Masacre de Albrook.

Francia, por su parte, también abriría un proceso por lavado de dinero contra Manuel Antonio Noriega. Las investigaciones en aquel país habían concluido que los tres lujosos apartamentos que el general panameño había adquirido en París los había pagado con fondos provenientes de actividades ilícitas. Igual, los dineros depositados en varias cuentas bancarias. El general había sido condenado en ausencia en 1999.

Así, cuando estaba por concluir su pena en Estados Unidos, Francia solicitó su extradición para que hiciera frente a la sentencia.

Noriega, que lo que quería era volver a Panamá, recuerda Brannan:

> Él peleó la extradición que solicitaba Francia. En ese momento el gobierno estaba en manos del PRD y no pidió a Estados Unidos su extradición. Es más, a la audiencia donde habría de discutirse el pedido de extradición francés, el gobierno panameño no envió representantes. Cuando el juez Hoeveler preguntó en alto "¿Y qué quiere Panamá?", no hubo respuesta en la sala.

Noriega, entre los argumentos que esgrimió para no ser enviado a Francia sino a Panamá, expuso que habría un doble juzgamiento, que los delitos habían ya prescrito y que los amparaba el principio de especialidad.

El 26 de abril de 2010, la secretaria de Estado de Estados Unidos, Hillary Clinton, firmó la orden de extradición de Noriega a Francia.

En Francia tuvo derecho a un nuevo juicio, ya que en el primero había sido condenado en ausencia. Este proceso sería mucho más expedito que el americano.

El 7 de julio de 2010 Noriega fue condenado a siete años de prisión y al pago de 1.25 millones de euros en compensación por el daño moral infligido a la República de Panamá. También se confirmó el comiso de las propiedades que Noriega tenía en París y sus cuentas bancarias. El tribunal francés, sin embargo, le reconoció el tiempo que pasó batallando la solicitud de extradición en Estados Unidos, casi tres años, por lo que su sentencia efectiva sería de cuatro años.

Al final, su reclusión en Francia sería por menos tiempo, ya que se le benefició por observar buena conducta mientras estuvo recluido en la prisión de La Santé.

Ya para 2010, el gobierno panameño había solicitado al de Francia la extradición del exdictador para que cumpliera las tres condenas que estaban pendientes de responder en su país por delitos mucho más graves, como los homicidios cometidos mientas comandó las Fuerzas de Defensa.

El 23 de noviembre de 2011, la cancillería francesa aceptó el pedido y autorizó su repatriación a Panamá. Así, el 11 de diciembre de 2011, luego de 21 años, Manuel Antonio Noriega volvería a pisar suelo panameño. Atrás habían quedado sus condenas por narcotráfico y lavado de dinero. Le tocaría ahora enfrentar a la justicia de su país por su participación en las ejecuciones de Hugo Spadafora, Moisés Giroldi y los oficiales acribillados en Albrook.

Aterrizó en un vuelo de Iberia que partió de París e hizo escala en Madrid. Al llegar a Panamá, fue recluido en el centro penitenciario El Renacer.

Al viejo dictador, a pocos días de cumplir 83 años, un juez le concedió prisión domiciliaria, de manera provisional, para ser sometido a una cirugía. Le operarían para retirarle un tumor benigno cerebral. Fue operado el 7 de marzo en el hospital Santo Tomás. Moriría dos meses después, a las 11:00 p.m. del 29 de mayo de 2017.

En sus memorias recogidas por Eisner, el comandante dejó una frase lapidaria a quienes consideraba responsables de su suerte:

> Nadie puede evitar el juicio de la historia. Yo solo pido ser juzgado con la misma escala de infamia y traición usada por mis enemigos internos y externos. Aquí estoy, un viajero cruzando un largo camino, y seguro de que el capítulo final de la historia de Noriega aún no ha sido escrito.[4]

Unos meses después de la entrega de Noriega a los americanos, monseñor José Sebastián Laboa recibió la noticia de su traslado como nuncio apostólico a Paraguay. Ya había cumplido siete años en Panamá, una estadía inusualmente larga en el mundo diplomático.

Al año siguiente de la invasión, durante la reunión anual que sostienen los nuncios con el Papa, Juan Pablo II lo llamaría a un aparte y le diría: "Usted ha escrito una historia diplomática en el mundo, pero con la Biblia en la mano".

En marzo de 1995, el Vaticano informó que el arzobispo Laboa sería el nuevo nuncio en Malta. Su nueva misión diplomática tendría un segundo encargo ya que sería nombrado embajador concurrente con otra nación. La Santa Sede estaba por reanudar relaciones diplomáticas con Libia, y Laboa sería el nuevo delegado apostólico en esa nación.

Su hermano recordaría una anécdota que uniría el pasado de José Sebastián Laboa en Panamá con el de Libia.

En su carácter hay una anécdota preciosa de mi hermano que no sé si es conocida, probablemente no. En la tradición diplomática de Panamá, no sé si en otros sitios, había esta costumbre de que cuando un embajador era trasladado, el decano del cuerpo diplomático organizaba una reunión de despedida y, en ella, le regalaban una bandeja de plata con las firmas de los demás embajadores.

El embajador de Libia se marchaba de Panamá al año siguiente de la caída del avión en Inglaterra por un acto terrorista y se acusó al dictador libio Muamar el Gadafi de estar detrás del derribo. A raíz de ello, se había producido una ruptura de las relaciones diplomáticas de muchos países con Libia.

Mi hermano organizó la despedida y los embajadores dijeron que no podían asistir al acto porque sus países habían roto relaciones diplomáticas con Libia. Pero mi hermano, que no estaba para dejar al hombre sin su despedida, llamó a los embajadores más cercanos suyos, el de España, México, quizás unos diez, y les pidió que vinieran y ellos lo hicieron. Los reunió, habló como si el acto estuviera lleno y le dieron la bandeja de plata. Fue un gesto muy humano.

Años después, lo enviaron de nuncio a Malta. Por esa época la Santa Sede entabla relaciones diplomáticas con Libia, relaciones que estaban rotas de muchos años atrás. Para la Iglesia era muy importante restablecer esas relaciones diplomáticas porque ese país no se portaba bien con los cristianos que vivían allí. Así, a él, siendo nuncio en Malta, lo nombran embajador concurrente en Libia. Y cuando llega el avión y baja las escaleras, ¿quién lo estaba esperando? Nada menos que el antiguo embajador en Panamá que ahora era el ministro de Relaciones Exteriores.

Pues entonces, por eso, le trataron muy bien, fue recibido varias veces por Gadafi y las cosas que pidió se le concedieron. Fue una suerte inmensa para la Iglesia, muy importante en favor de los cristianos, muchos de ellos perseguidos, situación que cambió inmediatamente.

Como diplomático, Libia fue su destino final. Había cumplido los 75. Fallecería un tiempo después víctima del cáncer, en San Sebastián, el 24 de octubre de 2002, con 79 años de edad.

En la que sería su última entrevista, concedida a un medio católico español, le preguntaron sobre Panamá, específicamente sobre la acogida al general Noriega en la nunciatura, y si al hacer una movida tan arriesgada no había dejado de lado la diplomacia:

> Yo le acogí por humanismo, no como diplomático, porque, hasta que él mismo no viniera a las puertas de la nunciatura y me solicitase asilo político, yo como diplomático podía desentenderme del problema. Pero como obispo, sentía la responsabilidad del momento, de toda la población que estaba muriendo. Entonces, dejando de lado la diplomacia, le recibí, y efectivamente la guerra terminó a las dos horas y no comenzaron las guerrillas. Después, Noriega quería buscar asilo político en algún país, lo cual era ya imposible.[5]

La Operación Causa Justa duró oficialmente 45 días. El 31 de enero de 1990, los estadounidenses declararon el cese final de las hostilidades y ordenaron el retiro de sus tropas de Panamá. El 13 de febrero de 1990, el último contingente armado que había llegado para la invasión regresó a su base de origen.

Guillermo Endara concluiría el período presidencial 1989-1994. En el camino, la coalición de partidos políticos que los llevó al poder se fracturaría a los catorce meses en el gobierno. Endara expulsaría al Partido Demócrata Cristiano y a su compañero de tantas luchas, Ricardo Arias Calderón, luego de desavenencias irreconciliables y de toda clase de recriminaciones mutuas.

Las elecciones celebradas antes de concluir su mandato, en mayo de 1994, serían ejemplarmente transparentes. Tanto es así, que se reconoció el triunfo del vencedor la misma noche de las elecciones, la del opositor Ernesto Pérez Balladares a la cabeza del archienemigo PRD. Panamá instauró la sana práctica —tan desconocida en la política criolla— de que no solo el presidente sino el resto de los candidatos también aceptaran de inmediato, y públicamente, el triunfo del vencedor.

Pasados unos años de su salida del gobierno, Endara intervendría esporádicamente en la vida pública. Volvería a correr para la presidencia en 2004, llegando de segundo en una contienda que tendría cuatro candidatos y con el 30% de los votos. No correría como candidato de su partido, el Panameñista, pues se había distanciado de la presidenta Moscoso y de la cúpula. Lo postuló el partido Solidaridad, una efímera agrupación política de centro-derecha.

Durante los 35 años que siguieron al fin de la dictadura, Panamá vería subir al poder a siete presidentes elegidos democráticamente en comicios libres y transparentes. Los resultados preliminares del escrutinio serían dados a conocer casi en simultáneo con el conteo, un enorme avance en materia electoral. En los comicios celebrados desde entonces, siempre ha ganado el candidato opositor y su triunfo ha sido reconocido públicamente por todos los actores, como se mencionó anteriormente. Esta práctica ha constituido un avance gigantesco dentro de la imperfecta democracia panameña.

La práctica electoral impuesta a partir de 1989 dista mucho de la experiencia hasta entonces vivida por el país. Obviamente, durante los 21 años que duró la dictadura no hubo una sola elección democrática. Pero, es importante resaltar que, antes del golpe militar de 1968, las elecciones realmente limpias, en las que el gobierno no favoreciera a sus candidatos, sin fraudes ni trampas, no fueron siempre la norma. Muchos presidentes asumieron el poder tras el triunfo en las urnas, sin embargo, en un número importante de los comicios, al menos en la mitad de ellos, la pureza y legitimidad ha sido cuestionada, y con razón.[6]

En cuanto a las Fuerzas de Defensa y la intervención de los cuerpos armados en la vida política del país, una tragedia que se ha repetido cíclicamente en casi toda la América Latina, Panamá cortó por lo sano. Mediante una reforma constitucional, tomó la decisión de abolir el Ejército, tal y como 50 años antes había hecho su vecina Costa Rica. Se declaró la desmilitarización de la fuerza pública y el sometimiento total de los organismos de policía y seguridad al poder civil.

El tiempo despejaría los cuestionamientos y dudas acerca de las intenciones de Estados Unidos en relación al cumplimiento de los tratados Torrijos-Carter.

La primera prueba de fuego llegó inmediatamente después de la invasión. De acuerdo con los tratados, el cargo de administrador del Canal de Panamá, que siempre había ocupado un norteamericano, debía ejercerlo un panameño a partir de los diez años anteriores al traspaso final del control a Panamá. El plazo empezaba a correr en 1990 y, como se mencionó antes, el gobierno de Noriega había designado a Tomás Gabriel Altamirano Duque, un nombramiento que Estados Unidos afortunadamente ni siquiera consideró, esgrimiendo el argumento de que no había un gobierno legítimo: el último período constitucional había expirado y las elecciones habían sido anuladas.

El Consejo de Gabinete de la administración Endara designó a Gilberto Guardia, un ingeniero de intachable reputación, quien luego de ser nominado por el presidente Bush y ratificado por el Senado de Estados Unidos, se convirtió el 20 de noviembre de 1990 en el primer administrador panameño del Canal de Panamá.

El siguiente hito ocurriría el 30 de noviembre de 1999. Un mes antes de lo estipulado por los tratados, se cerró la última base militar estadounidense en territorio panameño. Ya para ese momento se había abolido por completo la oprobiosa Zona del Canal y transferido a Panamá el control de cientos de edificios e instalaciones donde operaron escuelas, canchas deportivas, laboratorios, viviendas, oficinas, estafetas de correo, teatros, salas de cine, así como puertos y aeropuertos, depósitos de combustible, instalaciones militares, barracas y campos de tiro. Los cuarteles generales del Comando Sur serían trasladados al estado de Florida con el cierre de todas las bases militares en Panamá y la salida del último soldado norteamericano.

Y el 31 de diciembre de 1999, la República de Panamá asumió el control total y definitivo de la operación del Canal. La correcta administración de la vía interoceánica por los panameños, un supuesto que estuvo en duda por muchos sectores, ha significado la realización de proyectos importantes para mejorar la eficiencia de la operación, incluyendo el megaproyecto de ampliación concluido en 2015. La administración en manos panameñas ha significado un aumento impensado en los ingresos producidos por el Canal y los enormes aportes hechos al presupuesto nacional. Cómo han dispuesto de ellos los gobiernos es una historia que daría para otro libro.

Entrevistados

Daniel Alonso (Panamá, 31 de agosto de 2023). Periodista, presentador del programa *Todo por la Patria* de la Guardia Nacional y, luego, vocero de las Fuerzas de Defensa. Le tocó leer en los medios de comunicación las proclamas de los oficiales que, liderados por el mayor Giroldi, intentaron deponer al general Noriega. Fue torturado y enviado a la colonia penal de Coiba.

Trinidad Ayola (Panamá, 24 de febrero de 2024). Presidenta de la Asociación de Familiares y Amigos de los Caídos del 20 de Diciembre de 1989. Su esposo, un oficial de las Fuerzas de Defensa, murió en combate durante las primeras horas de la invasión.

Aurelio Barría (Panamá, 2 de junio y 11 de octubre de 2023). Siendo presidente de la Cámara de Comercio de Panamá le correspondió organizar la Cruzada Civilista y fue uno de sus más connotados dirigentes. Sufrió persecuciones y el exilio durante los años finales de la dictadura.

Betty Brannan Jaén (Panamá, 1 de marzo de 2024). Abogada y periodista. Corresponsal del diario *La Prensa* en Estados Unidos durante los años de la dictadura y enviada especial para cubrir los juicios que por narcotráfico y lavado de dinero se le siguieron a Manuel Antonio Noriega en Miami y París.

Milton Castillo (Panamá, 24 de agosto de 2023). Capitán de las Fuerzas de Defensa. Participó, junto a un grupo de oficiales liderado por el coronel Macías, del primer movimiento que intentó remover al general Noriega. Pasaría 18 meses detenido en diferentes prisiones del país hasta la llegada de la invasión.

Connie de Duque (Panamá, 16 de diciembre de 2023). Viuda de Carlos Duque, el candidato presidencial propuesto por la coalición gubernamental liderada por el PRD, COLINA, para las elecciones de mayo de 1989, que fueron posteriormente anuladas por el gobierno.

Roberto Eisenmann Jr. (Panamá, 23 de agosto de 2023). Empresario, crítico acérrimo de la dictadura militar, sufrió dos exilios, uno con Torrijos y el otro con Noriega. A su regreso del primer destierro, fue el impulsor y primer presidente del diario *La Prensa*.

Guillermo Ford Sosa (Panamá, 25 de enero de 2024). Empresario. Hijo y socio de Guillermo Ford Boyd, segundo vicepresidente de la República por la Alianza Democrática de Oposición Civilista y ministro de Planificación Económica del presidente Endara.

Enrique Jelenszky (Panamá, 29 de enero de 2024). Abogado y colaborador de la nunciatura apostólica. Estuvo dentro de la sede diplomática los diez días que permaneció refugiado Manuel Antonio Noriega en ella luego de la invasión, con quien conversó en distintas ocasiones.

Amadís Jiménez (Panamá, 3 de septiembre de 2022). Capitán de las Fuerzas de Defensa al mando de la base de Coco Solo, Colón. Defendió su plaza la noche de la invasión por más de seis horas hasta que, superado por la potencia del ejército estadounidense, tuvo que rendirse al amanecer del 20 de diciembre de 1989.

Michael Kozak (Washington, D. C., 12 de febrero de 2024). Diplomático, embajador y exsubsecretario de Estado para Asuntos Hemisféricos. Designado enviado especial del gobierno de Estados Unidos para la crisis de Panamá y principal negociador para lograr una salida diplomática. Anteriormente, había sido miembro del equipo que negoció los tratados Torrijos-Carter.

Juan Mari Laboa (Madrid, 11 de diciembre de 2022). Sacerdote católico, doctor en Teología e Historia de la Iglesia. Hermano menor del nuncio José Sebastián Laboa.

José Antonio Morales Rubio (Panamá, 19 de octubre de 2023). Empresario panameño, radioaficionado y miembro del Grupo de los Siete que logró operar *La Voz de la Libertad*, la radio clandestina que luchó contra la dictadura.

Kurt Muse (Florida, 14 de noviembre de 2023). Americano residente en Panamá que se activó en los grupos opositores a Noriega, convirtiéndose en el líder del Grupo de los Siete. Fue detenido y acusado de ser agente de la CIA y recluido en la cárcel Modelo. Sería liberado por un comando especial de las fuerzas Delta durante los primeros minutos de la invasión.

Rogelio Novey Diez (Maryland, 12 y 13 de mayo de 2023). Diplomático panameño residente en Washington, D. C. donde cultivó importantes vínculos con oficiales de política exterior e inteligencia americanos. Durante los años de la crisis política panameña, era el jefe de Gabinete del subsecretario general de la OEA y una fuente crucial para los más importantes medios de comunicación de Estados Unidos y de Panamá.

Rubén Darío Paredes (Panamá, 10 de agosto de 2022 y 4 de agosto de 2023). General y comandante en jefe de la Guardia Nacional de Panamá. Fue parte del grupo de oficiales que dio el golpe de Estado de 1968, ministro de Estado, jefe del Estado Mayor y candidato a la presidencia de la República. Manuel Antonio Noriega le sucedió como comandante de las fuerzas armadas.

José Quintero de León (Panamá, 28 de mayo de 2023). Periodista de *La Prensa* de Panamá encargado de cubrir las explosivas declaraciones dadas por el coronel Roberto Díaz Herrera implicando directamente al general Noriega en una serie de irregularidades. Dichas declaraciones serían el detonante de protestas masivas en el país y del nacimiento de la Cruzada Civilista.

Jorge Eduardo Ritter (Panamá, 17 enero de 2024). Abogado, diplomático, escritor. Ocupó varios cargos durante la dictadura militar como embajador de Panamá en Colombia y ante la OEA así como ministro de Gobierno y Justicia y de Relaciones Exteriores.

Aquilino Saint Malo (Miami, 21 de octubre de 2023). Empresario panameño, radicado en Miami, miembro del Grupo de los Siete que logró operar *La Voz de la Libertad*, la radio clandestina que luchó contra la dictadura. Luego tendría que huir a Estados Unidos para no ser apresado.

Isabel de Saint Malo de Alvarado (Panamá, 22 de febrero de 2024). Vicepresidenta y ministra de Relaciones Exteriores de Panamá. Como canciller, fue propulsora de la Comisión del 20 de Diciembre.

José Luis Sosa (Panamá, 23 de febrero de 2024). Director ejecutivo de la Comisión del 20 de Diciembre, encargada de esclarecer el número e identidad de las víctimas de la invasión militar y las violaciones al derecho internacional.

Winston Spadafora (Panamá, 9 y 12 de mayo de 2023). Abogado. Hermano de Hugo Spadafora y líder de la lucha familiar por exigir justicia por el asesinato de su hermano. Luego sería ministro de Gobierno y Justicia y magistrado de la Corte Suprema de Justicia.

Joseph Spiteri (Ciudad de México, 12 de febrero de 2024). Prelado maltés. Fue secretario de la nunciatura de Panamá en su primera asignación de la Santa Sede. Artífice, junto a monseñor José Sebastián Laboa, del refugio a Manuel Antonio Noriega en la embajada vaticana. Su carrera diplomática lo llevaría a ser nuncio en Sri Lanka, Líbano y México.

Bibliografía

Arias de Para, Raúl, *Así fue el fraude: las elecciones de Panamá de 1984*, Panamá: Imprenta Edilito, 1984.

Adames Mayorga, Enoch, *Política social e invasión: las opciones del Estado panameño*, Panamá: Instituto de Estudios Nacionales de la Universidad de Panamá, 1990.

Alemán Healy, Jaime, *La honestidad no tiene precio*, Panamá: Carvajal Soluciones de Comunicación, 2014.

Arias Calderón, Ricardo, *Política y democracia*, Panamá: Instituto Panameño de Estudios Comunitarios, Documento 10, 1978.

Berguido, Fernando, "*A Hidden Dictator*", ReVista. *Harvard Review of Latin America*, vol. xii, núm. 3 (primavera de 2013). https://revista.drclas.harvard.edu/a-hidden-dictator/.

Bilbao, Guido, "La caída", *La Estrella de Panamá*, suplemento histórico, 2009.

Briggs, Clarence E., *Operation Just Cause: Panama, December 1989: A Soldier's Eyewitness Account*, Harrisburg: Stackpole Books, 2018.

Cambra, Manuel, *En la senda del Quijote: biografía de Guillermo Endara*, Panamá: Editorial Libertad Ciudadana, 2017.

De la Guardia de Corró, María Mercedes. *Gabriel Lewis Galindo: hasta la última gota*, Panamá: Círculo Editorial y de Lectura, 2009.

Dinges, John, *Our Man in Panama: How General Noriega Used the United States — And Made Millions in Drugs and Arms*, Nueva York: Random House, 1990.

Donnelly, Thomas, Margaret Roth y Caleb Baker, *Operation Just Cause: The Storming of Panama*, Nueva York: Lexington Books, 1991.

Eisenmann Jr., Roberto y Herasto Reyes, La Prensa *de Panamá: la creación de un diario sin dueño*, Bogotá: Carvajal, 1985.

Harris, David, *Shooting the Moon: The True Story of an American Manhunt Unlike Any Other, Ever*, Nueva York: Little, Brown and Company, 2001.

Jones, Kenneth J., *Tiempos de agonía: expulsando al dictador de Panamá*, Panamá: Focus Publications, S. A., 1990.

Kempe, Frederick, *Divorcing the Dictator: America's Bungled Affair With Noriega*, Nueva York: G. P. Putman's Sons, 1990.

Lehder, Carlos, *Vida y muerte del Cartel de Medellín*, Ciudad de México: Debate, 2024.

Martínez, Aristides, ed., *Revista Lotería*, número especial dedicado a la invasión, núm. 399 (octubre-noviembre de 1994).

Muse, Kurt y John Gilstrap, *Six Minutes to Freedom*, Nueva York: Citadel, 2006.

Noriega, Manuel Antonio y Peter Eisner, *America's Prisoner: The Memories of Manuel Noriega*, Nueva York: Random House, 1997.

Phillips, R. Cody, *Operation Just Cause: The Incursion into Panama*, U.S. Washington, D. C.: The Center of Military History, 2004.

Ritter, Jorge Eduardo, *Los secretos de la nunciatura*, Bogotá: Planeta, 1990.

Rivera, Pedro y Fernando Martínez, *El libro de la invasión*, Panamá: Editorial Universitaria, 2014.

Soler, Giancarlo, *La invasión de Panamá: estrategia y tácticas para el nuevo orden mundial*, Panamá: CELA, 1993.

Soler, Ricaurte, *La invasión de los Estados Unidos a Panamá: neocolonialismo en la posguerra fría*, Panamá: Siglo XXI Editores, 1991.

Woodward, Bob, *The Commanders*, Nueva York: Simon & Schuster, 1991.

Yániz de Arias, Teresita, *A la luz de mis memorias*, Panamá: Editora Novo Art, S.A., 2023.

Yates, Lawrence A., *The U.S. Military Intervention of Panama: Origins, Planning, And Crisis Management June 1987-December 1989*, Washington, D. C.: Center of Military History, 2005.

Notas

1. El malogrado repliegue a los cuarteles

[1] Tres candidatos se disputaron la presidencia en esa contienda: David Samudio, ministro de Hacienda y Tesoro y candidato del gobierno, fue propuesto por la coalición Alianza del Pueblo, que estuvo conformada por el gobernante Partido Liberal y los partidos Progresista, Laborista Agrario y el Movimiento de Liberación Nacional. Samudio obtuvo el 42% de los votos.

Arnulfo Arias fue el abanderado de la Unión Nacional, una coalición de partidos que incluía a los partidos Panameñista, Republicano, Tercer Partido Nacionalista, Acción Democrática, Coalición Patriótica Nacional, Frente Unido y una facción disidente del gobernante Partido Liberal, liderada por el expresidente Roberto F. Chiari. Arias obtuvo el 55% de los votos. El porcentaje de votos hubiera sido aún mayor de no haber intervenido la Guardia Nacional y elementos afines al gobierno que alteraron actas y destruyeron urnas electorales para evitar el triunfo de Arias.

Un tercer candidato, Antonio González Revilla, había sido propuesto por la Democracia Cristiana. Obtuvo el 3% de los votos.

[2] Recién establecida la República, el 3 de noviembre de 1903, y bajo la sospecha de que el general Esteban Huertas organizaba un golpe militar al nuevo gobierno, el primer presidente de Panamá, Manuel Amador Guerrero, obligó a renunciar a Huertas el 18 de noviembre de 1904. En ese momento se tomó la decisión de eliminar el ejército en la nueva República, el Ejército Nacional de Panamá, el cual fue reemplazado por la Policía Nacional. Huertas sería el único oficial con rango de general que tuvo la República hasta que, en 1967, el comandante en jefe de la Guardia Nacional, coronel Bolívar Vallarino, fuera ascendido al rango de general de brigada. Vallarino fue el último comandante de la Guardia Nacional antes del golpe militar. Luego del golpe de Estado, el teniente coronel Omar Torrijos recibió el título de general de brigada, al que seguirían Rubén Darío Paredes y Manuel Antonio Noriega. (El coronel José Antonio Remón Cantera recibió el título honorífico de "general" de forma póstuma, tras su asesinato en 1955).

[3] "Golpe en Panamá", *La Vanguardia* (España), 13 de octubre de 1968.

[4] Entrevista de Rubén Darío Paredes con el autor, 4 de agosto de 2023.

[5] Comisión de la Verdad de Panamá, *Informe Final*, Ciudad de Panamá, 2002. Cifra actualizada a 2024.

6 La Asamblea Nacional de Representantes de Corregimientos escogió como nuevo presidente de Panamá a Demetrio Basilio Lakas. Se trataba de la misma persona que ya venía ocupando el cargo como "presidente provisional". Los militares habían decidido, en diciembre de 1969, y luego de un intento de golpe cuartelario contra Torrijos, reemplazar a la junta provisional compuesta por los coroneles Pinilla y Urrutia, por una conformada por civiles: el ingeniero y amigo de Torrijos, Demetrio B. Lakas como presidente, y como vicepresidente al abogado Arturo Sucre.

7 María Mercedes de la Guardia de Corró, *Gabriel Lewis Galindo: hasta la última gota*, Panamá: Círculo Editorial y de Lectura, 2009, pág. 124.

8 Ricardo Arias Calderón, *Política y democracia*, Panamá: Instituto Panameño de Estudios Comunitarios, Documento 10, 1978.

9 Keila E. Rojas L., "Aristides Royo: los años dan más serenidad, pero la capacidad de indignación nunca se pierde", *La Estrella de Panamá*, 25 de febrero de 2019.

10 Entrevista de Rubén Darío Paredes con el autor, 4 de agosto de 2023.

11 Jesús Ceberio, "El general Rubén D. Paredes se erige como único heredero político de Omar Torrijos", *El País* (España), 23 de febrero de 1983.

12 "Si tú vas en un país a liderar un cambio de presidente o un golpe también —dijo Paredes en una entrevista casi 40 años después de los hechos—, tienes que tomar las medidas de precaución [...] para que se dé el cambio con la menor consecuencia posible de reacciones violentas... Decidimos poner en pausa el periódico *La Prensa*, sobre todo porque estaba en un momento fulminante, estaba fuerte". Según contó Paredes, lo que más preocupaba a los militares era el impacto que tenía la columna de Guillermo Sánchez Borbón, que se publicaba en dicho diario. "Entonces decidimos controlar los medios de comunicación y, para que no se viera algo muy directo contra *La Prensa*, involucramos a todos los medios". René Hernández, "Historia del 'gargantazo' y de la frase 'desde ya", *La Estrella de Panamá*, 30 de julio de 2021.

13 Las instalaciones de *La Prensa* sufrieron su primer ataque el 22 de octubre de 1981, como se contó antes. Le siguieron demandas por "calumnias al presidente de la República" y otras citaciones a los directivos ante el Estado Mayor. En 1982, los directivos de *La Prensa* escucharon del comandante en jefe de la Guardia Nacional decir: "Si fuera por mí, Rubén Darío Paredes, la decisión tomada sería el cierre de *La Prensa*, y que el pueblo juzgue".

14 Se designó una Junta de Notables que, conformada por 16 representantes de los partidos políticos y sectores independientes, presentó una serie de cambios tan profundos a la Constitución que transformarían su carácter totalitario y no democrático al de, al menos en teoría, una democracia representativa.

15 Jesús Ceberio, "Los panameños votan hoy una reforma constitucional", *El País*, 24 de abril de 1983.

16 José Otero, "El ascenso del último tirano", *La Prensa*, 12 de agosto de 2008.

17 A mediados del siglo XX, por iniciativa del comandante José Antonio Remón Cantera, y con la excusa de profesionalizar al cuerpo de policía y recibir ayuda financiera de Estados Unidos, la Policía Nacional pasó a convertirse en la Guardia Nacional.

18 Según las cifras "oficiales", la nómina de Nicolás Ardito Barletta obtuvo el 46.9% y la de Arnulfo Arias el 46.7%. El resto de los resultados fueron: Rubén Darío Paredes el 2.5%, Carlos Iván Zúñiga el 2.1%, y otros tres candidatos recibieron, juntos, el 1.6% de los votos.

2. La terciopelo

1 Seymour M. Hersh, "Panama Strogman Said to Trade in Drugs, Arms and Illicit Money", *The New York Times*, 12 de junio de 1986.

2 Entrevista de Rogelio Novey Diez con el autor, 12 de mayo de 2023.

3 Hersh, *op. cit.*

4 John Herbers, "Panama General Accused by Helms", *The New York Times*, 23 de junio de 1986.

5 *Ibidem.*

6 Aristides Cajar Páez, "Hugo Spadafora: una lucha sin fin", *La Prensa*, 23 de junio de 1986.

7 Entrevista de Winston Spadafora con el autor, 9 de mayo de 2023.

8 *Ibidem.*

9 Winston Spadafora contó que en sus viajes a Panamá, Hugo mantenía una especie de rutina para tratar de prevenir ser detectado por Noriega, pues sospechaba que estaba siendo rastreado y vigilado. Su esposa viajó días antes, en vuelo comercial, a Panamá. Él ingresaba por tierra, cruzando la frontera caminando, como lugareño, sin siquiera pasar por los controles migratorios ni aduaneros.

10 Recuento de las últimas horas con vida de Hugo Spadafora, preparado por la Comisión Interamericana de Derechos Humanos, contenido en la Resolución No. 25/87, Caso 9726, 23 de septiembre de 1987.

11 *Ibidem.*

12 PALAbras del general Jean Saulnier en la ceremonia de condecoración de la orden de la Legión de Honor celebrada en París en febrero de 1987.

13 Información filtrada a la prensa proveniente de grabaciones hechas por la Defense Intelligence Agency (DIA) presentada durante las audiencias a puerta cerrada llevadas por el senador Jesse Helms en 1986 y 1987.

14 Guillermo Sánchez Borbón, "Aquel día...", *La Prensa*, 18 de septiembre de 2010.

15 La decisión del Tribunal Superior de Chiriquí, conformado por tres magistrados, se tomó por mayoría de votos. La decisión contó con el voto disidente del magistrado Andrés Almendral, quien discrepó de la decisión de cerrar el caso y otorgar un sobreseimiento definitivo, y expresó que el caso debía investigarse en Panamá. En su oposición a la decisión de cerrar el caso, Almendral subrayó: "Mientras el caso del Dr. Hugo Spadafora Franco es cerrado por las autoridades judiciales panameñas, el Órgano Judicial de la República de Costa Rica, lugar donde fue hallado su cuerpo, lo mantiene abierto, a sabiendas que el asesinato se llevó a cabo en Panamá... el sumario está truncado con interrogantes sin respuestas, dudas, todo lo que bien pudiera solventarse con una ampliación".

16 Comisión Interamericana de Derechos Humanos, Resolución No. 25/87, Caso 9726, 23 de septiembre de 1987.

17 Entrevista de Winston Spadafora con el autor, *op. cit.*

18 Entrevista de Rogelio Novey Diez con el autor, 13 de mayo de 2023.

19 *Ibidem.*

20 Entrevista de Winston Spadafora, *op. cit.*

21 *Bothrops asper*, conocida como terciopelo, equis, cuatro narices o barba amarilla, serpiente venenosa de alta letalidad, rápida y agresiva, muy común en América Central, México y Colombia.

3. "Cuando te atrevas a decir algo importante, avisa"

1 Roberto Eisenmann se vio forzado a salir de Panamá en 1986, luego de que él y su familia recibieran amenazas por parte de las Fuerzas de Defensa. Sería su segundo exilio: el gobierno militar ya lo había desterrado en 1976. Como si fuera poco, el 25 de junio de 1986, la Asamblea Legislativa, controlada por el gobierno, había emitido una resolución declarando a Eisenmann "traidor de la Patria". Guillermo Sánchez Borbón no tardaría mucho en verse obligado a esconderse y refugiarse en la embajada de Venezuela, pues lo buscaban para arrestarlo. Los militares no soportaban sus columnas. El embajador venezolano logró sacarlo del país en el mes de julio. El periodista viviría exiliado en Miami los siguientes dos años y cinco meses.

2 Ese día el gobierno desterró a 13 panameños a Ecuador, otro país gobernado entonces por militares. Entre los exiliados a Guayaquil estuvieron: Rubén D. Carles, Roberto Eisenmann, Guillermo Ford, Alberto Quirós Guardia, Winston Robles, Iván Robles, Miguel Antonio Bernal, Gilberto Álvarez, Antonio Domínguez, Darío Santamaría y Jaime Aizpurúa Franceschi. Se les sumaron unos días después los hermanos Alvin y George Weeden. Posteriormente tendría que salir al exilio en Venezuela el entonces presidente de APEDE, Carlos Ernesto González de la Lastra.

3 Entrevista de José Quintero de León con el autor, 28 de mayo de 2023.

4 Entrevista de Nubia Aparicio con el autor, 29 de mayo de 2023.

5 "Paquetazo", en Panamá, significa un fraude electoral, llevado a cabo burdamente, lo que en España, por ejemplo, denominan "pucherazo".

6 Alejandro Varela, "Díaz Herrera: el coronel que al jubilarse provocó la invasión de Panamá", *La Información*, 19 de diciembre de 2014.

7 *El País* (España), 8 de junio de 1987.

8 Entrevista de Aurelio Barría con el autor, 30 de mayo de 2023.

9 Rafael Candanedo, *El País*, 26 de julio de 1987.

10 Andrea Gallo, "El día que Panamá desafió a la dictadura", *La Prensa*, 10 de julio de 2017.

11 *Ibidem*.

12 Guillermo Sánchez Borbón, "Winston Robles", *La Prensa*, 30 de marzo de 2015.

13 Entrevista de Carmen Cabello con el autor, 19 de junio de 2023.

14 Rafael Candanedo, "Noriega se compromete ante Delvalle a garantizar la limpieza de las elecciones de 1989", *El País*, 14 de agosto de 1987.

15 Jaime Alemán Healy, *La honestidad no tiene precio*, Panamá: Carvajal Soluciones de Comunicación, 2014, pág. 257.

16 Roberto Arosemena, "Recordemos para que no vuelva a ocurrir", suplemento de *La Prensa*, 20 de abril de 1992.

17 Roberto Díaz Herrera terminaría siendo indultado por el presidente Delvalle bajo el acuerdo de que se iría a vivir junto a su familia a Venezuela, país de donde era oriunda su esposa.

18 Rafael Candanedo, "Díaz Herrera condenado en Panamá", *El País*, 24 de diciembre de 1987.

4. La hora de los desertores

1 Frederick Kempe, *Divorcing the Dictator: America's Bungled Affair With Noriega*, Nueva York: G. P. Putman's Sons, 1990, pág. 229.

2 Antonio Caño, "Delvalle vuelve a Panamá luego de entrevistarse con el polémico Blandón", *El País*, 13 de enero de 1988.

3 María Mercedes de la Guardia de Corró, *op. cit.*, pág. 186.

4 *Ibidem*, pág. 198.

5 *Ibidem*, pág. 193.

6 Dentro del Senado de Estados Unidos se creó un subcomité especial denominado Terrorismo, Narcóticos y Operaciones Internacionales, a cargo del senador John Kerry, que tenía como objetivo investigar las actividades de los carteles de la droga y del lavado de dinero, así como sus vínculos con actividades y líderes políticos del continente, incluyendo el financiamiento de grupos armados como la "Contra" en Nicaragua y las guerrillas en Colombia.

7 Alemán, *op. cit.*, pág. 257.

8 Kempe, en su obra *Divorcing the Dictator*, incluye anécdotas de un presidente Delvalle acobardado en varias de las ocasiones que debió actuar contra Noriega. En una de ellas se refiere a una conversación que el embajador Arthur Davis sostuvo con el nuncio Laboa sobre Delvalle. El nuncio serviría de puente varias veces entre la dirigencia opositora, tanto de la Cruzada Civilista como de los partidos políticos (cuyos dirigentes se refugiaron muchas veces en la nun-

NOTAS

ciatura), y emisarios estadounidenses o del gobierno. El autor narra que, en esos días críticos, durante la reunión entre Davis y Laboa salió a relucir la falta de valentía de Delvalle. Al marcharse Davis de la embajada vaticana, el nuncio tomó de una bandeja decorativa llena de piezas de cerámica que estaba a la entrada dos bolas y se las dio al embajador americano, quien luego iría a la casa de Delvalle. "Dele estas dos bolas a Delvalle ya que le hacen falta", dijo Laboa.

9 Alemán, *op. cit.*, pág. 275.
10 Kempe, *op. cit.*, pág. 260.
11 Entrevista de Milton Castillo con el autor, 24 de agosto de 2023.
12 Entrevista de Daniel Alonso con el autor, 31 de agosto de 2023.
13 Entrevista de Milton Castillo con el autor, *op. cit.*
14 *Ibidem.*
15 Participaron en la asonada, además de Macías y Purcell, los mayores Aristides Valdonedo, Fernando Quesada, Luis Carlos Samudio, Cristóbal Fundora, Jaime Benítez, Nicolas González, José María Serrano, Augusto Villalaz, Ramón Adames y Ramón Nonato; los capitanes Alberto Soto, Milton Castillo, Francisco Álvarez y Humberto Macea; teniente y subtenientes Jerónimo Guerra, Edgardo Falcon, Renato Famiglietti, Roberto Merchan, Luis Gordón y Luis Benítez. Salvo unos cuantos, estos oficiales cumplieron 22 meses de prisión, saliendo de la cárcel con la invasión.
16 Thomas Donnelly *et al.*, *Operation Just Cause: The Storming of Panama*, Nueva York: Lexington Books, 1991, pág. 30.
17 Entrevista de Daniel Alonso con el autor, *op. cit.*
18 *Ibidem.*
19 Entrevista de Rubén Darío Paredes con el autor, *op. cit.*

5. ¡Ni un paso atrás!

1 Hasta 1999, funcionó dentro de la antigua Zona del Canal una televisora del Departamento de Defensa de Estados Unidos destinada al personal militar y civil de sus bases que transmitía noticias y programas a través de los canales 8, en el Pacífico, y 10, en el Atlántico. Durante las transmisiones, siempre en inglés, ocasionalmente los panameños podían escuchar alguna información referente a la situación política panameña.
2 Entrevista de Roberto Brenes con el autor, 16 de octubre de 2023.
3 *Ibidem.*
4 Kempe, *op. cit.* pág. 243.
5 Philip Shenon, "Noriega Indicted by U.S. For Links to Illegal Drugs", *The New York Times*, 6 de febrero de 1988.
6 John Dinges, *Our Man in Panama: How General Noriega Used the U.S. – And Made Millions in Drugs and Arms*, Nueva York: Random House, 1990, pág. 184.
7 David Harris, *Shooting the Moon: The True Story of an American Manhunt Unlike Many Other, Ever*, Nueva York: Little Brown and Company, 2001, pág. 30.
8 *Ibidem*, pág. 90.
9 Véase: Carlos Lehder, *Vida y muerte del Cartel de Medellín*, Ciudad de México: Debate, 2024.
10 Kempe, *op. cit.*, pág. 245.
11 El escándalo Irán-Contra ("Irangate") se dio durante el gobierno del presidente Ronald Reagan y tuvo su origen en la venta ilícita de armas al gobierno de Irán por parte de Estados Unidos con el fin de conseguir fondos para financiar la guerra contra el gobierno sandinista de Nicaragua por parte de disidentes de esa agrupación (conocidos como los "contras") que estaban en desacuerdo con el talante antidemocrático y comunista que había tomado el gobierno.
12 Informe Final del Comité Kerry (*Subcommittee on Terrorism, Narcotics, and International Operations of the United States Senate Committee on Foreign Relations*), 13 de abril de 1989.

13 Véase: "Documentos para la historia: 20 de diciembre de 1989", suplemento especial de *La Prensa*, 31 de agosto de 1990.
14 Kurt Muse y John Gilstrap, *Six Minutes to Freedom*, Nueva York: Citadel, 2006, pág. 39.
15 Entrevista de José Antonio Morales Rubio con el autor, 19 octubre de 2023.
16 *Ibidem.*
17 Entrevista de Kurt Muse con el autor, 14 de noviembre de 2023.

6. Elecciones... otra vez

1 Su presidenta, Yolanda Pulice de Rodríguez, tuvo una complicidad activa en el fraude de 1984, como se señaló antes. Los otros dos integrantes, Luis Carlos Chen y Aurelio Correa, carecían de independencia y credibilidad, y así lo confirmarían las decisiones tomadas por el triunvirato antes, durante y después de las elecciones.
2 Carlos Duque fue el presidente de Transit, S. A., un negocio montado por los militares mediante el cual dicha empresa, una sociedad privada, cobraba a los usuarios de la Zona Libre de Colón por brindarles "seguridad" y agilizar los trámites de sus mercancías. El pago era obligatorio, una especie de impuesto, y sin cuya constancia la administración de la Zona Libre no permitía el movimiento de la mercancía. Este negociado fue uno de los primeros escándalos de corrupción destapados por el entonces bisoño diario *La Prensa*. A pesar de ello, siguió operando por años.
3 Siendo Boyd ministro de Relaciones Exteriores, un funcionario de la Cancillería le solicitó una carta de recomendación para su hermano menor que estaba tratando de ser admitido a la Escuela Militar de Chorrilos en Lima, Perú. El hermano del funcionario era Manuel Antonio Noriega.
4 "1989: la elección que liberó a Panamá", *La Estrella de Panamá*, 24 de abril de 2009.
5 Muse y Gilstrap, *op. cit.*, pág. 151.
6 *El País*, 9 de mayo de 1989.
7 Entrevista de Connie de Duque con el autor, 16 de diciembre de 2023.
8 Rodrigo Noriega, "1989: final y ruptura", *La Prensa*, 20 de diciembre de 2014.
9 Noriega, *op. cit.*
10 *Ibidem.*
11 Bob Woodward, *The Commanders*, Nueva York: Simon & Schuster, 1991, pág. 86.

7. Cuchara azul

1 El embajador Arthur Davis exigió que el gobierno panameño asumiera los gastos por la reparación de los daños causados por los manifestantes. Panamá pagó por los destrozos.
2 Lawrence A. Yates, *The US Military Intervention in Panama: Origins, Planning, And Crisis Management June 1987-December 1989*, Washington, D. C.: Center of Military History, 2005, pág. 19.
3 Woodward, *op. cit.*, págs. 84-85.
4 *Ibidem*, pág. 85.
5 George Bush había atravesado una campaña electoral en la que se le tildó a él de ser, precisamente, un *wimp,* el mismo adjetivo de flojo o cobardón con el que describían el carácter del general Woerner.
6 *Ibidem*, pág. 86.
7 *Ibidem*, pág. 87.
8 *Ibidem*, pág. 87.
9 *Ibidem*, pág. 90.
10 *Ibidem*, pág. 93

11 Rafael Candanedo, "El general Noriega ha renovado con incondicionales de su persona la cúpula militar panameña", *El País* (España), 12 de agosto de 1989.

12 *Ibidem.*

13 Manuel Noriega y Peter Eisner, *America's Prisoner: The Memoirs of Manuel Noriega*, Nueva York: Random House, 1997, pág. 7.

8. La masacre

1 Entrevista de Daniel Alonso con el autor, *op. cit.*

2 Kempe, *op. cit.*, pág. 373.

3 La organización militar tradicional constaba en Panamá de varios cuerpos (desde la policía que cuida la calle hasta las unidades especializadas, como las unidades antiterror, antidisturbios, hombres rana, etc.) La Primera Compañía, por ejemplo, quedaba en Tinajitas, San Miguelito. Era una compañía de artillería, de armas pesadas, antiaéreas, tierra a tierra. La de Tocumen, Los Pumas, por su parte, era una compañía de infantería aerotransportada, o sea, que los soldados eran transportados por aviones y lanzados en paracaídas sobre su objetivo de batalla. El Batallón 2000, creado por Noriega, era mucho más potente. Estaba conformado por cuatro compañías bajo un solo mando: una de infantería y asalto, una aerotransportada, una mecanizada (tanques) y la de artillería. Quedaba donde ahora está la cárcel La Joya. Noriega creó también otro batallón de armas combinadas, el Batallón Paz, en Chiriquí, con funciones de vigilancia limítrofe. Toda esta formación castrense fue hecha y armada en coordinación con los gringos, salvo la UESAT, que se creó y entrenó en Israel, y los Machos de Monte, que recibieron entrenamiento en Cuba.

4 Woodward, *op. cit.*, pág. 121.

5 Entrevista de Marc Cisneros con la periodista Betty Brannan, 26 de junio de 2009.

9. Oportunidades perdidas

1 *Department of State, From Embassy Madrid to SecState WashDC, 29 Mar 88, 1151 Inmediate. E.O.12356, Subject: FM Ordonez on Noriega Departure.*

2 Entrevista de Jorge Eduardo Ritter con el autor, 16 de enero de 2024.

3 Kempe, *op. cit.*, pág. 319.

4 Manuel Noriega y Peter Eisner, *op. cit.*, pág. 127.

5 Kempe, *op. cit.*, pág. 320.

6 Noriega y Eisner, *op. cit.*, pág. 136.

7 Entrevista de Michael Kozak con el autor, 12 de febrero de 2024.

8 *Ibidem.*

9 Kempe, *op. cit.*, pág. 312.

10 La primera cumbre entre los mandatarios de Estados Unidos y Rusia, Reagan y Gorbachov, las potencias archienemigas que habían definido la geopolítica de la segunda mitad del siglo XX, tuvo lugar en Ginebra, en 1985. En ella, y las subsiguientes, se llevaron a cabo negociaciones sobre varios temas de repercusiones mundiales, incluyendo la reducción y el control de los arsenales nucleares. La segunda sería al año siguiente, en Reikiavik, Islandia. La tercera, en 1987 en Washington, D.C. y ambos mandatarios habían acordado que, en mayo de 1989, Reagan correspondería al gesto de su contraparte celebrando la cumbre en Moscú. Hubo un quinto encuentro, en diciembre de 1988 en Nueva York. Fue un evento mayormente ceremonial. En él participó el recién electo y futuro presidente de Estados Unidos, George Bush, quien había ganado las elecciones unas semanas antes.

11 Kempe, *op. cit.*, pág. 323.

12 Entrevista de Jorge Ritter con el autor.
13 Kempe, *op. cit.*, pág. 327.
14 Entrevista de Michael Kozak con el autor, *op. cit.*
15 Noriega y Eisner, *op. cit.*, pág. 138.
16 Entrevista de Rubén Darío Paredes con el autor, *op. cit.*
17 Nubia Aparicio, "Las últimas horas", entrevista a José Sebastián Laboa, *La Prensa: Documentos para la historia*, 31 de agosto de 1990, pág. 25.
18 Noriega y Eisner, *op. cit.*, pág. 16.
19 Jorge Ritter, *Los secretos de la nunciatura*, Bogotá: Planeta, 1990, pág. 89.

10. El disparo que definió la invasión

1 Yates, *op. cit.*, pág. 274.
2 Pablo Castillo Miranda, "¿Quién mató a Robert Paz Fisher?", *El Siglo*, 2 de diciembre de 2018.
3 William Branigin, "Marines' Wrong Turn Set Stage for Invasion", *The Washington Post*, 4 de enero de 1990.
4 Kempe, *op. cit.*, pág. 10.
5 Woodward, *op. cit.*, pág. 159.
6 Migdalia Fuentes, "Yo no quería la guerra: Marc Cisneros", *La Prensa*, 4 de junio de 1990.
7 De acuerdo con los informes de inteligencia que Estados Unidos manejaba sobre la trayectoria de la alta oficialidad panameña, el panorama era desolador. Según el periodista Woodward, el general Powell había dedicado mucho tiempo (desde su posición anterior como consejero de Seguridad Nacional del presidente Reagan) a examinar los expedientes de posibles oficiales aptos para reemplazar a Noriega. Powell llegaría a la conclusión de que ni uno solo era decente y capaz: "De los 10 o 20 oficiales de más alto rango, todos estaban comprometidos con utilizar el cargo y el poder para enriquecerse. No había forma de que Estados Unidos pudiera apoyar a alguno de estos matones". Woodward, *op. cit.*, pág. 133.
8 Woodward, *op. cit.*, pág. 171.
9 En la jerga militar, se utiliza el término día "D" (D-day) para indicar el día acordado por los comandantes para el inicio de las hostilidades; y la hora "H" (H-hour), para indicar la hora exacta en que se debe iniciar un ataque.
10 Woodward, *op. cit.*, pág. 169.
11 Las 14 000 unidades movilizadas desde Estados Unidos serían aerotransportadas desde los fuertes Bragg (Carolina del Norte), Polk (Luisiana), Benning y Stewart (Georgia), Ord (California) y Lewis (Washington).

11. La Hora-H

1 Noriega y Eisner, *op. cit.*, pág. 4.
2 *Ibidem.*
3 Otros 7 000 soldados llegarían después, los cuales se sumarían a las 12 000 unidades acantonadas en las bases estadounidenses en la Zona del Canal. En total, se estima que del lado americano 26 000 unidades participaron en la Operación Causa Justa. Del lado panameño, las Fuerzas de Defensa tenían cerca de 14 000 unidades activas. El total de paramilitares que conformaban los batallones de la dignidad y los Codepadi es incierto.
4 Woodward, *op. cit.*, pág. 180.
5 Nubia Aparicio, "El gran incendio de El Chorrillo", entrevista al padre Javier Arteta, *La Prensa: Documentos para la historia*, 31 de agosto de 1990, págs. 12 y 13.

6 R. Cody Phillips, *Operation Just Cause: The Incursion into Panama*, Washington, D. C.: Center of Military History, 2004, pág. 25.

7 *Ibidem*, pág. 19.

8 El país estaba dividido entonces en 12 zonas militares: 1ª Panamá Policía, 2ª Colón, 3ª Veraguas, 4ª Herrera, 5ª Chiriquí, 6ª Coclé, 7ª Los Santos, 8ª Bocas del Toro, 9ª Darién, 10ª La Chorrera, 11ª San Miguelito y 12ª San Blas.

9 Entrevista de Amadís Jiménez con el autor, 20 de enero de 2024.

10 Ritter, *op. cit.,* pág. 41.

12. Un gobierno nacido entre bombazos

1 Teresita Yániz de Arias, *A la luz de mis memorias*, Panamá: Editora Novo Art, S.A., 2023, pág. 308.

2 *Ibidem.*

3 Entrevista de Guillermo Ford Sosa con el autor, 25 de enero de 2024.

4 Manuel Cambra, *En la senda del Quijote: biografía de Guillermo Endara*, Panamá: Editorial Libertad Ciudadana, 2017, pág. 198.

5 Yániz de Arias, *op. cit.*, pág. 309.

6 Woodward, *op. cit.*, pág. 182.

7 Jairo Cornejo, "Héroes del 20: atendieron a cientos de heridos en el Santo Tomás", *Mi Diario*, 20 de diciembre de 2022.

8 Noriega y Eisner, *op. cit.*, pág. 173.

9 Kenneth J. Jones, *Tiempos de agonía: expulsando el dictador de Panamá*, Panamá: Focus Publications S. A., 1990, pág. 83.

10 Maruja Torres, "Fuertes combates entre leales y tropas de EE.UU.", *El País*, 22 de diciembre de 1989.

11 Casa Blanca, memo del *Situation Room*, 25 de diciembre de 1989, Bush Presidential Library, Desclasificada, 31 de diciembre de 2002.

12 Noriega y Eisner, *op. cit.*, pág. 174.

13 Rafael Ramos, "La versión Bush 'fin de siglo' de la vieja doctrina Monroe", *La Vanguardia*, 22 de diciembre de 1989.

14 El 29 de diciembre de 1989, la Asamblea General de la ONU, por mayoría de todos sus miembros, adoptaría una resolución condenando la invasión militar y pidiendo el retiro de las tropas americanas.

15 Decreto No. 127 de 26 de diciembre de 1989 y Resolución No. 502 de 27 de diciembre de 1989 del Tribunal Electoral de Panamá firmados por los magistrados Yolanda Pulice de Rodríguez, Luis Carlos Chen y Manuel Icaza.

16 "Sebastián Laboa: la vocación mediadora de un vasco en Panamá" (Editorial), *El País*, 26 de diciembre de 1989.

13. El general en fuga

1 Pedro Rivera y Fernando Martínez, *El libro de la invasión*, Panamá: Imprenta Universitaria, 2014, págs. 36 y 108.

2 Phillips, *op. cit.*, pág. 104.

3 Kempe, *op. cit.*, pág. 16.

4 Noriega y Eisner, *op. cit.*, pág. 170.

5 Rivera y Martínez, *El libro de la invasión, op. cit.*, pág. 215.

6 *Ibidem*, pág. 173.

[7] Guido Bilbao, "La caída: Noriega, 72 horas entre huidas y escondidas", decimoquinta entrega, *La Estrella de Panamá*, 15 de diciembre de 2009.

[8] Entrevista de Marc Cisneros con Betty Brannan, *op. cit.*

14. La última guarida

[1] Entrevista de monseñor Joseph Spiteri con el autor, 12 de febrero de 2024.

[2] Noriega y Eisner, *op. cit.*, pág. 178.

[3] Nubia Aparicio, "Monseñor Laboa y Noriega: las últimas horas", *La Prensa: Documentos para la historia*, 31 de agosto de 1990.

[4] Entrevista de Enrique Jelenszky con el autor, 29 de enero de 2024.

15. Cicatrices de una guerra

[1] La Comisión de la Verdad de Panamá fue creada el 18 de enero de 2001 por la presidente Mireya Moscoso con el fin de lograr el esclarecimiento de las víctimas, muertes y desapariciones ocurridas durante la dictadura militar. Dicha comisión abarcó el período comprendido desde el 11 de octubre de 1968 hasta el 19 de diciembre de 1989. Rindió su informe final el 18 de abril de 2002 y determinó que la cifra de muertos y desaparecidos de la dictadura militar fue de 110 personas. Investigaciones y excavaciones posteriores determinaron que la cifra final fue de 116 víctimas. De estas, 70 fueron asesinadas y están sepultados, mientras que las otras 46 personas fueron debidamente identificadas y documentadas, pero sus cadáveres no han sido hallados.

[2] Guido Bilbao, "Hasta aquí llegó el olvido", *Revista Concolón*, 20 de diciembre de 2018. https://revistaconcolon.com/2018/12/20/hasta-aqui-llego-el-olvido/.

[3] Rekha Chandiramani, "Invasión, cruce de víctimas y victimarios", *La Estrella de Panamá*, 14 de diciembre de 2018.

[4] El incidente más sangriento que registra la República de Panamá ocurrió el 9 de enero de 1964 en el cual fallecieron 22 panameños y resultaron más de 500 heridos a manos del ejército de Estados Unidos. Antes de ser independiente, durante los 90 años que Panamá fue parte de Colombia, el episodio más trágico se dio como consecuencia de la Guerra de los Mil Días, un conflicto entre liberales y conservadores que tuvo ramificaciones en el Istmo. El encuentro más violento y de dolorosa recordación fue la Batalla del Puente de Calidonia que dejaría 700 muertos. Meses después de la firma de la paz entre las partes, tendría lugar el fusilamiento de Victoriano Lorenzo en la Ciudad de Panamá. El otro incidente cruel que recordaría la historia de nuestra etapa colombiana sería la ejecución, por ahorcamiento, de Pedro Prestán en la ciudad de Colón, acusado por haber sido el supuesto autor del voraz incendio que la consumió en 1885.

[5] Una primera lista del Instituto de Medicina Legal de Panamá, de abril de 1990, da cuenta que el total de cadáveres exhumados en el Jardín de Paz es de 123 muertos. En el cementerio de Monte Esperanza la cuenta fue de 18 cadáveres.

[6] Los americanos reportaron que el 21 de diciembre de 1989 fueron enterrados temporalmente unos cadáveres en el cementerio de Corozal por razones sanitarias. Eran 28 panameños que se entregaron la semana siguiente a las autoridades panameñas las que, a su vez, procedieron a depositarlos en el Jardín de Paz.

[7] Comisión Interamericana de Derechos Humanos, Informe No. 121/18 Caso 10.573 José Isabel Salas y otros v. Estados Unidos, 5 de octubre de 2018.

[8] *Ibidem.*

[9] *Ibidem.*

Epílogo

1 Albert Montagut, "El agente Noriega", *El País*, 2 de enero de 1990.

2 A lo largo del juicio se sentarían en la sección de jurado 16 ciudadanos, los primeros 12 en calidad de jurados principales y los otros 4 como suplentes, como es la tradición en esos procesos. Si durante el transcurso del juicio algún jurado se enfermera o no pudiera llegar hasta el final, sería reemplazado por un suplente. Al concluir el proceso, solo entran a deliberar 12 personas.

3 Claudia Baca, "El general Noriega condenado en Miami por narcotráfico", *El País*, 10 de julio de 1992.

4 Noriega y Eisner, *op. cit.*, pág. 209.

5 "Entrevista a Monseñor Laboa", *Solidaridad.net*, 10 de marzo de 2003. https://solidaridad.net/ entrevista-a-monsenor-laboa203/.

6 Los primeros 18 años de vida republicana no hubo elecciones directas para el cargo de presidente de la República por mandato constitucional. El mandatario era elegido de forma indirecta mediante "electores" provinciales. En el año 1920 se celebraría la primera elección directa del Ejecutivo, para un mandato de cuatro años. Contando la de 1920, y hasta la última, la de 1968, se dieron un total de 20 elecciones presidenciales. Se considera que, en la propia elección de 1920, así como en las de 1928, 1936, 1940, 1952, 1956 y 1960 hubo irregularidades que principalmente consistían en el abierto favoritismo por los candidatos "oficiales" de parte del gobierno de turno. Las elecciones de 1948 y 1964 fueron definitivamente fraudulentas.